Edwin Schmitt

Karwendel

Tagestouren, Hüttenziele und Durchquerungen

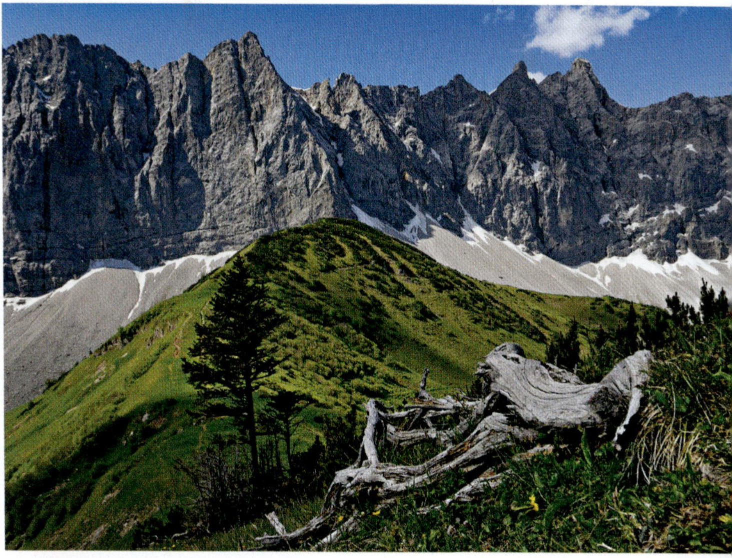

ROTHER
BERGVERLAG

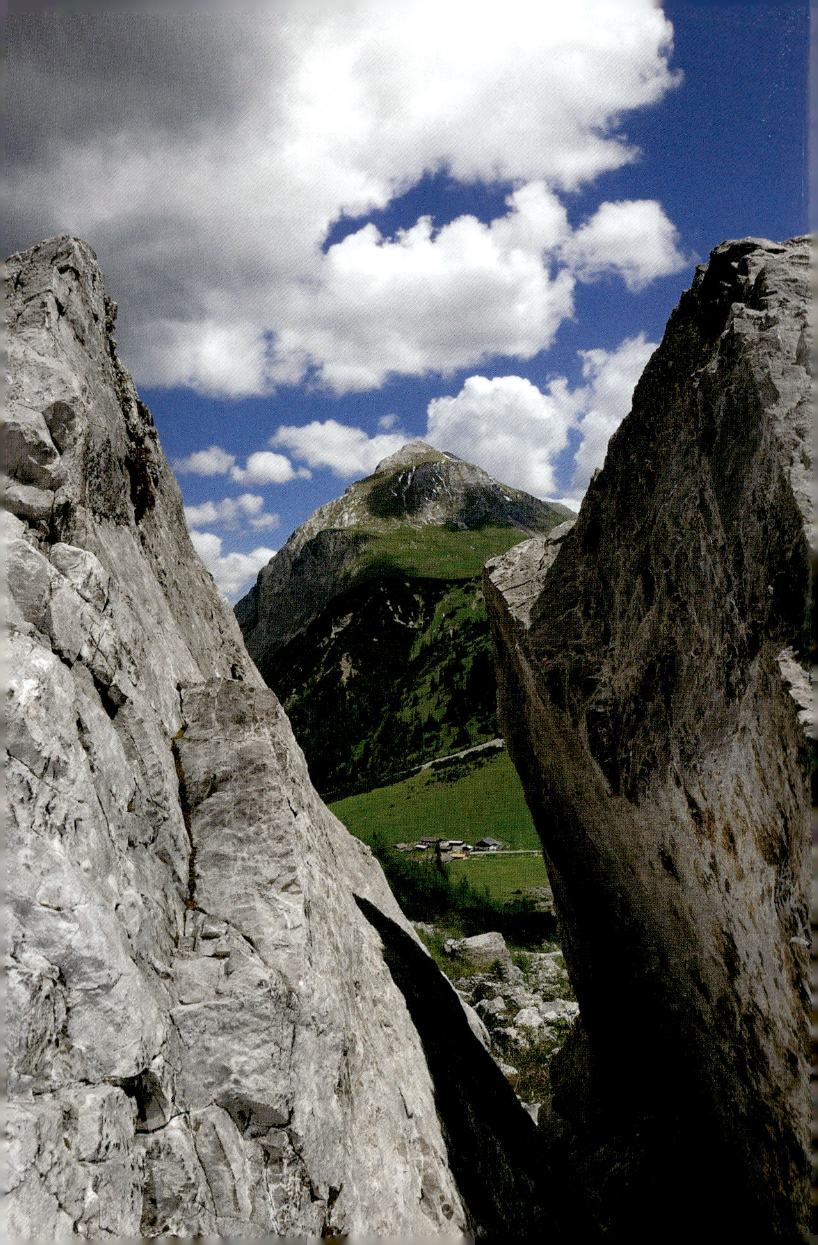

VORWORT

Das Karwendel, von Münchner und Innsbrucker Tagesausflüglern als weitgehend intaktes Naherholungsgebiet ebenso geschätzt wie von vielen Feriengästen, die hier bevorzugt ihren Wanderurlaub verbringen. Ein Sehnsuchtsort für Naturfreunde, die dieses größte Naturschutzgebiet der Ostalpen lieben als eine Region, in der die Erschließungssünden der Tourismusindustrie bislang nur in Randbereichen ihre Spuren hinterlassen haben. Ein Bergparadies, das nach meinem Umzug aus dem hohen badischen Norden in den Süden von München plötzlich vor der Haustüre lag. Doch für einen jungen Kletterer der Achtzigerjahre galt das Karwendel eher als verpönt. Ein »Bruchgebirge«, das östlich oder westlich zu umschiffen war, um zu den vermeintlichen Gralsbergen mit festem Gestein zu gelangen. Freilich haben mich die folgenden Jahre gelehrt, dass es auch weiter im Süden echten »Bruch« gibt und im Karwendel auch Gipfel mit richtigem Edelfels. An der Großartigkeit der Landschaft gab es ja eh nichts auszusetzen. Nach und nach reifte dann auch das »Nur-Wandern« zu einer von mir als vollwertig eingestuften Disziplin, um mich in den Bergen zu bewegen – ihnen zu begegnen. Heute ist mir das Karwendel ein wichtiger Teil meiner Wahlheimat, ein Gebirge, in dem ich zu allen Jahreszeiten gerne und häufig unterwegs bin.

Was den Nutzer dieser Tourensammlung angeht, so hoffe ich, dass er beim angebotenen Menü aus großen und kleinen, schweren und leichten, langen und kurzen, mild bis scharf gewürzten Karwendelhäppchen den rechten Hunger nach Natur entwickelt.

Sommer 2024 Edwin Schmitt

Das Gamsjoch vom Weg zur Falkenhütte.

INHALTSVERZEICHNIS

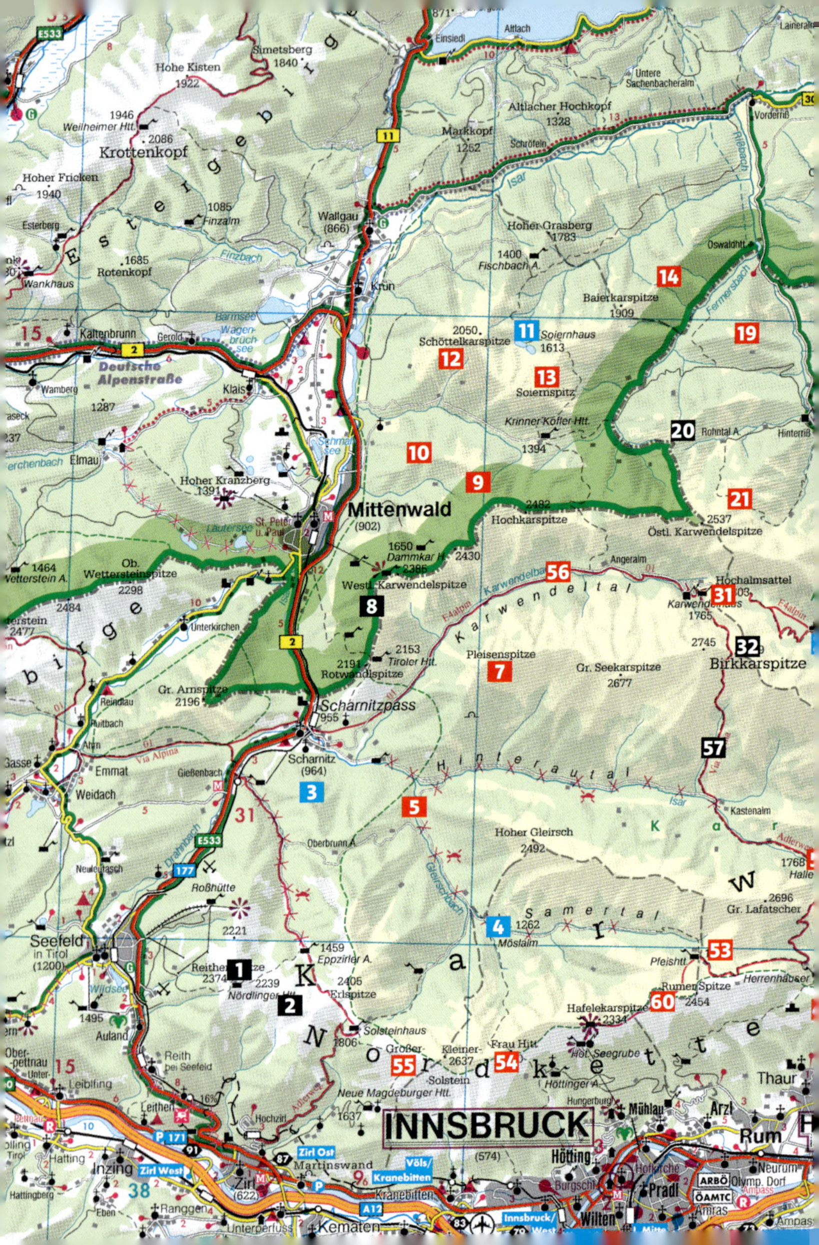

Simetsberg 1840
Hohe Kisten 1922
Weilheimer Htt. 1946
2086 Krottenkopf
Hoher Fricken 1940
Estergebirge
Esterberg
Finzalm 1085
1685 Rotenkopf
Wankhaus
Finzbach
Einsiedl
Altlach
Untere Sachenbacheralm
Altlacher Hochkopf 1328
Markkopf 1262
Schrötelin
Isar
Vorderriß
Rißbach
Wallgau (866)
Krün
Hoher Grasberg 1783
1400 Fischbach A.
Oswaldhtt.
Baierkarspitze 1909
Fermersbach
Kaltenbrunn
Gerold
Barmsee
Wagenbruchsee
Deutsche Alpenstraße
Wamberg
Klais
1287
Elmau
2050 Schöttelkarspitze
Soiernhaus 1613
Soiernspitz
Krinner-Kofler Htt. 1394
Rohntal A.
Hinterriß
Schmalsee
Hoher Kranzberg 1391
Lautersee
St. Peter u. Paul
Mittenwald (902)
2482 Hochkarspitze
2537 Östl. Karwendelspitze
1464 Wetterstein A.
Ob. Wettersteinspitze 2298
2484
1650 Dammkar H. 2430
2385 Westl. Karwendelspitze
Karwendelbach
Angeralm
Karwendeltal
Hochalmsattel
Karwendelhaus 1765
Unterkirchen
Wettersteingebirge
2153 Tiroler Htt.
2191 Rotwandlspitze
Pleisenspitze
Gr. Seekarspitze 2677
2745 Birkkarspitze
Gr. Arnspitze 2196
Scharnitzpass 955
Reindlau
Rotbach
Scharnitz (964)
Via Alpina
Emmat
Gießenbach
Weidach
Hinterautal
Isar
Kastenalm
Drahnbach
Oberbrunn A.
Hoher Gleirsch 2492
Neuleutasch
Roßhütte
Gleirschbach
Samertal
1262 Möslalm
1768 Halle
2696 Gr. Lafatscher
Seefeld in Tirol (1200)
Wildsee
2221
Reither Spitze 2374
2239 Nördlinger Htt.
1459 Eppzirler A.
2405 Erlspitze
Karwendel
Pfeishtt.
Rumer Spitze 2454
Herrenhäuser
1495
Auland
Hafelekarspitze 2334
Solsteinhaus 1806
Großer Solstein
Kleiner 2637
Frau Hitt
Hot. Seegrube
Nordkette
Reith bei Seefeld
Neue Magdeburger Htt.
Höttinger A.
Hungerburg
Mühlau
Arzl
Thaur
Rum
Leithen
Hochzirl
1637
INNSBRUCK
(574)
Hötting
Hofkirche
Neurum
Olymp. Dorf
Pradl
Amras
Inzing
Zirl Ost
Zirl West
Zirl (622)
Martinswand
Völs/Kranebitten
Kranebitten
Hatting
Hattingberg
Leiblfing
Ober-pettnau
Unter-
Ranggen
Eben
Unterperfuss
Kematen
Innsbruck/West
Wilten
Burgschl.
Ampass
ARBÖ
ÖAMTC
E533
11
2
177
P 171
A12

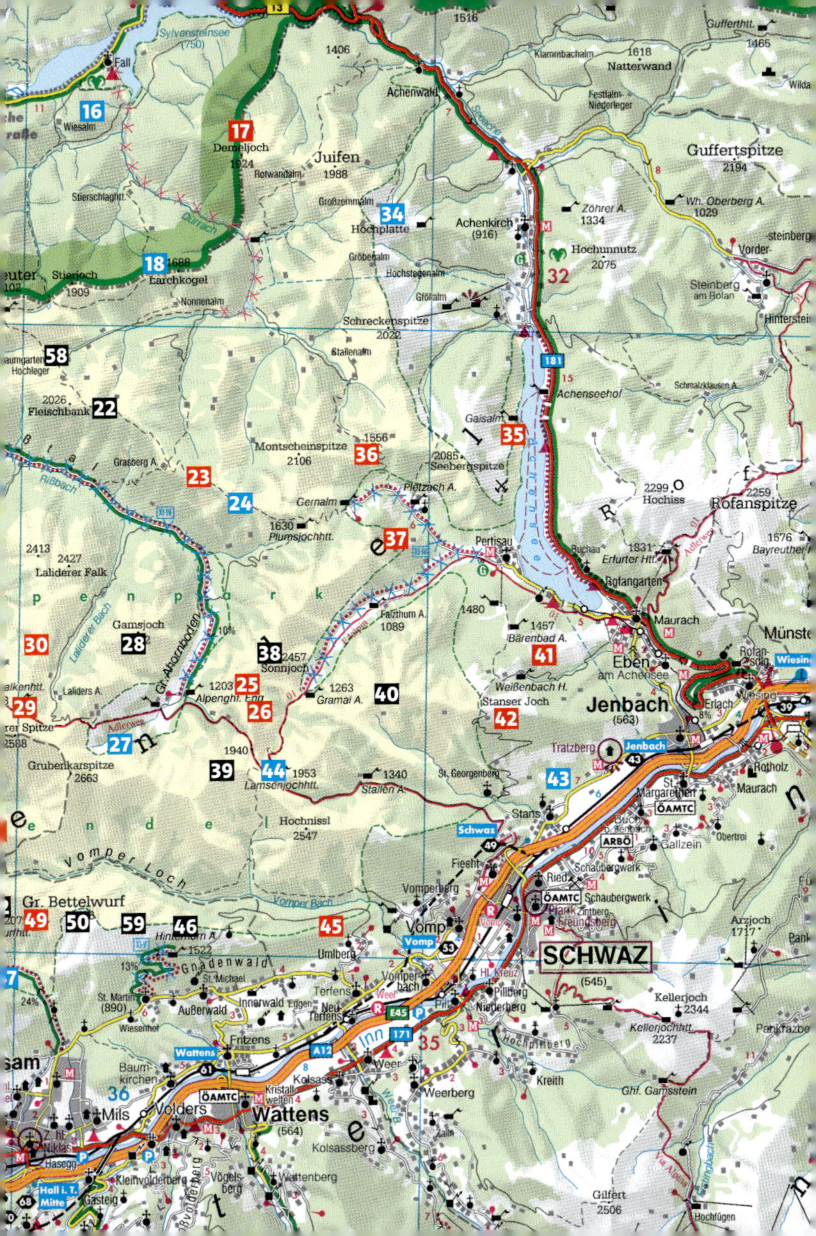

Sylvensteinsee
(750)
Fall
16
Wiesalm
17
Demeljoch
1924
Juifen
1988
Rotwandalm
Stierschlaghtl.
Dürrach
Großzemmalm
34
Hochplatte
Gröbenalm
Hochstegenalm
18
1688
Larchkogel
Stierjoch
1909
Nonnenalm
Gföllalm
Schreckenspitze
2022
Stallenalm
1406
Achenwald
Seeache
1516
Klammbachalm
1618
Natterwand
Festalm-Niederleger
Gufferthtt.
1465
Guffertspitze
2194
Wh. Oberberg A.
1029
Zöhrer A.
1334
Achenkirch
(916)
Hochunnutz
2075
32
Vorder-
Steinberg
am Rofan
Hinterstein
181
Achenseehof
Schmalzklausen A.
58
Hochleger
2026
Fleischbank
22
Montscheinspitze
2106
1556
36
Gaisalm
35
2085
Seebergspitze
Achensee
Grasberg A.
23
24
Rißbach
Gernalm
Pletzach A.
1630
Plumsjochhtt.
37
Pertisau
2299
Hochiss
2259
Rofanspitze
1576
Bayreuther H.
Buchau
1831
Erfurter Htt.
Rofangarten
Adlerweg
2413
2427
Laliderer Falk
Lalderer Bach
Gamsjoch
28
30
38
2457
Sonnjoch
Falzthurn A.
1089
1480
1457
Bärenbad A.
41
Maurach
Eben
am Achensee
Münster
Wiesing
Gr. Ahornboden
Laliders A.
1203
25
Alpenghf. Eng
26
1263
Gramai A.
40
Weißenbach H.
Stanser Joch
42
Jenbach
(563)
Erlach
29
27
Grubenkarspitze
2663
1940
39
44
1953
Lamsenjochhtt.
1340
Stallen A.
St. Georgenberg
Tratzberg
Jenbach
43
St. Margarethen
Rotholz
Maurach
ÖAMTC
Hochnissl
2547
Stans
Schwaz
49
Buch b. Jenbach
ARBÖ
Gallzein
Obertroi
Vomper Loch
Fiecht
Schaubergwerk
Ried
Vomperberg
Vomper Bach
ÖAMTC
Schaubergwerk
Gr. Bettelwurf
49
50
59
46
45
Hinterhorn A.
Vomp
Freundsberg
Arzjoch
1717
1522
Gnadenwald
Umlberg
Vomp
53
SCHWAZ
(545)
St. Michael
St. Martin
(890)
Außerwald
Innerwald
Terfens
Vomperbach
Weer
Hl. Kreuz
Pillberg
Kellerjoch
2344
Wiesenhof
Neu Terfens
E45
Pill
Niederberg
Kellerjochhtt.
2237
Fritzens
A12
Inn
171
35
Hochpillberg
Pankrazberg
Wattens
61
Weer
Kreith
Ghf. Gamsstein
Baumkirchen
36
ÖAMTC
Kristallwelten
Kolsass
Weerberg
Mils
Volders
Wattens
(564)
Kolsassberg
Weerbach
Z. hl. Niklas
Hasegg
Kleinvolderberg
Vögelsberg
Wattenberg
Via Alpina
Finsingbach
Hall i. T. Mitte
68
Gasteig
Gilfert
2506
Hochfügen

TOP-TOUREN IM KARWENDEL

Fragt man 5 Karwendelfreunde jeweils an 5 verschiedenen Tagen nach den 10 Top-Touren dieses Wanderführers, so bekommt man wahrscheinlich 25 unterschiedliche Listen. Ob eine Tour zur Top-Tour wird, hängt ja auch ganz wesentlich von der Erwartungshaltung, der Kondition und der momentanen Grundstimmung des Begehers und nicht zuletzt sogar von der Wetterlage ab. Ist es nur sonnig und schön oder herrscht phänomenale Fernsicht? Das Potenzial zu einer Top-Tour zu werden, haben so gesehen wohl die meisten der vorgestellten Touren. Dennoch hat der Autor versucht, hier eine Liste zusammenzustellen, die das Karwendel repräsentiert und wohl niemanden enttäuschen sollte. Diese launige »Auswahl« – dabei ohne jede Rangfolge – soll den großen Rest aber in keiner Weise herabwürdigen.

Reither Spitze
Mit dem Übergang zur Seefelder Spitze immer auf der Höhe, verschafft die Route einen weitreichenden Überblick über die Täler und Gipfel des westlichen Karwendel *(Tour 1, 5.45 Std.)*.

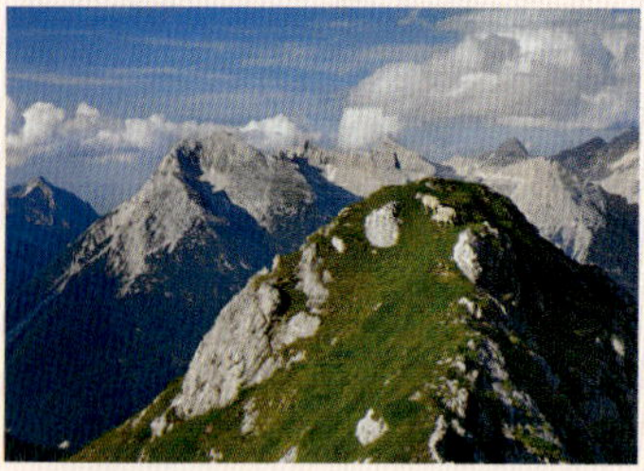

Seinskopf – Schöttelkarspitze
Hier ist Abwechslung geboten, drei Gipfel und ein Fernblick auf sieben Gebirgsgruppen und hernach noch die schönsten Karwendelseen *(Tour 12, 9.30 Std.)*.

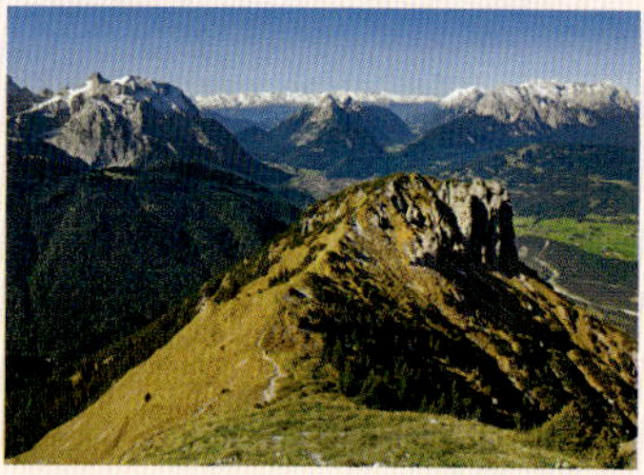

Pleisenspitze
Einer der leichtesten für Wanderer erreichbaren Karwendelgipfel in dieser Höhenklasse. Top-Rundsicht und dazu ein gemütlicher Stützpunkt am Weg *(Tour 7, 8.45 Std.)*.

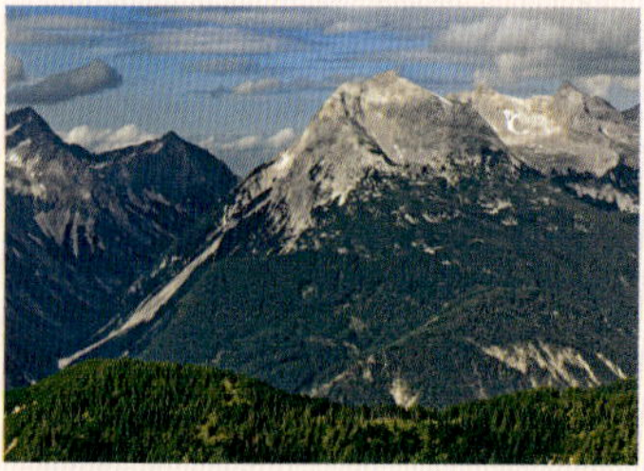

Schafreuter
Der berühmte Zweitausender im Vorgebirge mit dem phänomenalen Blick zur Felsbastion des Karwendel-Hauptkammes und seinen riesigen Felswänden *(Tour 15, 6.45 Std.)*.

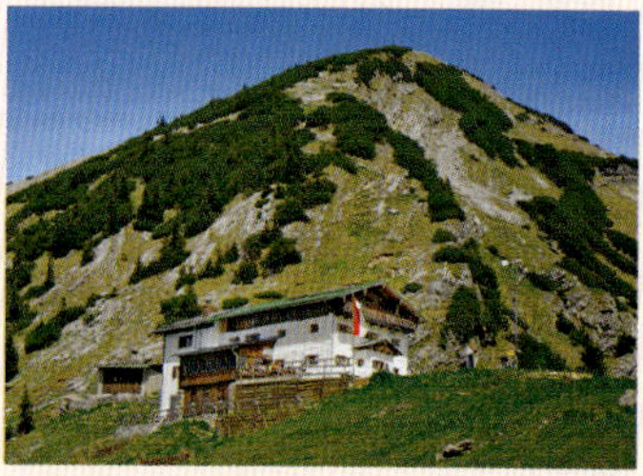

Rohntal – Tortal
Karwendel pur, zwei Täler unter eindrucksvollen Felswänden, verbunden über ein Joch, an dem sich Gämsen tummeln und die Murmeltiere pfeifen *(Tour 21, 5.30 Std.).*

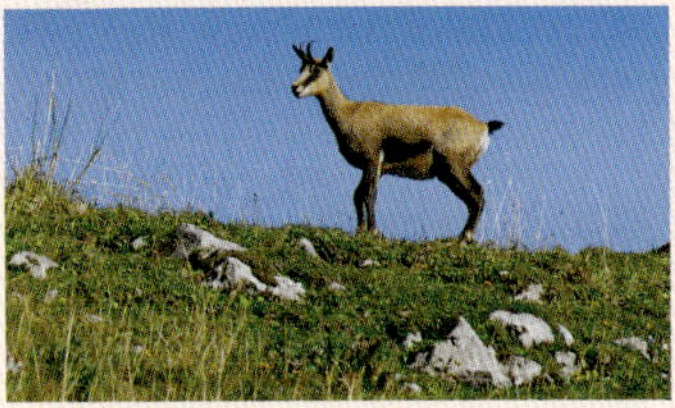

Sonnjoch
Der hohe Wandergipfel im östlichen Karwendel mit einer guten Chance, die hier angesiedelten Steinböcke zu beobachten *(Tour 25, 7.45 Std. oder Tour 38, 6.45 Std.).*

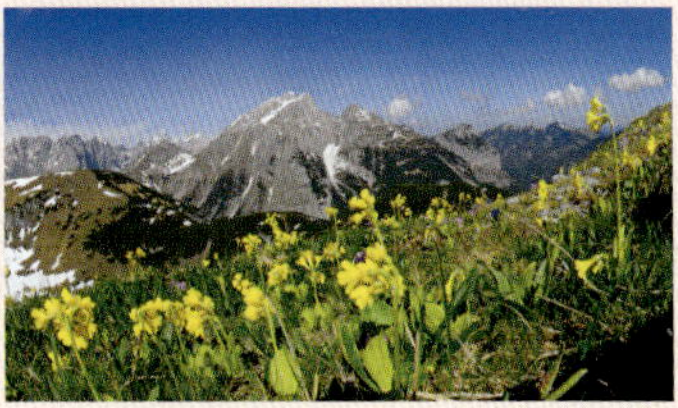

Enger Grund
Den Großen Ahornboden und das Umfeld der Eng muss man natürlich gesehen haben *(Tour 27, 4.15 Std.).*

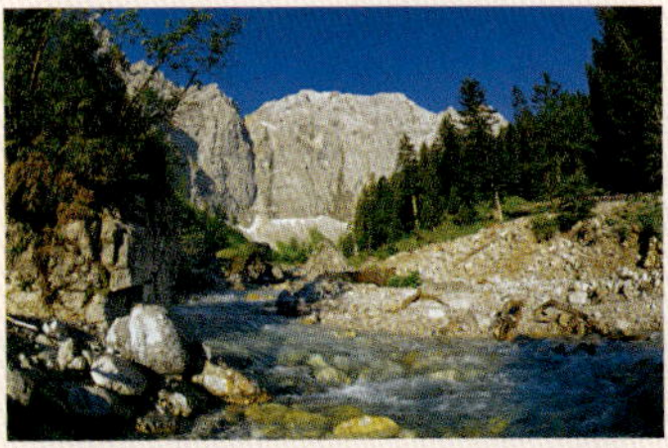

Großer Bettelwurf
Hoch über dem Inntal – auf einen der berühmtesten Aussichtsberge der Kalkalpen *(Tour 50, 5.30 Std.).*

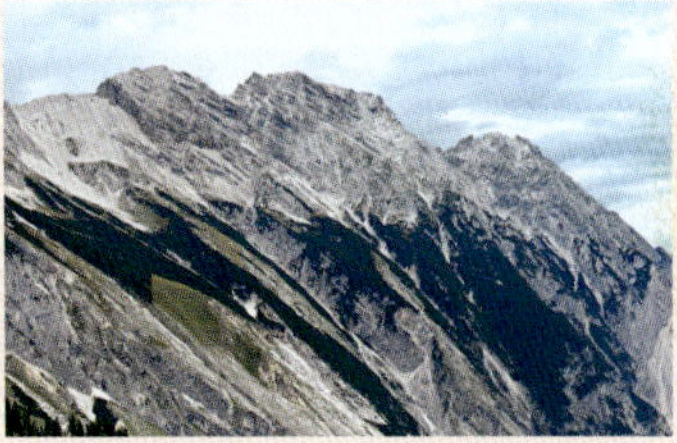

Mahnkopf
Zu einer grandiosen Aussichtsloge. Die Riesenmauer der Laliderer Wände gegenüber gehört zum Spektakulärsten was das Karwendel zu bieten hat *(Tour 29, 8 Std., oder Tour 30 in Kombination mit Tour 29, dann rund 2 Std. kürzer).*

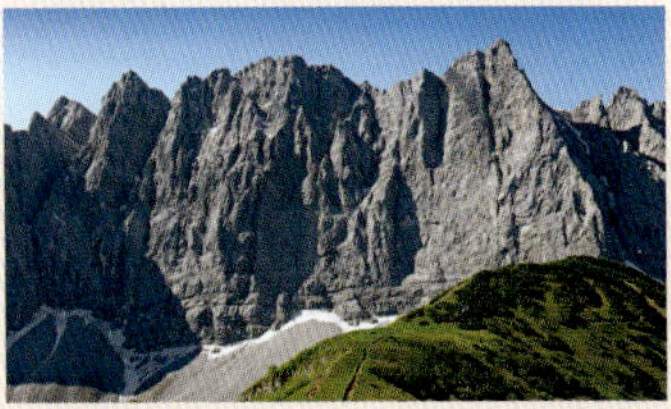

Goetheweg
Leider ist der Dichter älter als der nach ihm benannte Weg – er hätte für diese erlesene Höhenwanderung mit Blick zu den Zentralalpen sicher die richtigen Worte gefunden *(Tour 60, 2 Tage, bzw. 8.00 Std.).*

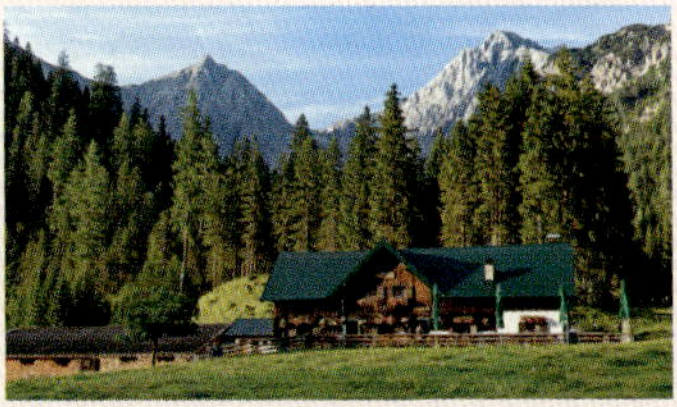

WICHTIGE HINWEISE FÜR UNTERWEGS

Gehzeiten

Bereits vor einigen Jahrzehnten hat der Schilderwald, in Form von Wegweisern, Hinweisschildern – »Nur für Geübte« usw. – auch im Gebirge enorm zugenommen und erleichtert so allen Berggängern die Orientierung ganz erheblich. Was es trotz aller urbanen Strukturen glücklicherweise noch nicht gibt, sind Regelungen über das erlaubte minimale, bzw. maximale Gehtempo. Die Gehzeit für eine bestimmte Wanderung allgemein verbindlich anzugeben ist daher kaum möglich.
Es gibt etablierte Lehrbuch-Rechenbeispiele, die horizontale und vertikale Distanz miteinander in Bezug bringen und so einen »objektiven« Wert ergeben sollen. Viele Unbekannte (Klettersteig, Waldpfad, Schutthalde oder Sumpfwiese) bleiben dabei aber unberücksichtigt und verfälschen das Ergebnis oft beträchtlich. Dennoch hat sich das erwähnte Rechenmodell, gerade im Zusammenspiel mit GPS-Daten als Grundlage bewährt – nicht zuletzt auch, um aussagekräftige Tourenprofile zu erstellen. Die so ermittelten Zeitangaben wurden allerdings entsprechend der Erfahrungswerte des Autors aufgrund der Recherchen im Gelände nach oben bzw. unten korrigiert. Das Ergebnis wird hier als Planungshilfe für die Nutzer dieses Wanderführers weitergegeben und darf je nach Kondition jederzeit auch unter- bzw. überschritten oder angezweifelt werden. Aus Sicht des Autors ist die angegebene Gehzeit eher reichlich bemessen, längere Pausenzeiten sind darin aber nicht eingerechnet.

»Kreuzung« am Lafatscher Joch. Hinten links die Südliche Sonnenspitze.

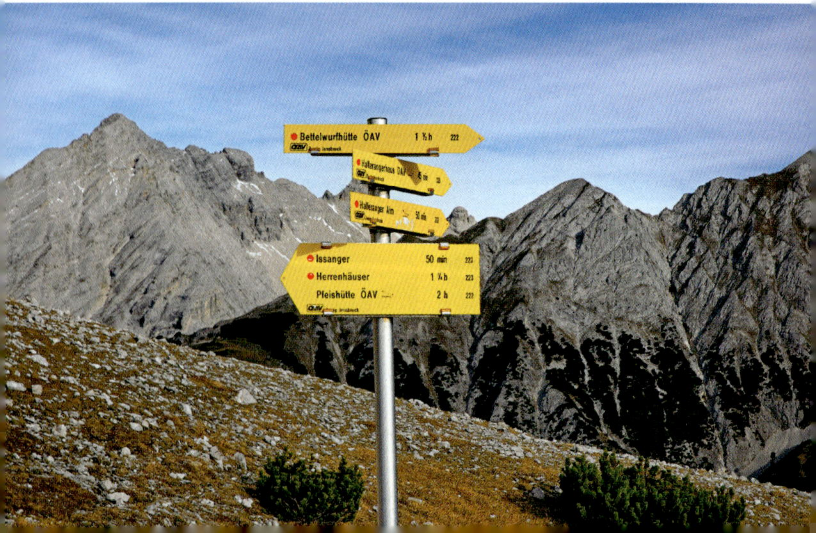

Schwierigkeitsbewertung

Auch bei der Einordnung der Routen in die drei Schwierigkeitskategorien gilt im Prinzip das Gleiche wie bei den Gehzeiten. Die Natur ist eben so vielgestaltig, dass sich nicht einfach ein »Schwierigkeitsmaßband« anlegen lässt. Dennoch wurde hier versucht, die einzelnen Routen möglichst gewissenhaft in die folgenden drei Schubladen einzuordnen. Die absolute Länge der kompletten Route spielte dabei keine Rolle, bei »Grenzfällen« mitunter aber die Länge bzw. Anzahl schwierigerer Wegabschnitte.

SCHWIERIGKEITSKATEGORIEN

■ = Leicht

Diese Wege sind gut markiert, meist nur mäßig steil und daher auch bei Schlechtwetter relativ gefahrlos zu begehen. Ein Stolperer über eine Wurzel oder einen Stein ist natürlich auch hier nicht ganz auszuschließen, weitere fatale Folgen wie etwa Abgleiten oder gar ein gefährlicher Absturz sind jedoch in aller Regel auszuschließen.

■ = Mittel

Diese Steige sind ausreichend markiert, häufig aber schmal und über kurze Abschnitte bereits etwas ausgesetzt. Wenige Passagen dieser Steige können mit Drahtseilen abgesichert sein. Etwas Erfahrung beim Bergwandern sollten Anwärter für diese Wege also mitbringen.

■ = Schwierig

Diese Steige sind in der Regel markiert, oft schmal und führen häufig über steiles, ausgesetztes Gelände mit stellenweise latenter Absturzgefahr. Manchmal wird die Zuhilfenahme der Hände notwendig, an einigen Stellen auch die einfachste Form von Felskletterei (nach UIAA I–II*). Diese Wege dürfen nur von schwindelfreien, absolut trittsicheren und alpin erfahrenen Wanderern angegangen werden. Auch Klettersteige, bei denen ein Klettersteigset erforderlich ist, werden dieser Rubrik zugeordnet – ein entsprechender Hinweis erfolgt bei den jeweiligen Tourenvorschlägen.
* I = die Hände unterstützen das Gleichgewicht, II = bereits einfache Kletterei.

Gefahren

Die Gefahren beim Wandern sind natürlich eng mit den Anforderungen des jeweiligen Weges verknüpft. Das bedeutet bei den schwierigeren Wegen natürlich eine Gefahr durch Abrutschen oder sogar Absturz an besonders ausgesetzten Passagen. Bei dieser Art von Gefahren, welche meist klar erkennbar sind, läuten normalerweise automatisch alle Alarmglocken (je nach Schwindelfreiheit) und versetzen den Wanderer in den »Erhöhte-Vorsicht-Modus«, bei Überforderung veranlassen sie ihn sogar zur Umkehr (was durchaus vernünftig ist).

SYMBOLE

	Symbole im Tourenkopf	†	Gipfel
🚌	Startpunkt mit Bahn/Bus erreichbar		Kirche, Kapelle
	Einkehrmöglichkeit unterwegs		Burg, Schloss, Ruine
	für Kinder geeignet		Denkmal
	Symbole im Höhenprofil		Aussichtsplatz
	Ort mit Einkehrmöglichkeit		Quelle
	Einkehrmöglichkeit		Auf-/Abfahrt mit Seilbahn
	Unbewirtschaftete Hütte, Alm		Auf-/Abfahrt mit Zahnradbahn
P	Parkplatz	)(	Joch, Passübergang
	Bushaltestelle		Abzweigung
	Bahnhof / S-Bahn-Haltestelle		Klettersteig

Darüber hinaus gibt es aber auch Gefahren, die man nicht immer von vornherein absolut abschätzen kann: Gegen ein Unwetter mit Kälteeinbruch kann man sich nur mit entsprechender Kleidung schützen. Gegen Steinschlag hilft innerhalb gewisser Grenzen ein Schutzhelm (bei steilen Steigen durch Felsgelände und auf Klettersteigen ist das immer zu empfehlen). Die Hauptgefahr für Wanderer (da passieren die allermeisten Unfälle) sind jedoch hart gefrorene Restfirnfelder. Bei entsprechenden Touren sind für solche Fälle Grödel oder Leichtsteigeisen enorm hilfreich.

Ein eigentlich leichter Wanderweg ...

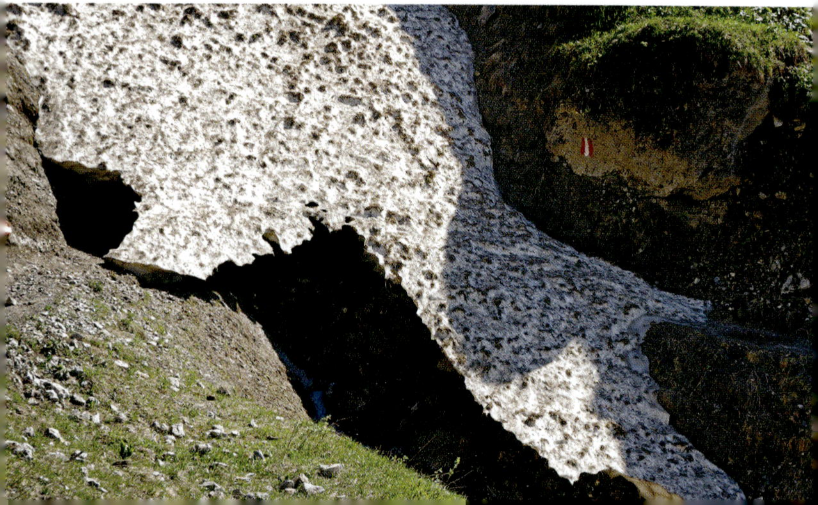

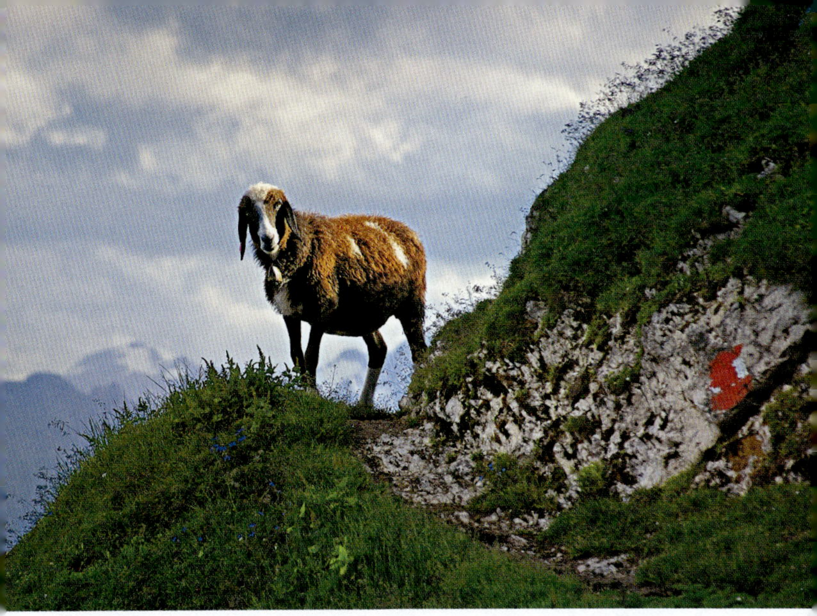

Es gibt Lebewesen, die finden den Weg problemlos, auch ganz ohne satellitengesteuerte Navigation. Hier am aussichtsreichen Höhenweg zur Seefelder Spitze.

Ein sehr wirkungsvolles Instrument beim Bergwandern ist aber vor allem der »gesunde Menschenverstand«. Durch nichts zu ersetzen, schützt er uns manchmal auch vor Gefahren, die hier nicht aufgezählt sind.

GPS-TRACKS UND KOORDINATEN DER AUSGANGSPUNKTE

Auf **gps.rother.de** stehen zu diesem Wanderführer GPS-Tracks und die Koordinaten der Ausgangspunkte zum kostenlosen Download bereit. Dieser QR-Code führt direkt zum Download.
14. Auflage, Passwort: **448414kar**
Die GPS-Tracks können in die **Rother App** importiert werden. In der App kann man unterwegs stets sehen, wo man gerade ist und wo es langgeht. **Anleitungen dazu: rother.de/gps**
Trotz sorgfältiger Prüfung können wir Fehler und zwischenzeitliche Veränderungen nicht ausschließen. Verlassen Sie sich für die Orientierung niemals einzig und allein auf die GPS-Daten, sondern beurteilen Sie die Verhältnisse vor Ort.

UNTERWEGS IM KARWENDEL

»Zum Gebrauch des Karwendel«

Das Karwendel ist eine der größten Gebirgsgruppen in den Nördlichen Kalkalpen, dennoch wird es an keiner Stelle von einer Durchgangsstraße durchbrochen. Auch die Besiedlung innerhalb des Gebirges – sieht man von kleinen, nicht dauerhaft bewohnten Almweilern einmal ab – beschränkt sich auf die politisch geteilte Ortschaft Hinterriß – westlich des Rißbachs befindet man sich in einem Ortsteil der Marktgemeinde Vomp, die Luftlinie, durch sechs Karwendelkämme getrennt, rund 21 km entfernt liegt (via Asphaltband über das »Transitland« Deutschland sind das knapp 70 km). Mit dem östlichen Teil von Hinterriß, der zur Gemeinde Eben gehört, verhält es sich ähnlich. Das Fehlen eines dichten Straßennetzes ist aber weniger Fluch als vielmehr Segen, denn so konnte sich die Landschaft in weiten Teilen eine für europäische Maßstäbe hohe Ursprünglichkeit bewahren. Historisch erklärt sich die spärliche Besiedlung, sehr verkürzt betrachtet, auch durch Restriktionen, die adelige Jagdher-

Ahornbaum in der Eng, im Hintergrund der Gipfel des Hochglück.

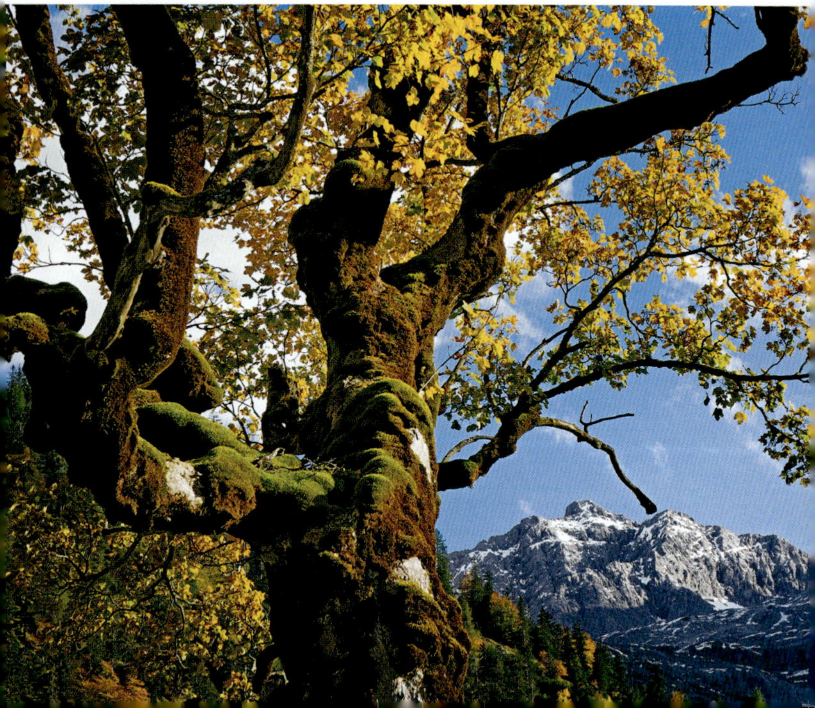

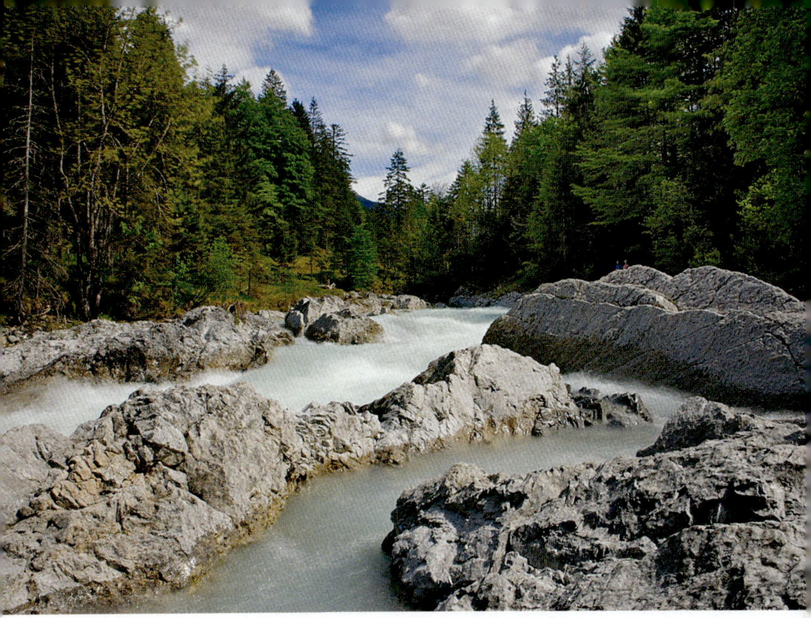

Der Rißbach oberhalb von Hinterriß.

ren in den vergangenen Jahrhunderten für ihr wildreiches Privatrevier verhängten.

Für den Wanderer bedeutet die relativ maßvolle Erschließung vor allem aber lange Zugänge in die zentralen Teile des Gebietes, diese können teilweise allerdings während der Saison durch Taxidienste auf den für den öffentlichen Verkehr gesperrten Wirtschaftswegen verkürzt werden. Eine gute Alternative hierzu ist ein halbwegs stabiler »Drahtesel« der den Zugang durch die langen Täler erleichtert. Tagestouren, deren Ausgangspunkte mit dem eigenen Pkw bzw. mit öffentlichen Verkehrsmitteln erreichbar sind, gibt es aber reichlich entlang der »Außengrenzen« und natürlich im Rißtal, das bis Hinterriß frei und auf einer saisonal geöffneten Mautstraße bis in die Eng befahrbar ist, wo einige der schönsten Karwendeltouren ihren Startpunkt haben.

Auch ambitionierte Bergwanderer haben mitunter ihre gehfaulen Tage. In diesem Fall erleichtern vier Seilbahnen aus umliegenden Talschaften (Seefeld, Mittenwald, Pertisau und Innsbruck) den Aufstieg und katapultieren die Bergsporttreibenden meist in Höhenlagen über 2000 Meter. Puristen mögen da die Nase rümpfen, andererseits erschließt dies aber auch einige großartige und lange Unternehmungen, die ohne solche Aufstiegshilfen nur schwer an einem Tag zu machen wären.

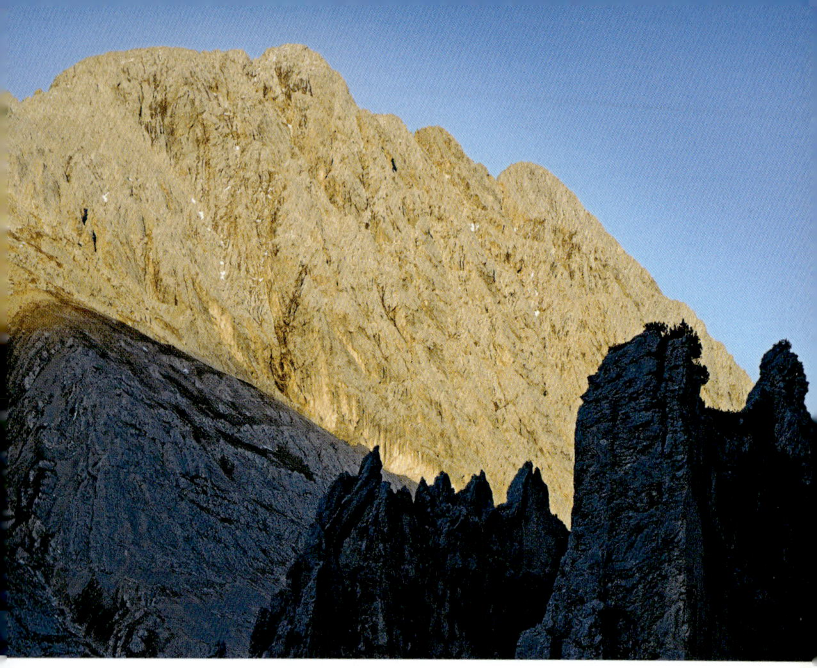

Morgensonne beleuchtet die Gamskarspitze über dem Halleranger (Tour 51). Rechts: Steinböcke, die vierbeinigen Kletterkünstler, wurden u.a. im Bereich des Sonnjochs (Tour 38) wieder angesiedelt und sind dort recht häufig zu beobachten.

Aufgrund der bereits skizzierten Gegebenheiten eignet sich das Karwendelgebirge in hohem Maße auch für längere Durchquerungen bzw. mehrtägige Rundtouren – ganz ohne Asphaltberührung! Den ein oder anderen Parkplatz für den Jeep des Hüttenwirtes lassen wir mal außer Acht, denn die mehr als zwanzig Alpenvereins- und Privathütten ermöglichen es uns ja erst, solche Unternehmungen weitgehend ohne Askese durchzuführen. Natürlich hat man auch diesbezüglich die Wahl, ein Biwak ohne Zelt wird nämlich auch im Naturpark Karwendel geduldet.

Wie man sich als verantwortungsvoller Naturliebhaber in einem Naturschutzgebiet verhält, ist heutzutage wohl für jeden selbstverständlich, nämlich genau so, wie idealerweise auch in jedem anderen noch verbliebenen Naturraum, selbst wenn er nicht mit diesem besonderen Status gesegnet ist: Man bleibt, wo immer es geht auf den angelegten Wegen, unterlässt das Zündeln jedweder Art, auch das Ausrupfen geschützter ebenso wie ungeschützter Pflanzen bleibt tabu und man ist

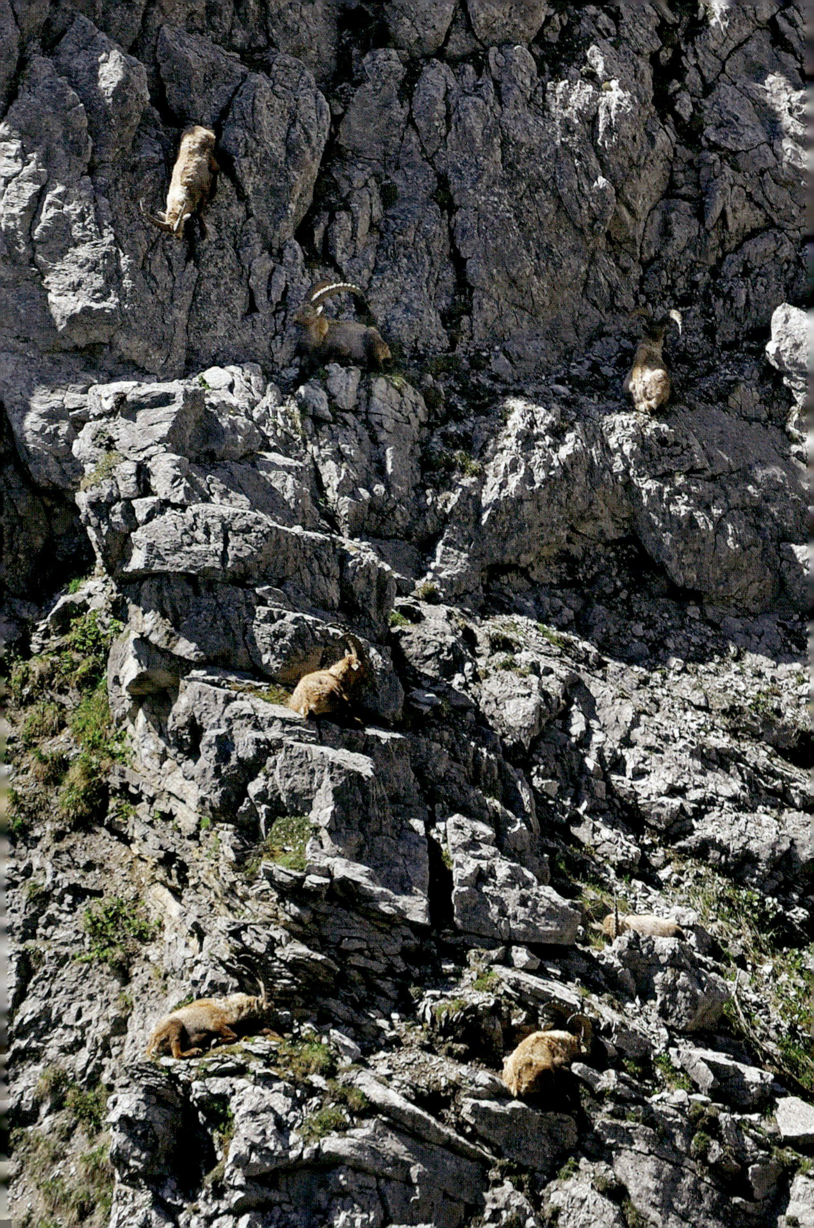

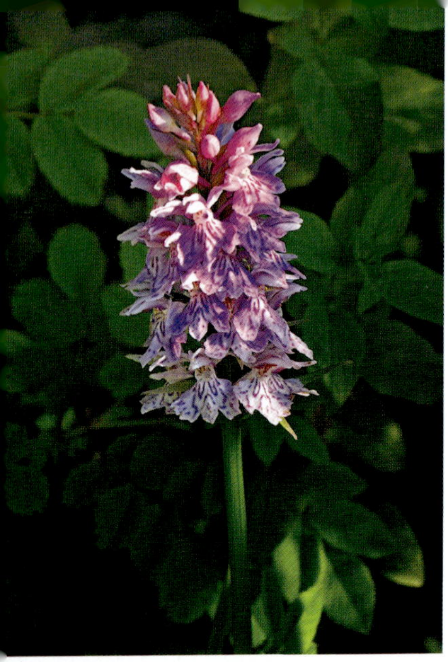
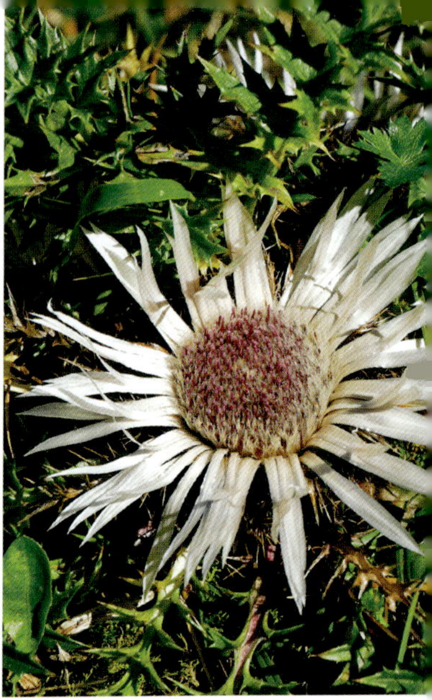
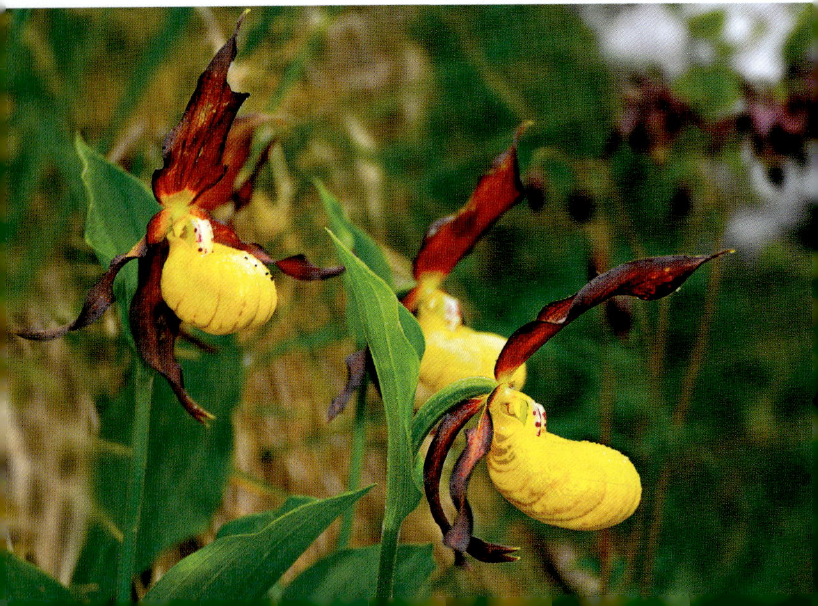

stets bestrebt, die Tierwelt so wenig wie irgend möglich zu stören. Selbst stören darf man sich natürlich in einigen Bereichen am Bau von komfortablen Privatstraßen zu ehemals kleinen Jagdhütten, die im Laufe der Zeit zu Anwesen mit Garage für den SUV mutiert sind – die Initiative wohl weniger alpin ambitionierter Seilschaften sorgt halt auch in einem Naturpark für Ausnahmeregelungen ...
Davon unberührt bleibt die Frage, ob in einem Naturraum ohne verbliebene größere Beutegreifer und mit nur einem Raubtier – dem Menschen – die Jagd an sich notwendig ist, um den Wildbestand im Gleichgewicht zu halten. Die kontroverse Diskussion darüber überlassen wir lieber den wissenden Experten. Aber auch der Laie darf mutmaßen, dass die Natur zumindest bis zur Erfindung der ersten Jagdgeräte und über Millionen von Jahren hinweg auch ohne solch tatkräftige Unterstützung ausgekommen ist! Bevor wir jedoch mit dieser Erkenntnis wieder zurück auf die Bäume klettern: Eine zeitgemäße und nachhaltige Maßnahme, um den Naturraum Karwendel auch für unsere Kinder zu erhalten, wäre vielleicht die Forderung, dem Naturpark – zumindest in Teilen – den Status eines Nationalparks zu geben. Wenigstens den schlimmsten Auswüchsen wäre damit zukünftig Einhalt geboten.

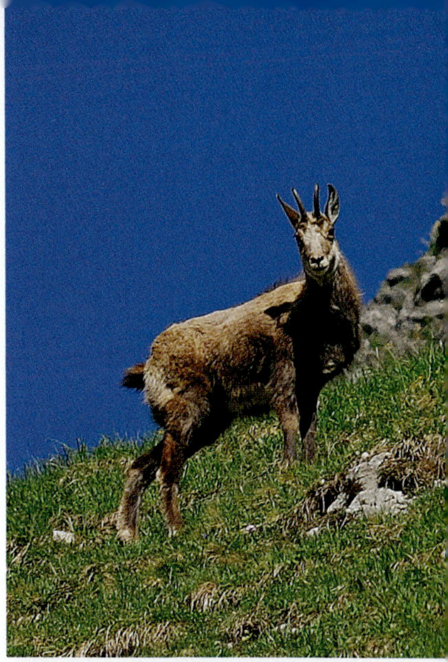

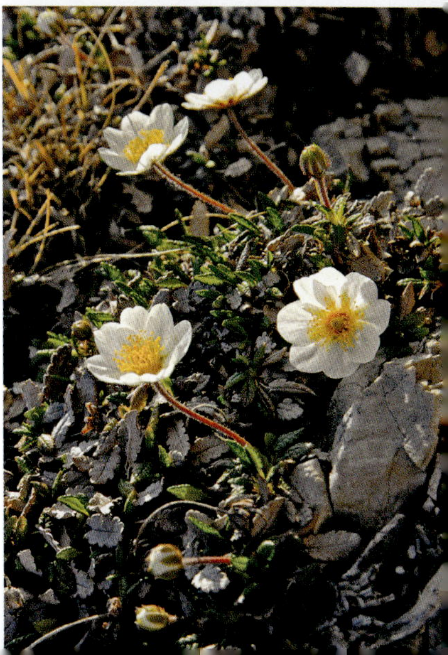

Linke Seite: Fleischfarbenes Knabenkraut, Silberdistel und Frauenschuh.
Oben: Gämse im Gebiet der Lamsenspitze.
Unten: Silberwurz.

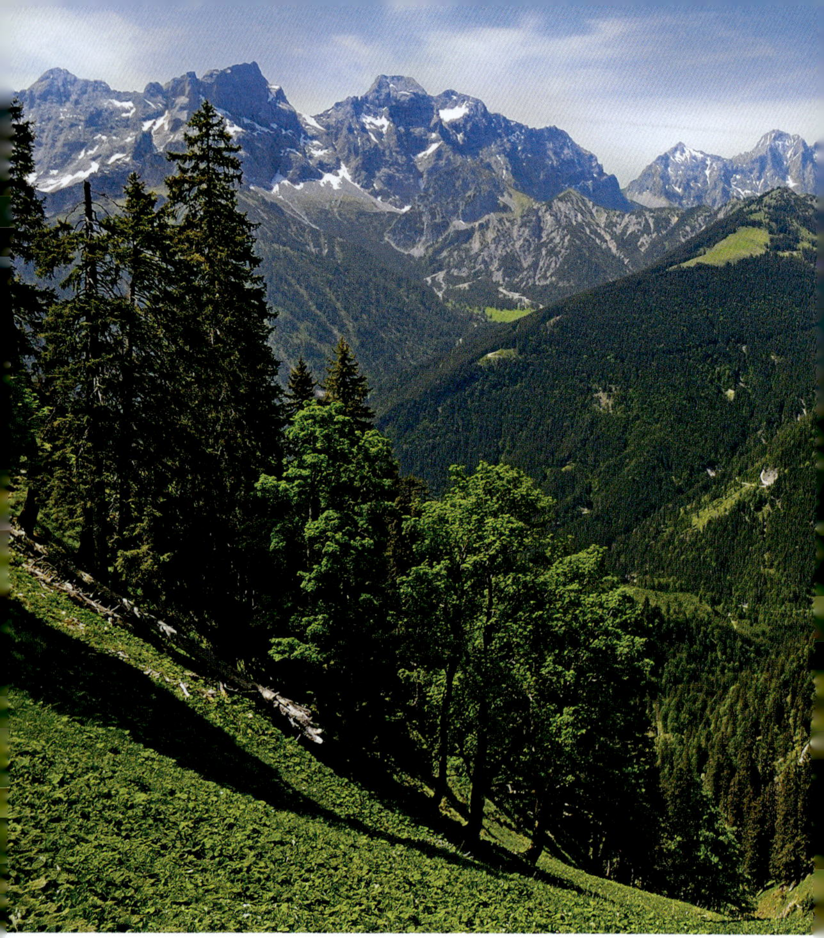

In der Literatur wird das Karwendel häufig auch als urweltliches Gebirge bezeichnet. Dies, obwohl hier heutzutage natürlich keinerlei prähistorisches Getier sein Unwesen treibt. Auch der geologische Aufbau liefert kein schlagkräftiges Argument für diese Bezeichnung, zumindest nicht als Alleinstellungsmerkmal, denn die das Gebirge bildenden Gesteine, Wettersteinkalk und Dolomit, dienen auch in anderen Gebirgen als »Baumaterial« und reihen diese somit in die gleiche Altersklasse. Machen wir uns aber frei von solch strenger, wissenschaftlicher Betrachtung und

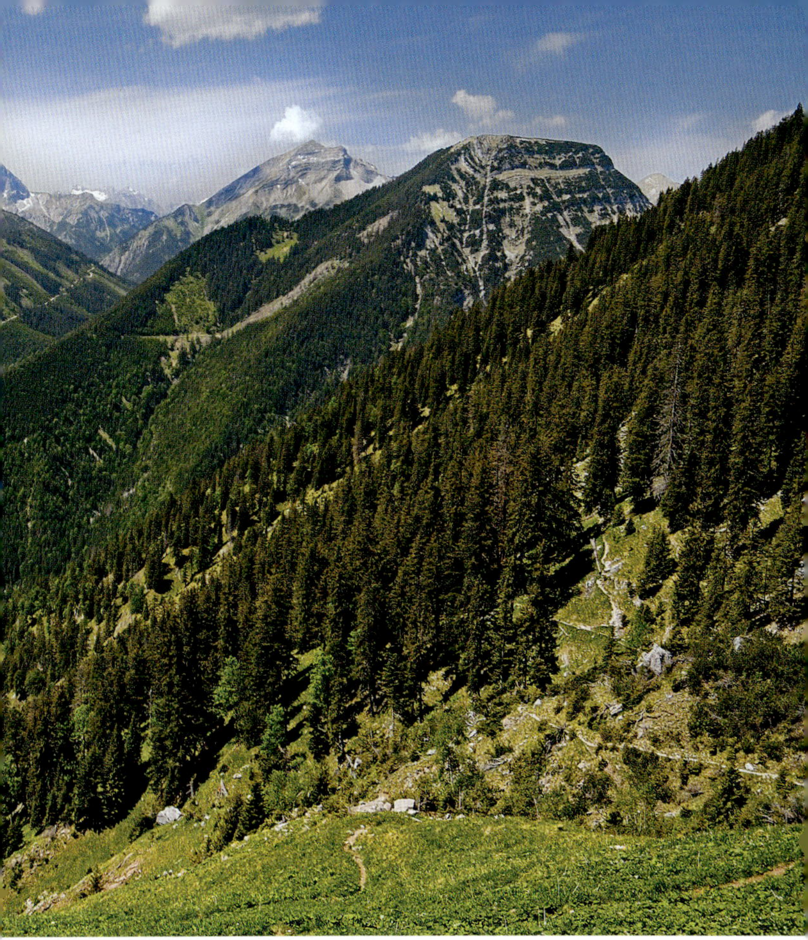

Am Weg zur Tölzer Hütte (Tour 15): Links Grabenkarspitze, Östliche Karwendelspitze und Vogelkarspitze, in der Mitte Raffelspitze, Hochkarspitze und Wörner, rechts die Soiernspitze und davor der Vorderskopf mit der begrünten abgeflachten Gipfelfläche.

wandern in der richtigen Stimmung in einen stillen Winkel dieses schönen Gebirges, dann gesellt sich zum Dreiklang knorriger Hölzer, bizarrer Felsgemäuer und gurgelnder Wasser ein ganz einzigartiges, unfassbares, »karwendeliges« Etwas und wir wissen dann, was der Schöpfer dieser Umschreibung gemeint hat.

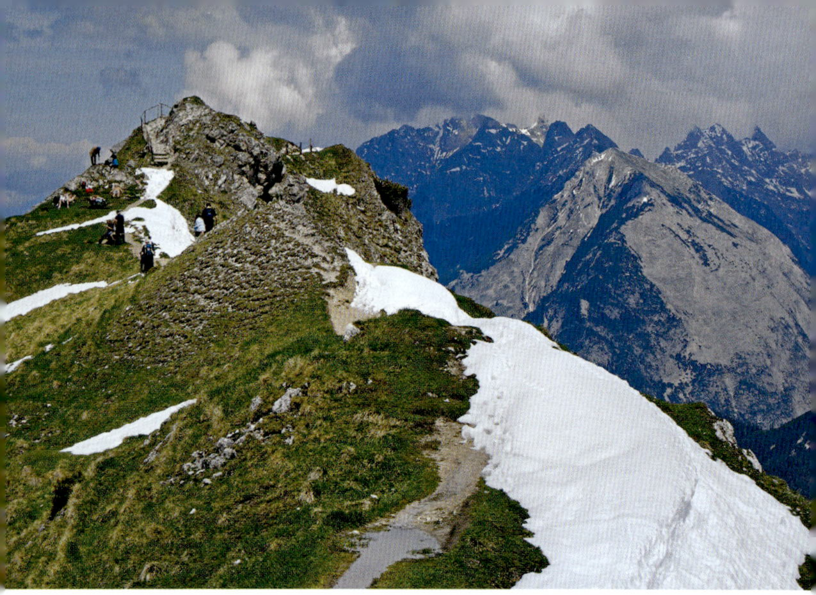

Oben: Unweit der Seilbahnstation Seefelder Joch, am Weg zur Seefelder Spitze.
Unten: Am Gipfel der Hafelekarspitze hoch über Innsbruck.

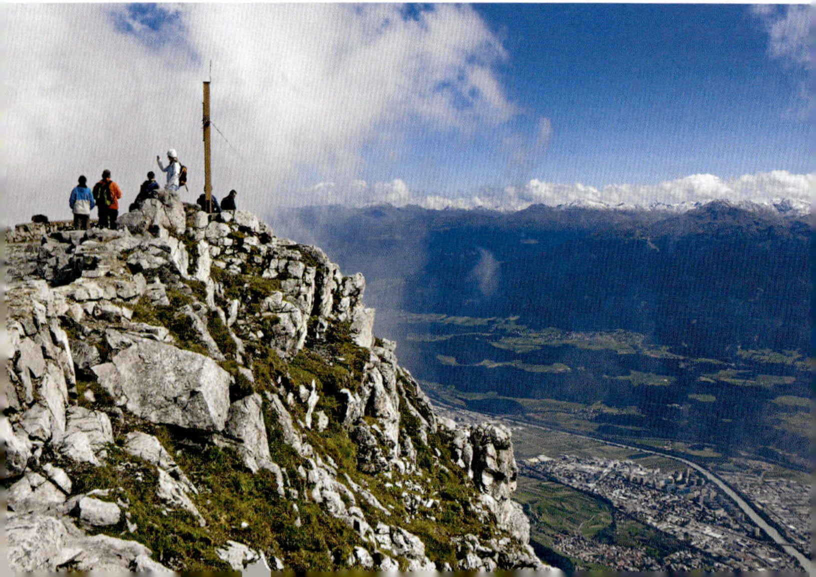

KURZE TOUREN UND SPAZIERGÄNGE

Die Routenvorschläge dieses Wanderführers sind oft tagesfüllende Unternehmungen. Häufig verstecken sich darin aber auch Teilabschnitte, die herausgelöst absolut lohnende und eigenständige Spaziergänge und Kurztouren ergeben. Die Tabelle gibt dazu eine Übersicht – Tour-Nr. mit Teilabschnitt, Gesamtzeit, Schwierigkeit und Symbolen.

1	Ab der Bergstation Seefelder Joch über den Höhenweg zur Seefelder Spitze, 2221 m	2.00 Std.	🟦	🚌 👪 🚡
2	Ab der Bergstation der Härmelekopf-Seilbahn über den Höhenweg zur Nördlinger Hütte, 2239 m	1.45 Std.	🟥	🚌 🍴 👪 🚡
4	Spaziergang entlang der Isar zur Scharnitzer Alm	1.00 Std.	🟦	🚌 🍴 👪
7	Rundwanderung Scharnitz – Karwendelsteg	2.00 Std.	🟦	🚌 👪
7	Nur bis zur Pleisenhütte, 1757 m	5.15 Std.	🟥	🚌 🍴
8	Ab der Bergstation der Karwendelbahn über den Panorama-Rundweg zur Nördlichen Linderspitze, 2372 m	1.15 Std.	🟦	🚌 🍴 👪 🚡
8	Ab der Bergstation der Karwendelbahn über den gesicherten Steig auf die Westl. Karwendelspitze, 2384 m	1.00 Std.	⬛	🚌 🍴 🚡
12	Nur bis zum Seinskopf, 1961 m	6.00 Std.	🟦	🚌
23	Nur zur Grasbergalm, 1540 m	3.15 Std.	🟥	🚌
26	Zur bewirtschafteten Binsalm, 1502 m	2.00 Std.	🟦	🚌 🍴 👪
27	Über die Engalm in den Enger Grund	1.30 Std.	🟦	🚌 🍴 👪
34	Bis Seewaldhütte, 1582 m	3.30 Std.	🟦	🚌 🍴 👪
38	Vom Gasthof Gramai zum Gramaialm-Hochleger 1756 m	2.45 Std	🟦	🍴 👪
39	Nur zur Lamsenjochhütte, 1953 m	3.30 Std.	🟦	🍴 👪
41	Von der Bergstation Zwölferkopf zur Bärenbadalm, 1457 m	0.45 Std.	🟦	🚌 🍴 👪 🚡
44	Zur bewirtschafteten Stallenalm, 1340 m	2.15 Std.	🟦	🚌 🍴 👪
46	Von der Hinterhornalm zur Walderalm	1.15 Std.	🟦	🍴 👪
54	Von der Bergstation am Hafelekar zur Hafelekarspitze	0.30 Std.	🟦	🚌 🍴 👪 🚡
60	Über den Goetheweg zur Pfeishütte, 1922 m	4.00 Std.	🟥	🚌 🍴 🚡

FÜR GIPFELSAMMLER

Einige Touren in diesem Buch führen gleich auf mehrere Gipfel, oft sind auch unter Variante noch Gipfeloptionen angegeben. Hier eine nach der Gipfelhöhe sortierte Liste mit Angabe der Tourennummer, unter welcher der jeweilige Gipfel zu finden ist.

Gipfel	Höhe	Tour	Gipfel	Höhe	Tour
Birkkarspitze	2749 m	32	Soiernspitze	2257 m	13
Großer Bettelwurf	2726 m	50	Hundskopf	2243 m	46
Östl. Praxmarerkarspitze	2636 m	*	Rappenspitze	2223 m	40
Kleiner Lafatscher	2635 m	*	Seefelder Spitze	2221 m	1
Speckkarspitze	2621 m	52	Krapfenkarspitze	2110 m	14
Gamskarspitze	2601 m	*	Stanser Joch	2102 m	42
Kaskarspitze	2580 m	*	Schafreuter	2102 m	15/58
Pleisenspitze	2569 m	7	Mahnkopf	2094 m	30/58
Großer Solstein	2541 m	55	Hahnkampl	2080 m	26
Kleine Stempeljochspitze	2529 m	53	Schöttelkarspitze	2050 m	12/13
Lamsenspitze	2508 m	39	Feldernkreuz	2048 m	12/13
Hoher Gleirsch	2492 m	*	Fleischbank	2026 m	22/58
Wörner	2476 m	*	Grasbergjoch	2020 m	23
Sonnjoch	2457 m	25/38	Torkopf	2014 m	21
Gamsjoch	2452 m	28	Kompar	2011 m	24/58
Erlspitze	2405 m	*	Bärenkopf	1991 m	41
Reither Spitze	2374 m	1/2	Haller Zunterkopf	1966 m	48
Nördliche Linderspitze	2372 m	8	Seinskopf	1961 m	12/13
Steinfalk	2348 m	*	Hohe Gans	1950 m	36
Hafelekarspitze	2334 m	54/60	Demeljoch	1923 m	17
Freiungspitze	2332 m	2	Plumsjoch	1921 m	24
Sunntigerspitze	2321 m	6	Vorderskopf	1858 m	19
Sulzleklammspitze	2321 m	8	Fermerskopf	1851 m	14
Kirchlspitze	2301 m	8	Rappenklammspitze	1835 m	20
Kuhljochspitze	2293 m	*	Hochplatte	1815 m	34

* siehe Seite 25

Neben den oben genannten und bei den jeweiligen Tourenvorschlägen einbezogenen Gipfeln gibt es natürlich noch eine Unzahl an Bergen im Karwendel, deren Anstiege zwar nicht zwangsläufig sehr schwierig, aber häufig weglos, unmarkiert und manchmal auch nur sehr mühsam zu erreichen sind. Erfahrene Berggänger finden im Alpenvereinsführer Karwendel diesbezüglich eine fulminante Informationsquelle für eigene Planungen.

Einige der für erfahrene und ambitionierte Bergwanderer noch geeigneten und meist auf markierten Steigen erreichbaren Gipfeln sollen hier aber noch erwähnt werden, da sie gut mit den Tourenvorschlägen dieses Buches kombiniert werden können. Alle nachfolgend skizzierten Wege sind der Schwierigkeit »schwarz« zuzuordnen und nur als Tipp, nicht als ausführliche Tourenbeschreibung zu verstehen.

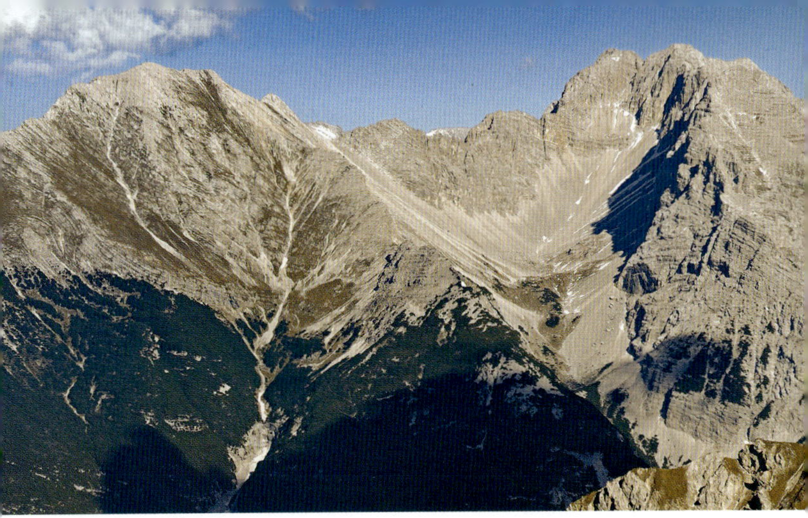

Links Hoher Gleirsch, rechts die Jägerkarspitzen und der Katzenkopf, dazwischen das Gleirscher Riegelkar mit der Äußeren und Inneren Riegelkarspitze darüber.

Erlspitze, 2405 m
Vom Solsteinhaus, Tour 2 bzw. Tour 57, führen gleich zwei lohnende Anstiege auf diesen Gipfel. Der gut markierte Normalweg und der deutlich anspruchsvollere Zirler Klettersteig.

Kuhljochspitze, 2293 m
Von der Kuhljochscharte, siehe Tour 2, führt ein markierter und teilweise gesicherter Steig zum Gipfel.

Hoher Gleirsch, 2492 m
Etwas talauswärts der Möslalm, Tour 4, führt ein Steig zunächst durch den Hochwald, dann zwischen Unterem- und Oberem Sagkopf hindurch zur Westflanke und zuletzt über den Südgrat zum Gipfel.

Wörner, 2476 m
Vom Wörnersattel, Tour 9, führt ein überwiegend markierter und durch zahlreiche Kaxelstellen (bis II) unterbrochener Steig durch die Westflanke zum aussichtsreichen Gipfel.

Steinfalk, 2348 m
Zwischen Ladizköpfel und Mahnkopf, siehe Tour 30, führt linker Hand ein markierter Steig zum Steinfalk.

Kleiner Lafatscher, 2635 m
Vom Lafatscher Joch, Tour 51, leiten Steinmänner und teilweise etwas undeutliche Markierungen über die Südostflanke, Zuletzt über ausgesetzte Kraxelstellen am Grat zum Gipfel.

Gamskarspitze, 2601 m
Vom Hallerangerhaus bzw. der Hallerangeralm, siehe Tour 51, über die Südwestflanke. Bezeichnet, Steigspuren und Steinmänner.

Östliche Praxmarerkarspitze, 2636 m und Kaskarspitze, 2580 m
Beide Gipfel gehören zum Tourenbereich der Pfeishütte, siehe Tour 53 und 57. Die Anstiege zu beiden Zielen sind überwiegend markiert aber insgesamt recht anspruchsvoll (mit ausgesetzten Stellen im II. Grad).

HÜTTEN UND UNTERKÜNFTE

Bettelwurfhütte, 2077 m
OeAV, Anfang Juni bis Mitte Oktober
Tel. +43 (0) 5223 53353

Brunnsteinhütte, 1523 m
DAV, Mai bis Oktober
Tel. +49 (0) 8823 326951

Falkenhütte, 1848 m
DAV, Anfang Juni bis Anfang Oktober
Tel. +43 (0) 5245 245

Hallerangeralm, 1776 m
Privat, Juni bis Anfang Oktober
Tel. +43 (0) 5213 52 77

Hallerangerhaus, 1768 m
DAV, Juni bis Mitte Oktober
Tel. +43 (0) 720 347028

Hochlandhütte, 1623 m
DAV, Ende Mai bis Mitte Oktober
Tel. +43 (0) 174 9897863

Karwendelhaus, 1765 m
DAV, Anfang Juni bis Mitte Oktober
Tel. +43 (0) 720 983554

Krinner-Kofler-Hütte, 1407 m
DAV, Selbstversorgerhütte, Anfang Juni bis Mitte September
Hüttenwart Tel. +49 (0) 8823/5584

Lamsenjochhütte, 1953 m
DAV, Anfang Juni bis Mitte Oktober
Tel. +43 (0) 5244 62063

Mittenwalder Hütte, 1515 m
DAV, Mitte Mai bis Ende Oktober
Tel. +49 (0)151 17303118

Möslalm, 1262 m
Privat, Mitte Mai bis Anfang Oktober
Tel. +43 (0) 664 9142670

Neue Magdeburger Hütte, 1637 m
DAV, Mitte Mai bis Mitte Oktober
Tel. +43 (0) 5238 88790

Nördlinger Hütte, 2239 m
DAV, Anfang Juni bis Mitte Oktober
Tel. +43 (0) 664 1633861

Pfeishütte, 1922 m
OeAV, Mitte Mai bis Mitte Oktober
Tel. +43 (0) 720 316596

Pleisenhütte, 1757 m
Privat, an den Wochenenden ganzjährig geöffnet, ab Ende Mai bis Mitte Oktober durchgehend geöffnet
Tel. +43 (0) 664 9158792

Plumsjochhütte, 1630 m
Privat, Anfang Mai bis Ende Oktober
Tel. +43 (0) 5243 5487

Seewaldhütte, 1582 m
DAV, Juli bis Mitte September
Tel. +43 (0) 664 3537019

Soiernhaus, 1616 m
DAV, Mitte Mai bis Mitte Oktober
Tel. +49 (0) 171 5465858

Solsteinhaus, 1805 m
OeAV, Anfang Juni bis Mitte Oktober
Tel. +43 (0) 664 3336531

Tölzer Hütte, 1835 m
DAV, Mitte Mai bis Mitte Oktober
Tel. +43 (0) 664 1801790

Bei geplanter Übernachtung ist auf allen Hütten eine Voranmeldung ratsam.

Die Öffnungszeiten können je nach Wetterlage etwas variieren!
Weitere Infos zu den Hütten gibt es auf den Webseiten des DAV oder OeAV

www.dav-huettensuche.de
www.alpenverein.at/huetten

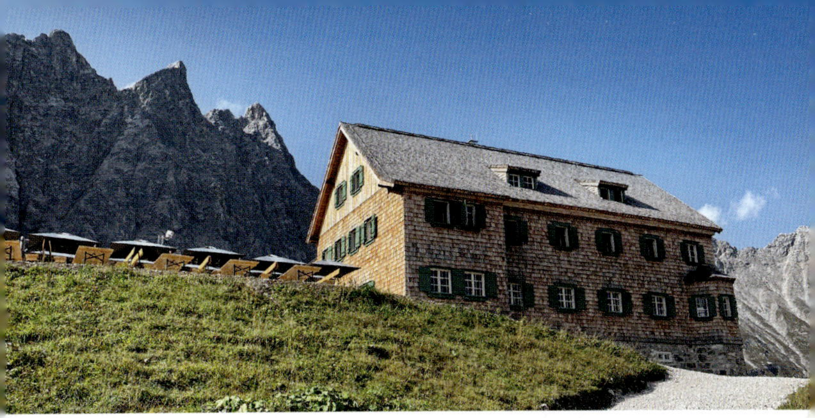

Die Falkenhütte, 2019 renoviert und erweitert.

ZUBRINGERDIENSTE UND MAUTSTRASSEN

Scharnitz – Karwendeltäler
Die Karwendeltäler sind für den öffentlichen Verkehr gesperrt. Bus- und Taxidienste verkehren u.a. zur Kastenalm und ins Gleirschtal zur Möslalm. Anmeldung und Auskunft bei Taxi Mayr in Scharnitz.
■ Tel. +43 (0) 5213 5363

Lenggries – Hinterriß – Eng
Auch wenn die Straße (mautpflichtig) während der Wandersaison öffentlich bis zum Parkplatz in der Eng befahrbar ist, die als »Bergsteigerbus« bekannte Linie 9569 bedeutet auch für Autofahrer eine wertvolle logistische Unterstützung. Wer mit öffentlichen Verkehrsmitteln anreist, weiß diese Verbindung eh zu schätzen. Der Bergsteigerbus hält an allen für Wanderer wichtigen Ausgangs- und Endpunkten im Rißtal.
■ www.rvo-bus.de
■ Info-Tel. +49 (0) 8022 18750-0

Pertisau – Falzthurntal und Gerntal
Falzthurntal und Gerntal sind während der Wandersaison für den Individualverkehr geöffnet (mautpflichtig). Parken nur an den besonders dafür ausgewiesenen Parkplätzen.

Gnadenwald – Hinterhornalm
Privatstraße. Meist ab Mai für den Individualverkehr (mautpflichtig) geöffnet.

Hall – Halltal, St. Magdalena
Die ehemalige Mautstraße ins Halltal ist wegen der Gefährdung durch Murenabgänge für den öffentlichen Verkehr gesperrt. An schönen Wochenenden verkehrt während der Saison ein kostengünstiger Shuttlebus. Abfahrt am großen Parkplatz Halltaleingang.
■ www.hall-wattens.at/de/halltal-taxi-shuttle-service.html
Alternativ kann man auch einen individuellen Taxiservice bemühen:
■ Kili Karlheinz Tel. +43 (0) 5223 45500
■ Rohregger Tel. +43 (0) 5223 56111
In allen Fällen findet bei, bzw. unmittelbar nach Stark- bzw. Dauerregen aus Sicherheitsgründen kein Transport statt!

Notruf / Bergrettung

Allgemeine Notrufnummer 112 (innerhalb der gesamten EU), Unfallmeldungen nehmen natürlich auch sämtliche bewirtschafteten Hütten entgegen.

Alpines Notsignal

Auch in Zeiten, wo jeder sein Handy dabei hat, kann es nicht schaden auch das alpine Notsignal zu kennen – schließlich kann auch die Mobilfunk-Technik mal versagen (Akku leer, »Funkloch« usw.). Das alpine Notsignal besteht aus einem optischen oder akustischen Signal gleich welcher Art (Taschenlampe, Signalpfeife, Rufen). Dieses wird sechs Mal innerhalb einer Minute abgesetzt, danach eine Minute Pause, dann wieder sechs Mal das Signal, Pause ... usw.

Über den Einsatz von GPS

Es gibt im Karwendel mitunter einzelne Passagen, bei denen man tunlichst besser auf den Weg schaut, als auf das Display eines GPS-Gerätes. Davon abgesehen richten diese Navigationshilfen aber normalerweise keinen Schaden an, erfüllen ihren nützlichen Zweck und sollen hier weder ausdrücklich empfohlen noch in irgendeiner Form abgewertet werden. Die allermeisten Wanderungen im Karwendel sind so gut ausgeschildert und markiert, dass es keine echte Notwendigkeit gibt, solche Geräte mitzuführen. Natürlich ist es schön, wenn man sich einen Weg zu Hause beliebig auf eine Karte projizieren oder als Routenempfehlung an Freunde versenden kann – so gesehen sind GPS-Aufzeichnungen auch eine Art Erinnerungsfoto der gesamten Wanderung. Die provokative Frage, ob man sich beim Wandern lieber mit der Natur oder der Technik auseinandersetzen will, muss jeder für sich beantworten, trifft aber auch die Träger einer Armbanduhr. Tatsächlich geht natürlich beides!

Alpine Auskunft

Alpine Auskunft des DAV, Tel. +49 (0) 89 29 49 40, auskunft@alpenverein.de
Alpine Auskunft des OeAV Sektion Innsbruck, Tel. +43 (0) 512 587 828, info@alpine-auskunft.at
Tirol Informationsdienst, Tel. +43 (0) 512 5320-171 oder -176.

Alpenpark Karwendel

Umfassende Informationen zu Naturpark-Belangen: www.karwendel.org

Rechts: Hier wandern wir erst, wenn der Weg schneefrei ist. Der serpentinenreiche (für GPS-Anwender trackpunktreiche) Weg zwischen der Eppzirler Alm und der Eppzirler Scharte.

Folgende Doppelseite: Blick hinab auf die Eppzirler Alm. Das Tal wird komplett von der Erlspitzgruppe umschlossen, die im gleichnamigen Gipfel (rechts) kulminiert. Dahinter in der rechten Bildhälfte die Inntallkette mit Kemacher und Kleinem Solstein. Im Hintergrund der linken Bildhälfte angeführt vom Hohen Gleirsch (ganz links) die Gleirsch-Halltal-Kette.

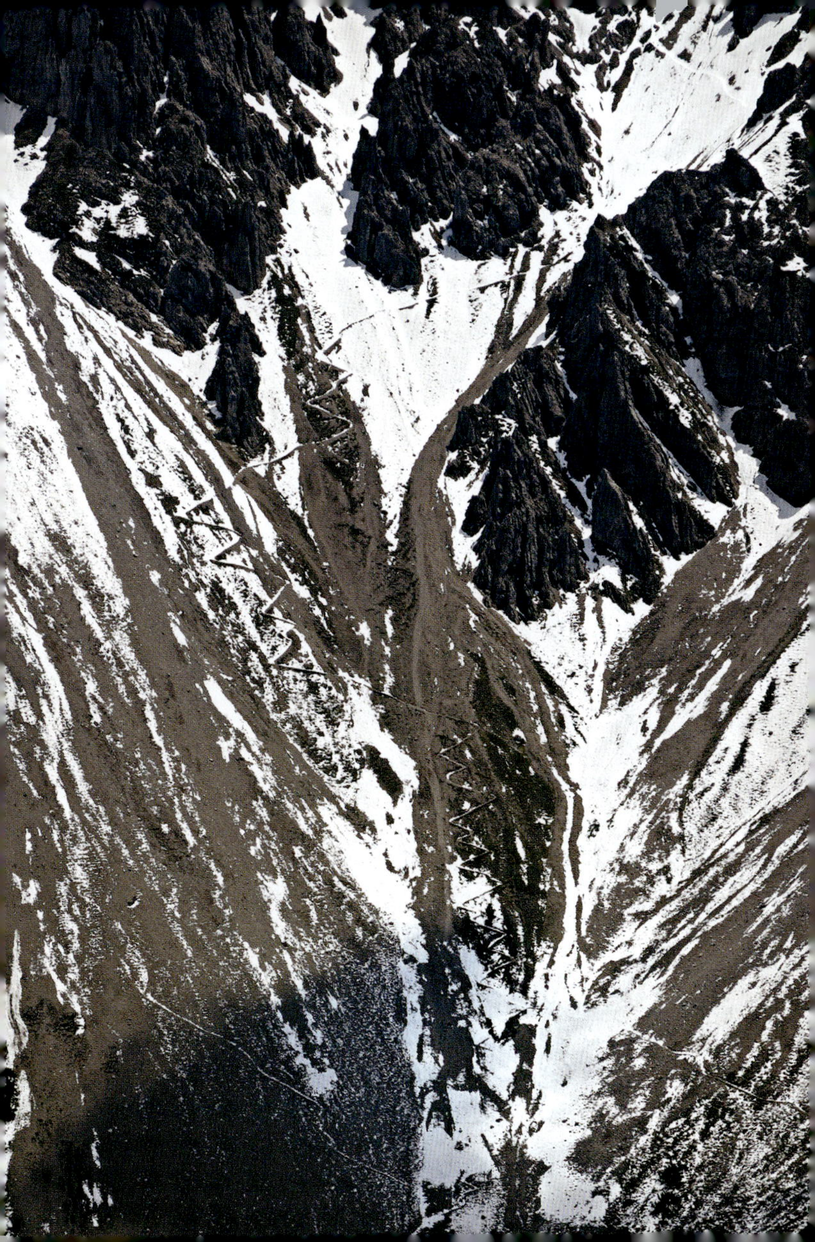

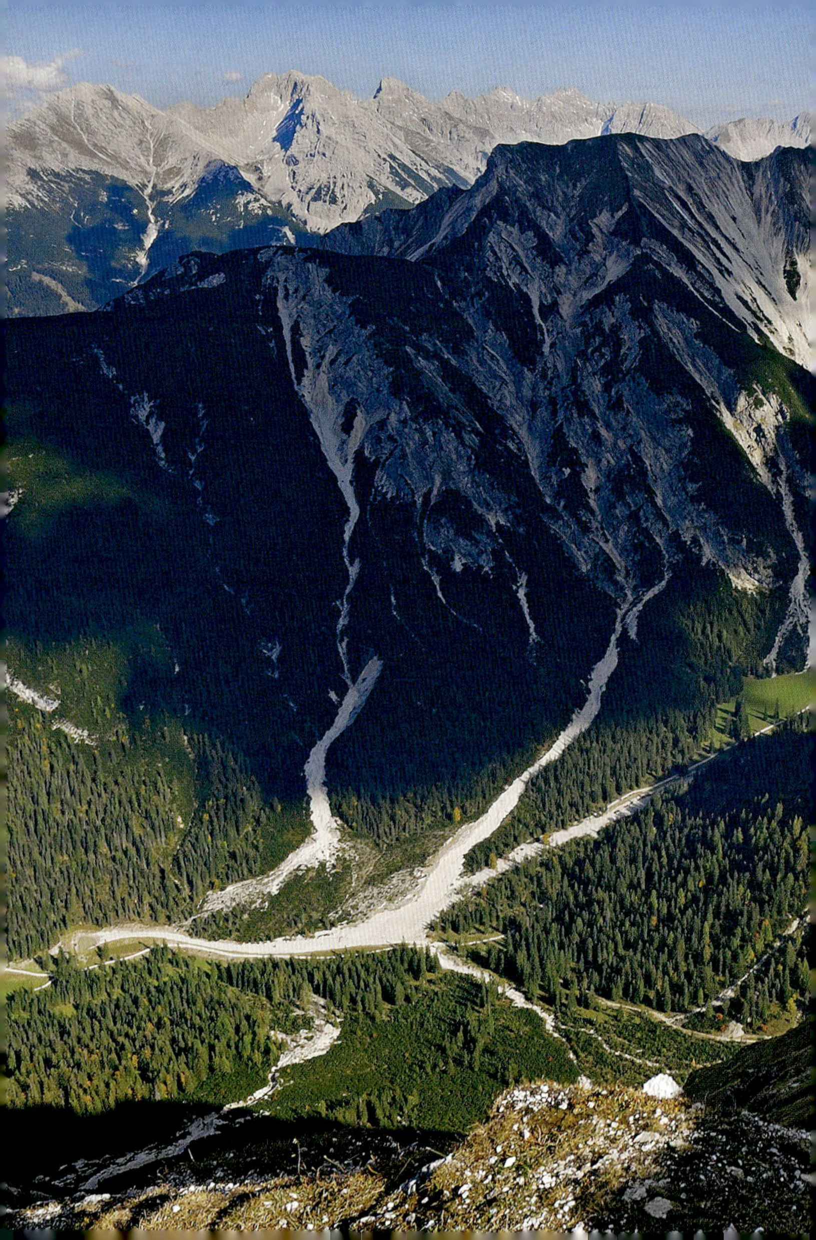

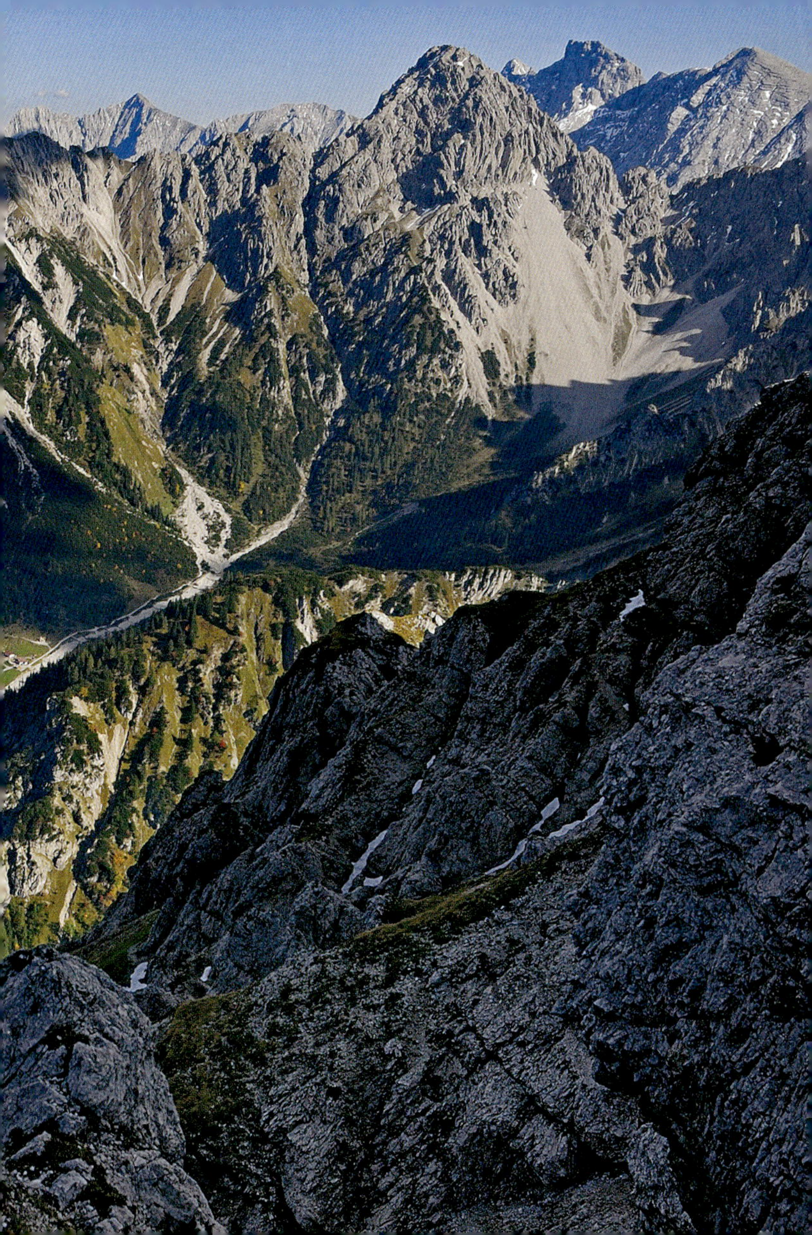

TOP

↗ 510 m | ↘ 1310 m | 14.7 km

1 Reither Spitze, 2374 m

5.45 h

»Wandern bergab« hinunter ins Seefelder Becken

Ein Tourenvorschlag, der zahlreiche Kombinationsmöglichkeiten bietet. Wer den langen Abstieg nach Seefeld scheut, begeht (ganz im Sinne der Seilbahngesellschaft) nur den attraktivsten Abschnitt zwischen Härmelekopf-Bergstation bis zur Bergstation am Seefelder Joch. Den Glanzpunkt bietet natürlich die Reither Spitze selbst, mit ihrer umfassenden Gipfelrundschau auf weite Teile der Bergketten des Karwendel und auf die Gebirgskämme jenseits des Inntals.

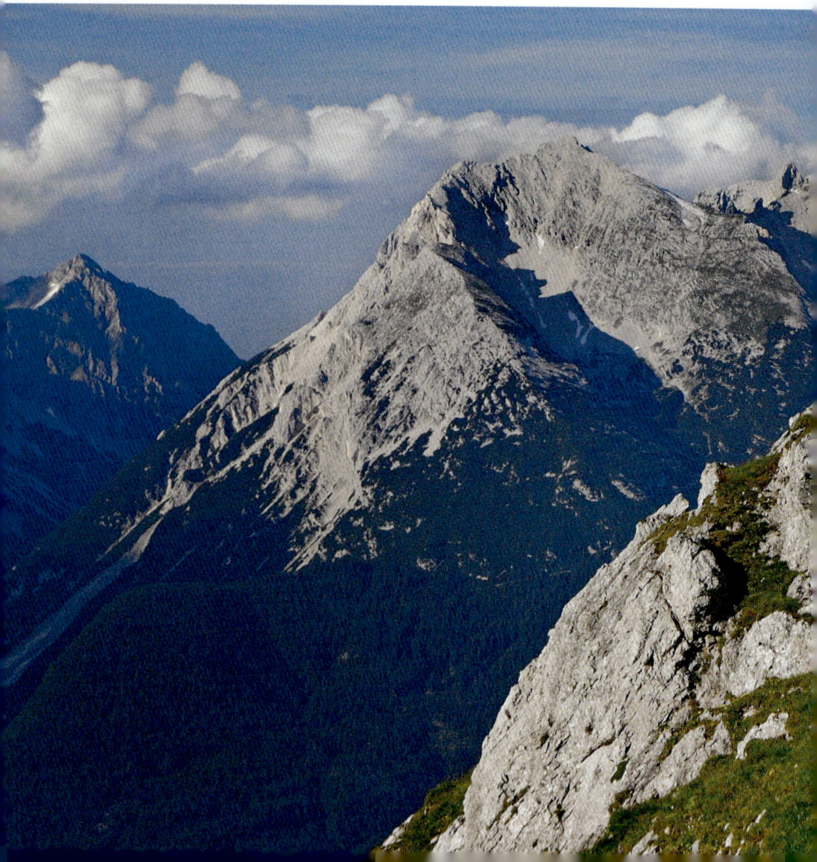

Talort: Seefeld, 1075 m, Bahnstation an der Linie Innsbruck – München.
Ausgangspunkt: Bergstation der Härmelekopf-Seilbahn, 2034 m, von Seefeld über die Standseilbahn zur Roßhütte zu erreichen.
Endpunkt: Seefeld, Talstation der Bergbahnen Roßhütte.
Anforderungen: Im Gipfelbereich steile Gras- und Schrofenhänge. Die Querung des steilen Grabens unterhalb der Roßhütte ist erosionsbedingt mitunter heikel und ausgesetzt, Trittsicherheit und Schwindelfreiheit notwendig.
Einkehr und Unterkunft: Nördlinger Hütte, 2239 m, bewirtschaftet von Juni bis Mitte Oktober.
Variante: Abstieg aus dem Reither Kar über die Reither Jochalm nach Seefeld, insgesamt 4 Std.

Auch die Schafe wissen – neben dem grünen Gras – die Ausblicke am Weg zum Seefelder Joch zu schätzen. Unverkennbar dabei die Pleisenspitze (links).

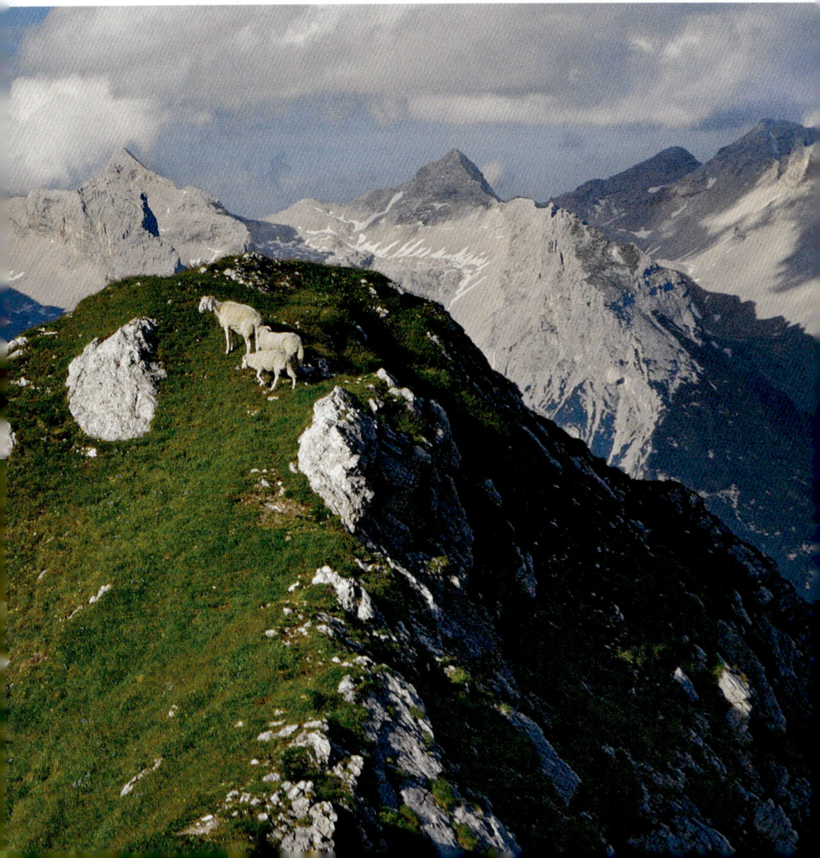

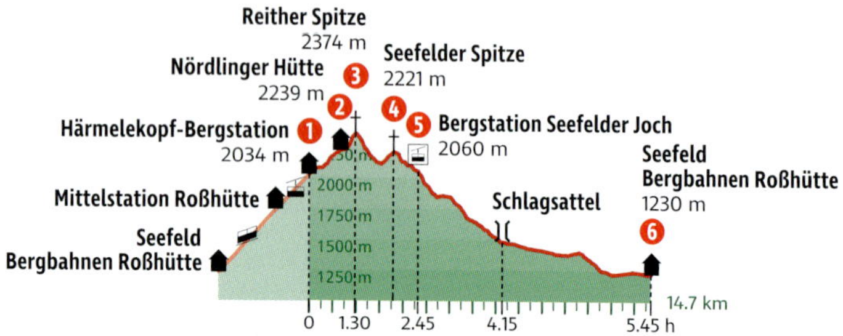
Reither Spitze
2374 m
Nördlinger Hütte
2239 m
Seefelder Spitze
2221 m
Härmelekopf-Bergstation
2034 m
Bergstation Seefelder Joch
2060 m
Seefeld
Bergbahnen Roßhütte
1230 m
Mittelstation Roßhütte
Schlagsattel
Seefeld
Bergbahnen Roßhütte
1
2
3
4
5
6
2000 m
1750 m
1500 m
1250 m
14.7 km
0
1.30
2.45
4.15
5.45 h

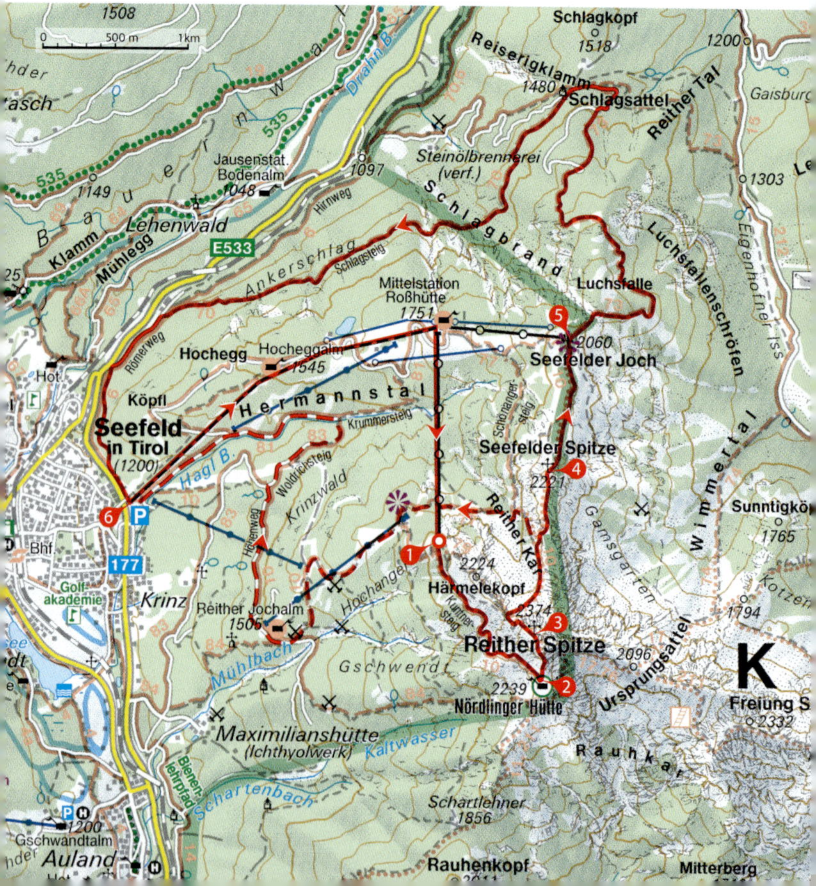
0
500 m
1 km
Schlagkopf
1518
Reiserigklamm
1480
Schlagsattel
Reither Tal
Gaisburg
1200
1303
Steinölbrennerei
(verf.)
Schlagbrand
Jausenstat.
Bodenalm
1048
1097
Hirnweg
1149
Lehenwald
Klamm
Mühlegg
E533
Ankerschlag
Schlagsteig
Mittelstation
Roßhütte
1751
Luchsfalle
Luchsfellenschröfen
Eigenhofner Iss
5
2060
Seefelder Joch
Römerweg
Hochegg
Hocheggalm
1545
Köpfl
Hermannstal
Krummersteig
Seefeld
in Tirol
(1200)
Hagl B.
Seefelder Spitze
2221
4
Wimmertal
Sunntigkö
1765
Woldrichsteig
Krinzwald
Reither Kar
Gamsgarten
6
P
Bhf.
177
Golf-
akademie
Krinz
1
2224
Härmelekopf
Hochanger
Reither Jochalm
1505
Kuntner-
steig
2374
3
Reither Spitze
2096
Ursprungsattel
1794
K
Mühlbach
Gschwendt
2239
2
Nördlinger Hütte
Freiung S
2332
Maximilianshütte
(Ichthyolwerk)
Kaltwasser
Rauhkar
Bienen-
lehrpfad
Schartenbach
Schartlehner
1856
1200
Gschwandtalm
Auland
Rauhenkopf
Mitterberg

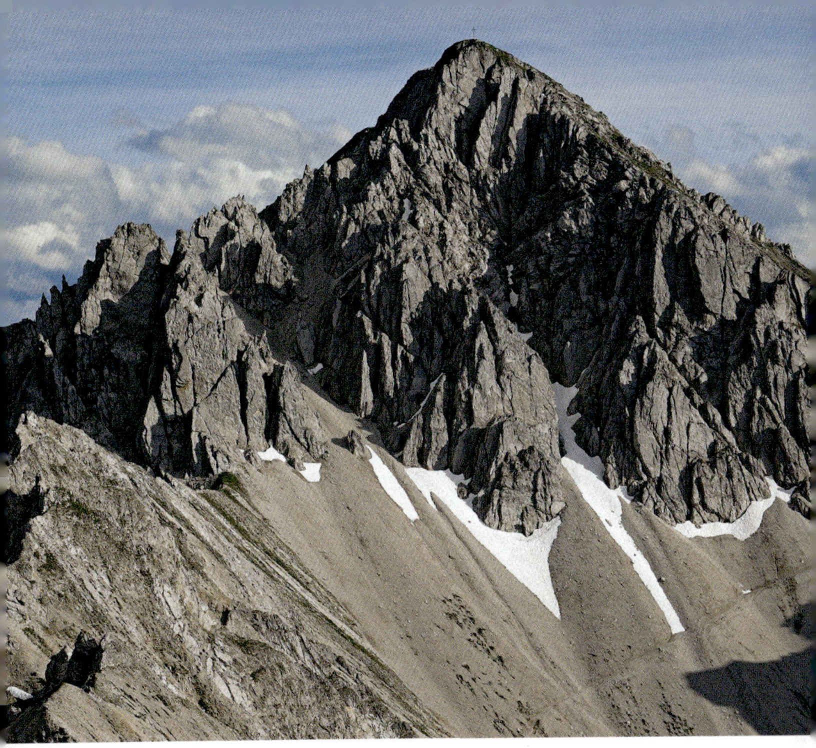

Die Reither Spitze von der Seefelder Spitze aus gesehen.

Von der **Seilbahnstation** ❶ unterhalb des Härmelekopfes queren wir über steile SW-Hänge hinüber zur **Nördlinger Hütte** ❷, um durch die Südflanke auf die **Reither Spitze** ❸, eine hervorragende Aussichtswarte, zu steigen. Beim Abstieg über den steilen NW-Kamm (eine Stelle gesichert) hinab ins Reither Kar ist dann Trittsicherheit und sorgfältiges Gehen angesagt. Auch der Gegenansteig zur **Seefelder Spitze** ❹, sowie der anschließende Abstieg zum **Seefelder Joch** ❺, führt zwar durchwegs auf gut markierten Wegen, aber dennoch in steilem Gras- und Schrofengelände (teilweise gesichert). An der Bergstation der Seilbahn angelangt, wenden wir uns nach Osten und später nach Norden und erreichen so auf schwach bezeichnetem Steig den markierten Weg Nr. 34 aus dem Eppzirltal. Diesen nur kurz nach Westen verfolgend biegen wir schon bald links ab und queren die Hänge auf einem Steig bis zu einem markanten Bachgraben. Auf nun gut markiertem Weg gelangen wir, zuletzt leider in unmittelbarer Nähe der Bundesstraße, nach **Seefeld** ❻ und zur Talstation der Bergbahn.

↗ 540 m | ↘ 1660 m | 14.3 km

2 Freiungen-Höhenweg

6.45 h

»Beinahe-Klettersteig« hoch über dem Inntal

Ein grandioser Höhenweg, der nicht nur weitreichende Ausblicke bietet, sondern dank der guten Bahnverbindung auch bequem unter Zuhilfenahme öffentlicher Verkehrsmittel durchgeführt werden kann. Nebenbei ist er auch ein großartiger Zubringer zum Tourengebiet des Solsteinhauses.

Talort: Seefeld, 1075 m.
Ausgangspunkt: Bergstation der Härmelekopf-Seilbahn, 2034 m, die von Seefeld über die Standseilbahn zur Roßhütte zu erreichen ist.
Endpunkt: Bahnhof Hochzirl, 911 m, Station der Karwendelbahn.
Anforderungen: Stellenweise gesicherter Höhenweg mit Klettersteig-Charakter; Trittsicherheit und Schwindelfreiheit erforderlich, bei Nässe sehr unangenehm.
Einkehr und Unterkunft: Nördlinger Hütte und Solsteinhaus, bew. Juni bis Mitte Oktober.
Variante: Zum Solsteinhaus zweigt knapp oberhalb der Solsteinalm ein Steig östlich ab, der auf den Hüttenzugang trifft, ca. ¾ Std. bis zur Hütte.

Von der **Bergstation** ❶ wandern wir zur **Nördlinger Hütte** ❷, wo der gut markierte Freiungen-Höhenweg hinüber zum Solsteinhaus beginnt. Er führt uns um die Reither Spitze herum in den **Ursprungsattel** ❸, weiter östlich in die »Gruben« und auf einen Rücken, von dem aus der weitere Verlauf unseres Genusssteiges sichtbar wird: Knapp unterhalb der **Freiungspitze** ❹ geht es hinüber in die **Kuhljochscharte** ❺ (Gedenktafel) und weiter auf den Rücken des Kreuzjöchl, auf dem wir uns nach Süden wenden. An der **Solsteinalm** ❻ vorbei und talwärts hinaus nach **Hochzirl** ❼.

Der Freiungen-Kamm (rechts), links die Erlspitze, im Hintergrund die Solsteine.

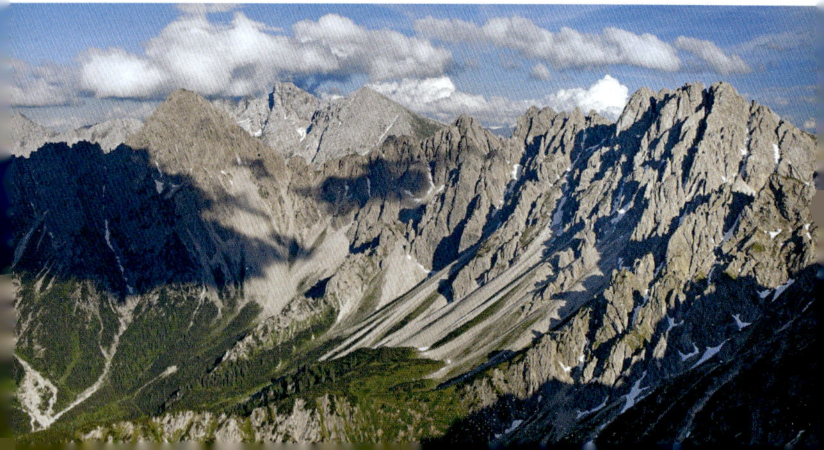

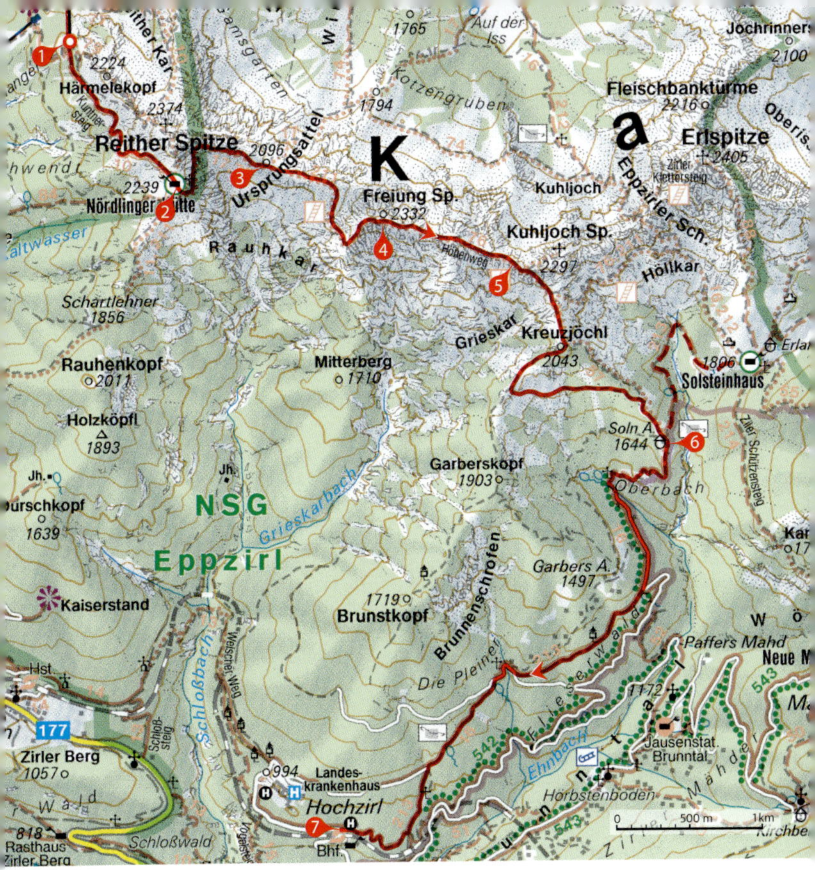

Härmelekopf
2224
2374
Reither Spitze
2239
Nördlinger Hütte
2096
Ursprungsattel
Reither Kar
Gamsgarten
1765
Auf der Iss
1794
Kotzengruben
Jochrinner
2100
Fleischbanktürme
2216
Erlspitze
2405
Zirler Klettersteig
Eppzirler Sch.
Freiung Sp.
2332
Kuhljoch
Kuhljoch Sp.
2297
Höhenweg
Höllkar
Rauhkar
Schartlehner
1856
Rauhenkopf
2011
Grieskar
Kreuzjöchl
2043
1806
Solsteinhaus
Mitterberg
1710
Holzköpfl
1893
Soln A.
1644
Garberskopf
1903
Oberbach
Jh.
NSG
Eppzirl
Grieskarbach
1639
Brunnenschrofen
Garbers A.
1497
Kaiserstand
1719
Brunstkopf
Paffers Mahd
Die Pleine
1172
Hst.
177
Zirler Berg
1057
Schloßbach
Weischer Weg
994
Landeskrankenhaus
Hochzirl
Jausenstat. Brunntal
Ehnbach
Hörbstenboden
818
Rasthaus Zirler Berg
Schloßwald
Bhf.
0
500 m
1 km

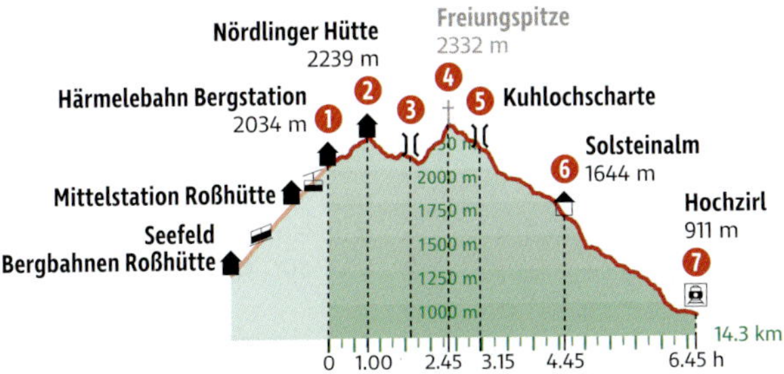

Nördlinger Hütte
2239 m
Freiungspitze
2332 m
Härmelebahn Bergstation
2034 m
Kuhlochscharte
Solsteinalm
1644 m
Mittelstation Roßhütte
Hochzirl
911 m
Seefeld
Bergbahnen Roßhütte
2000 m
1750 m
1500 m
1250 m
1000 m
14.3 km
0
1.00
2.45
3.15
4.45
6.45 h

↗ 690 m | ↘ 690 m | 14.5 km

3 Scharnitzer Zunterkopf, 1661 m

5.15 h

Durch Klammen, Gräben und Wälder

Dieser Weg eignet sich vornehmlich für Wanderer, die hin und wieder einmal ihren Landschaftsgenuss nicht mit anderen teilen wollen. Dabei hat der unscheinbare Zunterkopf durchaus etwas zu bieten. Dort steht man sicherlich auf einem der einsamsten wanderbaren Gipfel der Gegend, hoch über der jungen Isar. Im nahen Umkreis nehmen drei markante Karwendelketten ihren Ausgang: Im Norden beginnt an der nahen Brunnsteinspitze die mächtige Nördliche Karwendelkette, im Nordosten bildet die Pleisenspitze den Auftakt der über 40 Kilometer langen Hinterautal-Vomper-Kette und im Osten signalisiert die schaufelförmige Gestalt des Hohen Gleirsch den Anfang der Gleirsch-Halltal-Kette.

Talort: Scharnitz, 964 m.
Ausgangspunkt: Ortsteil Eisack an der Ausmündung des Hinterautales, große Parkplätze (Parkschein).
Anforderungen: Leichte Wanderung mit Voralpen-Charakter, teilweise spärlich bezeichnet.
Einkehr: Oberbrunnalm und Scharnitzer Alm, beide einfach bewirtschaftet.
Variante: Vom Zunterkopf erst weglos über die unbedeutenden Erhebungen der Kreideköpfe. Danach Richtung NW, später auf markiertem Steig südlich um den Zäunlkopf herum und zur Bergstation des kleinen Liftes an der Sportalm Mühlberg, 1358 m. Auf markiertem Fahr- und später Wanderweg hinab auf die freien Wiesen südlich von Scharnitz. Kaum länger als der Weg über die Oberbrunnalm.

Im Ortsteil **Scharnitz-Eisack** ❶ zweigt noch vor der Brücke rechts der markierte Isarsteig ins Hinterautal ab. Diesem folgen wir nur kurz bis zu einer Weggabelung, an der wir erneut rechts in den Hochwald abbiegen. Nach der Querung zweier Klammen – die zweite ist die markante Teufelslochklamm – umrunden wir einen Rücken hinein in den Vorderen Kreidengraben. Ihn verfolgen wir kurz nach Süden, um schon bald, links haltend, in kurzen Serpentinen zum Nordrücken des Zunterkopf aufzusteigen. Am Ende der Serpentinen zweigen vom markierten Weg links Pfadspuren ab, die uns, vorbei an einer Jagdhütte, auf den unscheinbaren **Zunterkopf** ❷ leiten. Vom Gipfel steigen wir in südwestlicher Richtung zunächst über Pfadspuren ab, treffen aber bald auf den markierten Steig, der uns zur **Oberbrunnalm** ❸ hinab-

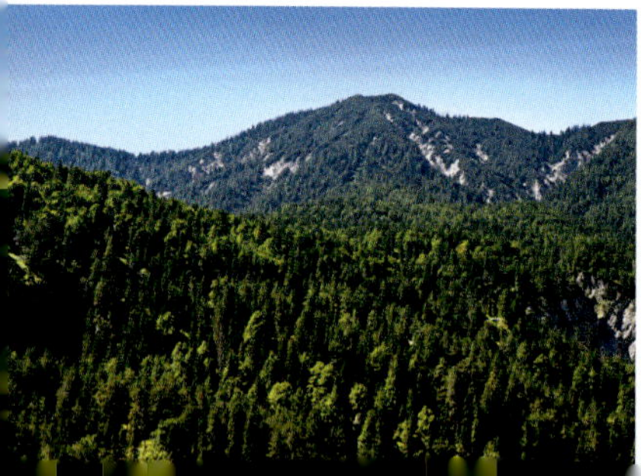

Blick über den Hochwald hinweg zum Scharnitzer Zunterkopf.

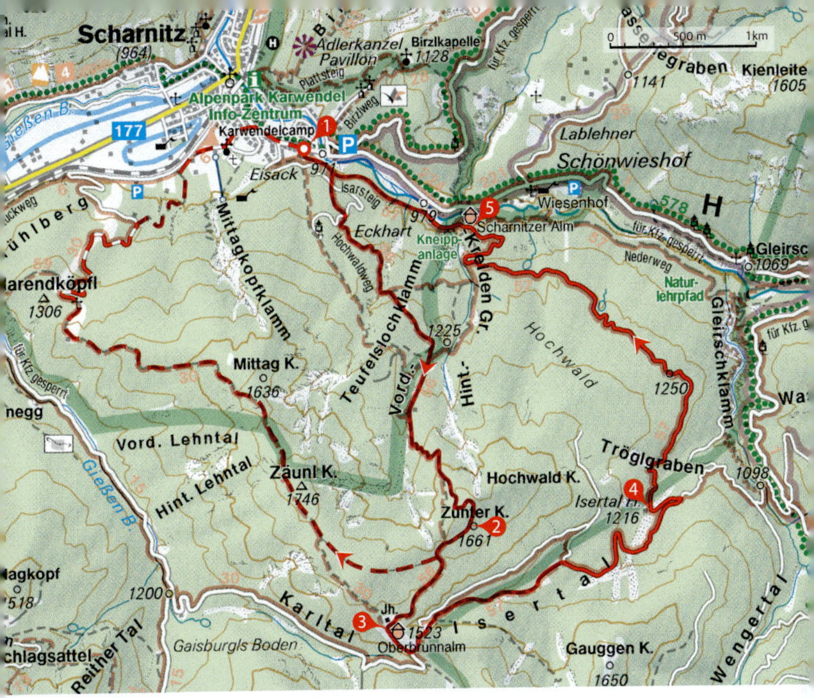

führt. Ab hier hat es mit der Wegsuche ein Ende, denn bequem können wir auf einem Wirtschaftsweg östlich ins Isertal absteigen. Bevor der Weg über dem Tal um einen Rücken herum ins Gleirschtal führt, kehren wir scharf links zur **Isertalhütte** 4 zurück. Zunächst in nördlicher, später in nordwestlicher Richtung wandern wir auf einem markierten Weg rund um den gesamten Stock des Zunter- und Hochwaldkopfes zurück bis in den Hinteren Kreidegraben und in zwei Kehren hinab zur **Scharnitzer Alm** 5 und zum Isarsteig, der uns entlang der Isar zurück nach **Scharnitz-Eisack** 1 bringt.

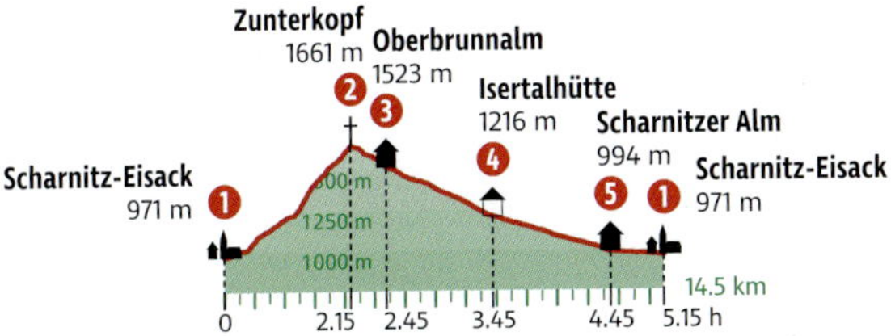

↗ 550 m | ↘ 550 m | 19.6 km

4 Möslalm, 1262 m

5.30 h

Entlang der Isar und dem Gleirschbach

Nach dem Studium der Karte kommt mancher Wanderer vielleicht zu dem Schluss, dass es sich hier um einen Weg mit eher meditativen Charakter handelt, leistungshungrige Gipfelsammler kommentieren dies gar mit dem Begriff »Talhatscher«. Doch diese Titulierung hat der abwechslungsreiche Weg in die wildschöne Szenerie des Gleirschtal nicht verdient. Es gibt schließlich unterschiedliche Beweggründe, die uns antreiben. Eine Übernachtung im Heulager der Möslalm kann zum Beispiel ein romantisches Abenteuer für die ganze Familie sein.

Talort: Scharnitz, 964 m, verkehrsreicher Grenzort zwischen Bayern und Tirol, inmitten einer imposanten Gebirgskulisse gelegen. Ausgangspunkt zahlreicher Karwendeldurchquerungen und Hüttenwanderungen. Zugverbindung nach Garmisch, München und Innsbruck.
Ausgangspunkt: Parkplatz am Eingang des Hinterautales (Parkschein).

Anforderungen: Unproblematische Talwanderung. Trotz der Länge nur wenig anstrengend, da nur geringe Höhenunterschiede zu bewältigen sind.
Einkehr und Unterkunft: Scharnitzer Alm (nur Einkehrmöglichkeit).
Möslalm von Mitte Mai bis Anfang Oktober bewirtschaftet. Nächtigung in Karwendelsuite, Lager oder Holzschuppen.

Bei der Möslalm im Gleirschtal.

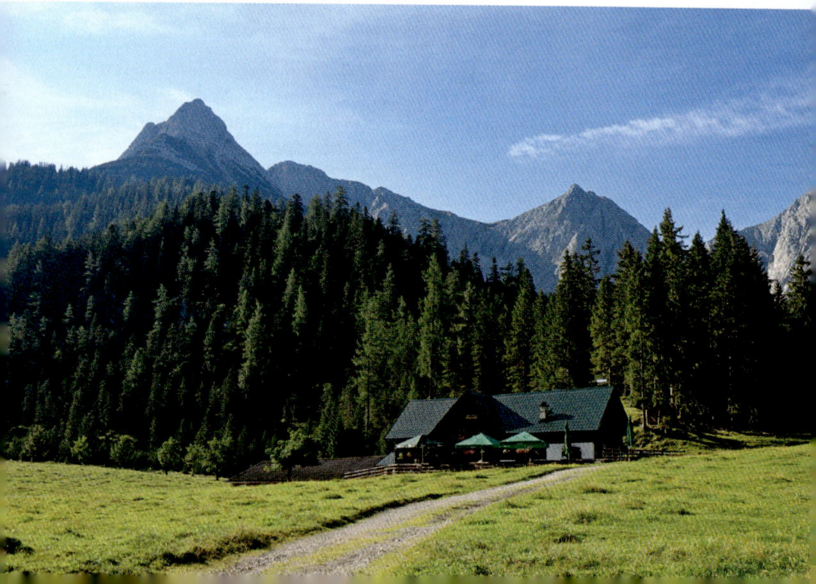

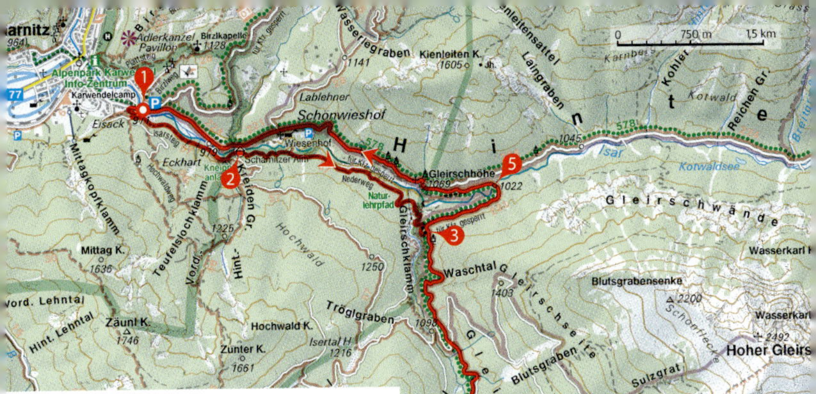

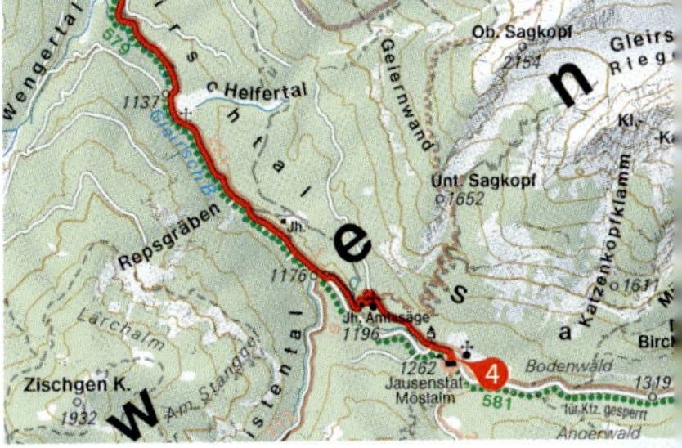

Im Ortsteil **Scharnitz-Eisack** ❶ am rechtsseitigen Isarufer zweigt noch vor der Brücke über die Isar rechts der markierte, gleichnamige Steig ins Hinterautal ab. Wesentlich abwechslungsreicher als auf der jenseitigen Fahrstraße wandern wir also am rechten Ufer talein und gelangen schon bald zur **Scharnitzer Alm** ❷. Der Weg verläuft nun nicht mehr in unmittelbarer Nähe des Bachbettes, sondern etwas weiter oben am Hang. Nach etwa 1 Std. erhält die Isar Verstärkung von dem wild durch eine Klamm tosenden Gleirschbach, den wir auf einer Brücke überqueren. Jenseits befindet sich ein **Rastplatz** ❸. Hier nicht weiter in die Klamm, sondern links hinauf zur Fahrstraße ins Gleirschtal, über die wir talein marschieren. Kurz nachdem die Straße den Gleirschbach überquert hat, verlassen wir sie nach links, um vorbei am Jagdhaus Amtssäge zur romantisch gelegenen **Möslalm** ❹ zu gelangen. Der Rückweg ist nicht zu verfehlen und hält sich stets an die Wirtschaftswege durch das Gleirsch- und Hinterautal. Dabei überqueren wir einmal eine **Brücke über die Isar** ❺ und wandern nun entlang des nördlichen Flussufers zurück nach **Scharnitz-Eisack** ❶.

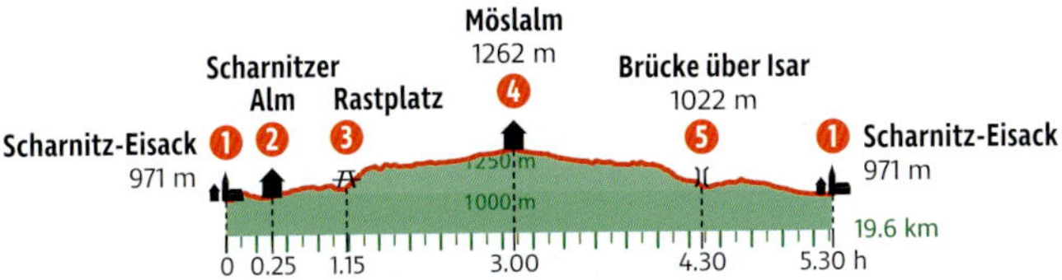

↗ 300 m | ↘ 300 m | 11.7 km

5 Gleirschklamm

3.45 h

Durch die wilde Klamm des Gleirschbachs

Die Gleirschklamm ist durch einen gut angelegten Steig erschlossen, dennoch warnt ein Schild »Nur für Geübte« die Besucher vor Leichtsinn. Wirklich schwierige Stellen findet man hier nicht, einzig das die Moral fördernde und bei vielen anderen Klammsteigen übliche Geländer fehlt!
Der Rückweg führt uns dann noch einmal durch eine wildromantische Flusslandschaft. Dabei dürfen wir gleich zweimal die Schlucht der Isar besichtigen. Zuerst von unten, vom Karwendelsteg, und dann von oben, von der Gleirschhöhe – letztere bietet sogar noch einen weiteren Einblick in die Gleirschklamm.

Blick vom Forstweg hinab in die Gleirschklamm.

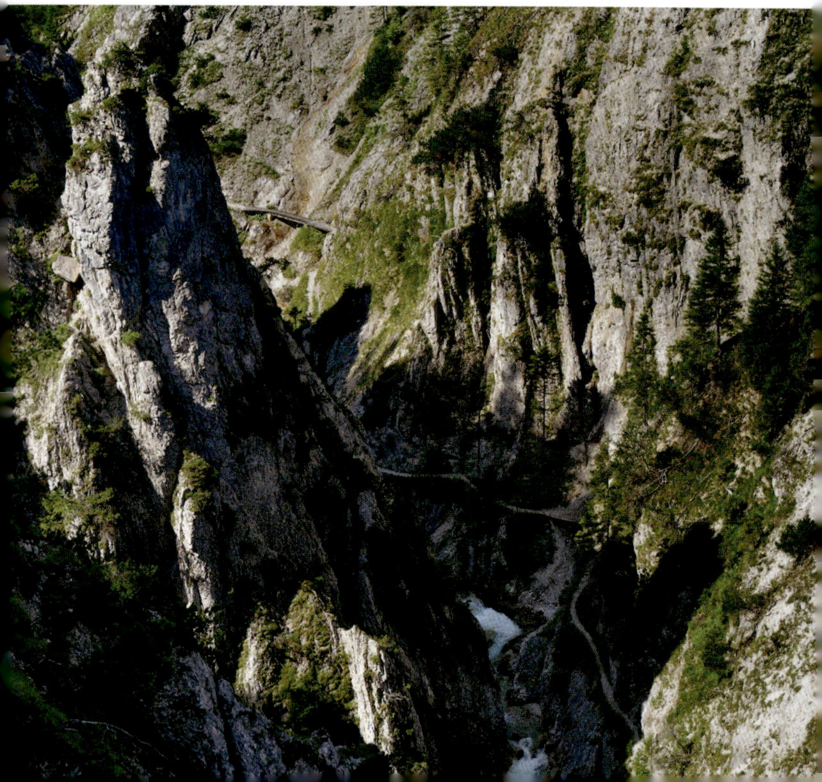

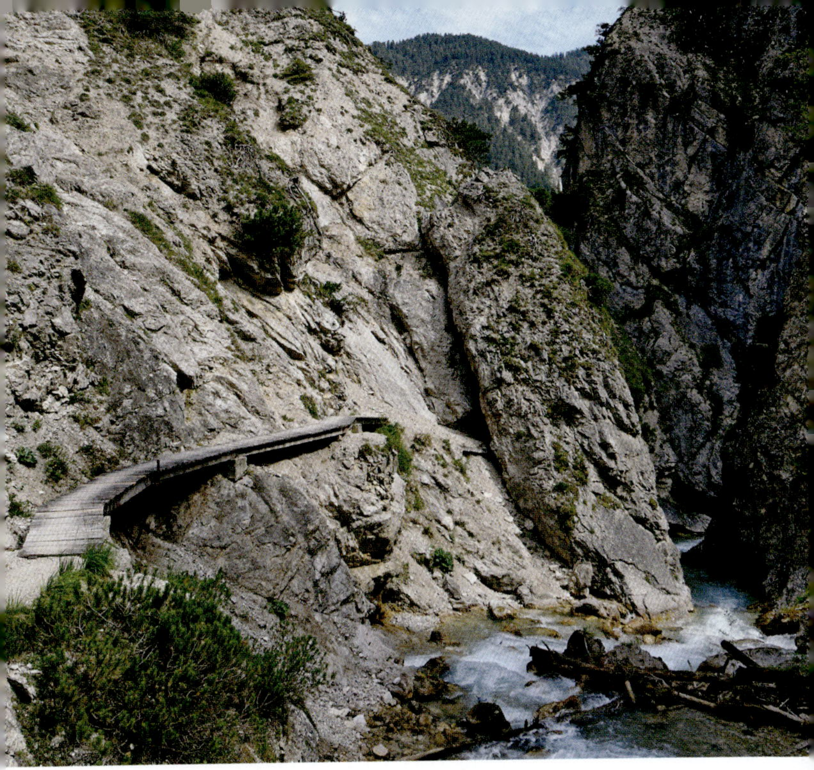

Unterwegs in der Gleirschklamm.

Talort: Scharnitz, 964 m, verkehrsreicher Grenzort in Tirol, inmitten einer imposanten Gebirgskulisse gelegen. Ausgangspunkt zahlreicher Karwendeldurchquerungen und Hüttenwanderungen. Zugverbindung nach Garmisch, München und Innsbruck.
Ausgangspunkt: Parkplatz am Eingang des Hinterautales (Parkschein).

Anforderungen: Der Weg durch die Gleirschklamm ist streckenweise ausgesetzt (kein Geländer), aber nicht wirklich schwierig, an einigen Stellen gibt es ein Sicherungsseil auf der Bergseite.
Einkehr: Gleich zu Beginn die Scharnitzer Alm (einfach bewirtschaftet). Auf dem Rückweg liegt das Gasthaus Wiesenhof.

Im Ortsteil **Scharnitz-Eisack** ❶ am rechtsseitigen Isarufer zweigt noch vor der Brücke über die Isar rechts der markierte Isarsteig ins Hinterautal ab und bringt uns bald zur **Scharnitzer Alm** ❷. Der Weg verläuft nun nicht mehr in unmittelbarer Nähe des Bachbettes, sondern etwas weiter oben am Hang. Nach etwa 1 Std. erreichen wir nach kurzem Abstieg eine Brücke

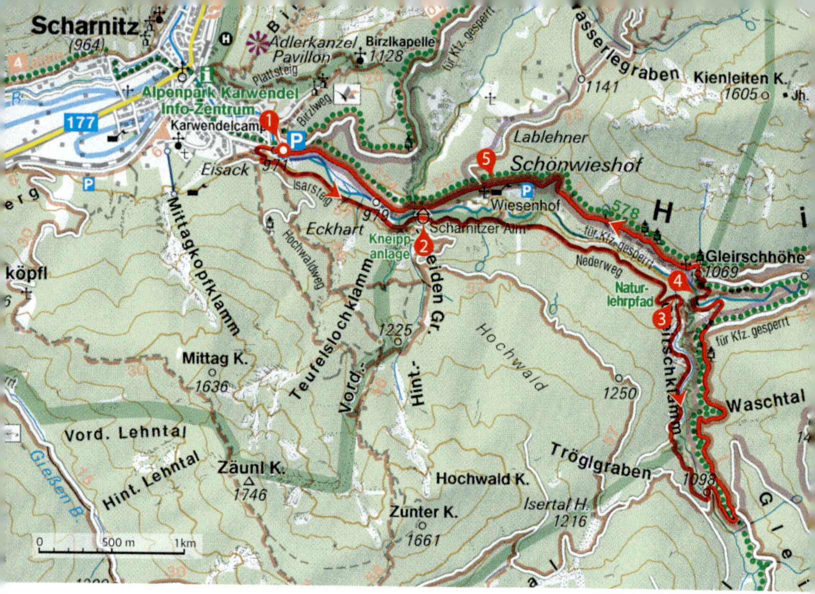

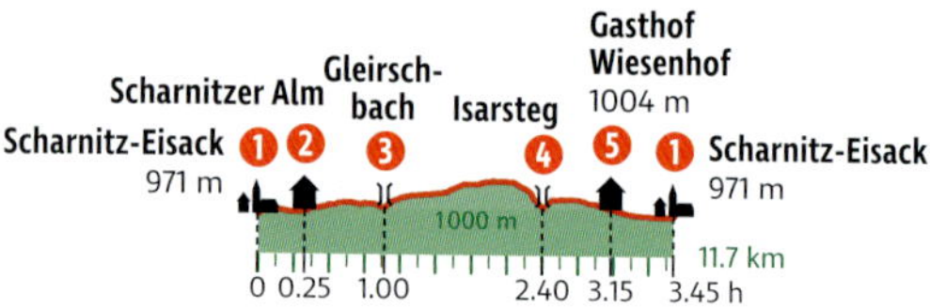

über den **Gleirschbach** ❸. Jenseits der Brücke ist ein Pausenplatz, in dessen Nähe einige Tafeln über die Geschichte der »Trift« durch die Gleirschklamm informieren. Hier beginnt auch der nicht zu verfehlende Steig durch die Klamm. Nach Durchquerung der Klamm halten wir uns stets links und erreichen so die Forststraße in Richtung Möslalm. Auf dieser Forststraße wandern wir zurück in Richtung Isar (eindrucksvoller Einblick von oben in die Klamm). Etwa dort, wo sich die Forststraße nach Osten wendet, folgen wir einem Wirtschaftsweg nach links hinab zur Isar. Nun flussabwärts am Isarufer entlang, bis wir auf den **Isarsteg** ❹ treffen. Am jenseitigen Ufer in einigen Kehren auf einem guten Pfad hinauf zur Gleirschhöhe. Entlang der Forststraße, am **Gasthof Wiesenhof** ❺ vorbei, zurück zum Ausgangspunkt nach **Scharnitz-Eisack** ❶.

Attraktion Nr. 2 unserer »Wildwasser-Tour«: die Schlucht der Isar.

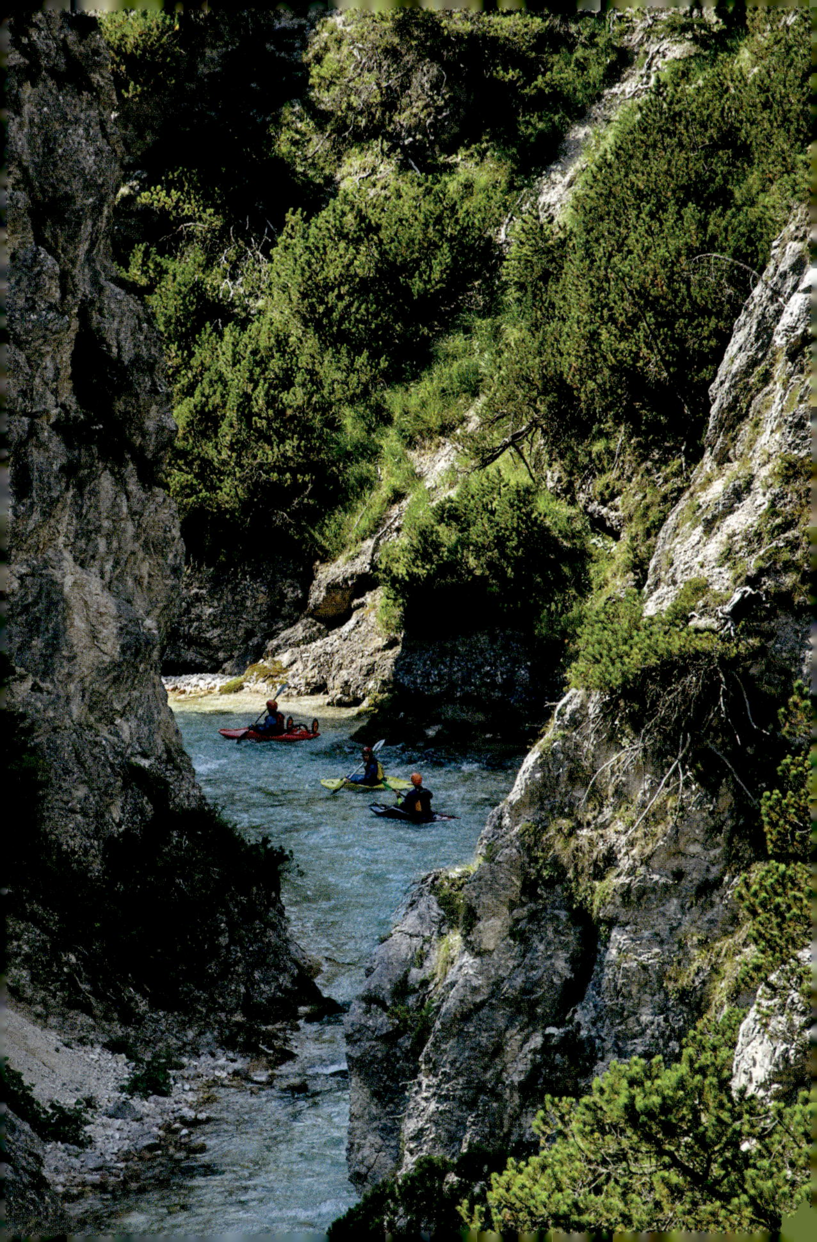

↗ 1120 m | ↘ 1120 m | 14.5 km

6 Sunntigerspitze, 2321 m

6.15 h

Mit dem Radl zu einem herrlichen Aussichtsberg

Mitten im Karwendel, weitab von öffentlichen Straßen und Liften gelegen, ist der »Sunntiger« doch als Tagestour erreichbar, als eine Kombination von Rad- und Bergtour. Obgleich wir zu diesem Unterfangen kein hochtechnisiertes »Mountainbikel« benötigen, sollten wir die Anfahrt in Scharnitz doch mit einem halbwegs stabilen Drahtesel unter die Pedale nehmen. Entlang der Isar strampeln wir in etwa 1 Std. durch das Hinterautal zum Ausgangspunkt bei der Kastenalm. Wem die Anfahrt mit dem Radl zu strapaziös ist, der kann sich von einem Scharnitzer Taxidienst zur Kastenalm chauffieren lassen.

Talort: Scharnitz, 964 m.
Ausgangspunkt: Jagdhaus Kasten im Hinterautal, 1220 m, erreichbar von Scharnitz durch das Hinterautal mit dem Fahrrad oder durch Taxidienst (Auskünfte: Tel. 05213 5363).
Anforderungen: Bis zur Hallerangeralm Fahrweg, danach ausreichend markierter Bergweg. Falls man nach der Tour noch durch das gesamte Hinterautal nach Scharnitz hinauswandern muss oder will, lang und anstrengend.
Einkehr und Unterkunft: Direkt am Weg die Hallerangeralm, in unmittelbarer Nähe auch das Hallerangerhaus, bew. Juni bis Oktober.

Der »Sunntiger« im frühen Morgenlicht.

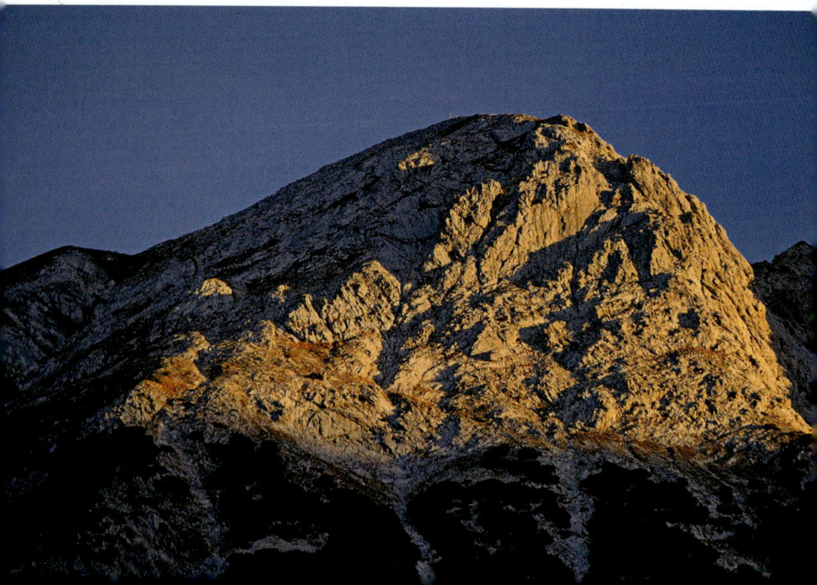

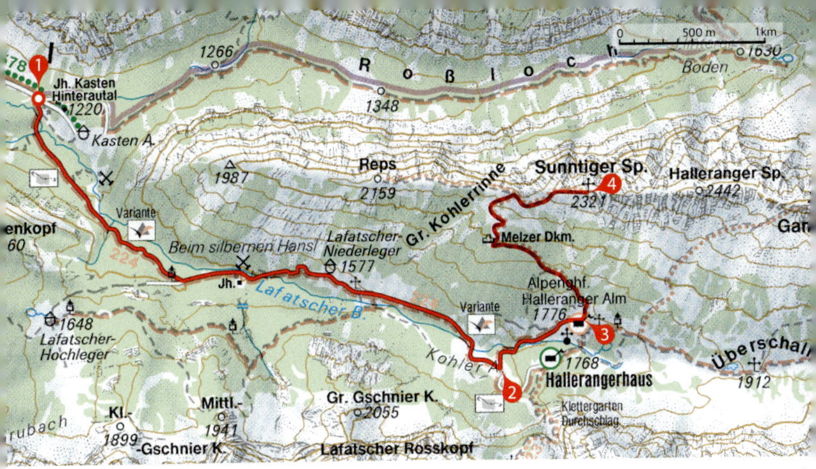

Kurz vorm **Jagdhaus Kasten** ❶ beginnt ein Karrenweg (Bez. 224), auf dem wir den Lafatscherbach überqueren. Zunächst in den Nordhängen des Gumpenkopfes durchzieht der Weg zwei auffallende Gräben, um im Anschluss wieder den Talboden mit dem Lafatscherbach zu erreichen. Jenseits gelangen wir schon bald auf die freien Almhänge des Lafatscher Niederlegers, an dem vorbei wir dem Talverlauf folgend zur **Kohleralm** ❷ marschieren. Hier zweigt links, noch einmal den Lafatscherbach überquerend, der Weg zur **Hallerangeralm** ❸ ab. Gleich hinter der Alm zieht nun ein schwach markierter, wenngleich gut erkennbarer Pfad die steilen Südhänge hinauf – bei sommerlichen Temperaturen eine schweißtreibende Angelegenheit. Bei einer gefassten Quelle holen wir weit nach Westen aus; erst bei Erreichen des sehenswerten Melzerdenkmals endet diese ansteigenden Querung. Nun geht es in steilen Serpentinen hinauf zum Westgrat, auf dem der Gipfel der **Sunntigerspitze** ❹ rasch und problemlos zu erreichen ist.

Der Abstieg erfolgt am Anstiegsweg und zurück zum **Jagdhaus Kasten** ❶.

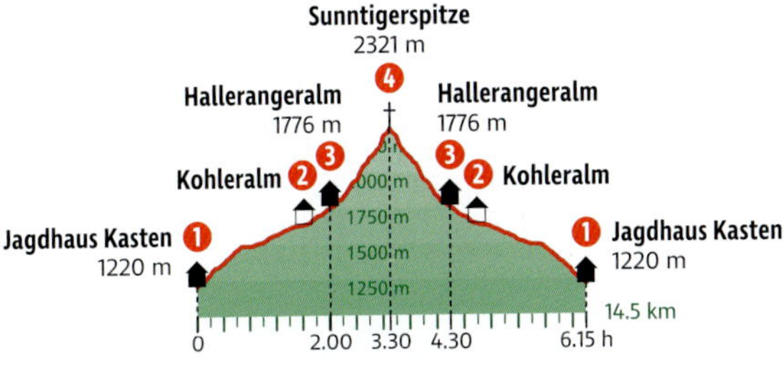

TOP

7 Pleisenspitze, 2569 m

↗ 1700 m | ↘ 1700 m | 20.9 km

8.45 h

Hoch über dem Hinterautal

Die Pleisenspitze zu besteigen ist eine anstrengende und tagesfüllende Unternehmung. Die Genießerversion – nur bis zur Pleisenhütte – ist in diesem Tourenvorschlag enthalten, entscheiden wir doch einfach unterwegs. Eine weitere Option ist eine Nächtigung auf der Hütte. Der Scharnitzer Bergführer Anton Gaugg hatte die Pleisenhütte 1953, zu Zeiten, da das Karwendel noch kein Naturschutzgebiet war, in Eigenregie erbaut und betreute sie über 40 Jahre in liebevoller und weithin bekannter, humoristischer Art. Heute wird man dort meist von Tonis Sohn – in nicht minder netter Art – versorgt.

Am Karwendelsteg: Blick über den Karwendelbach ins Karwendeltal, im Hintergrund Hochkarspitze und Raffelspitze.

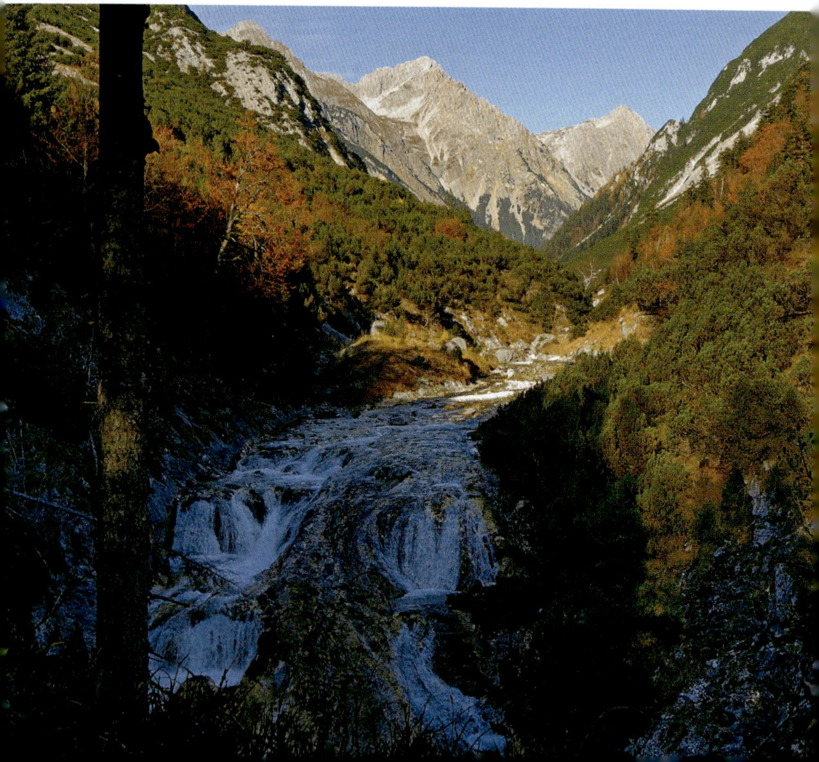

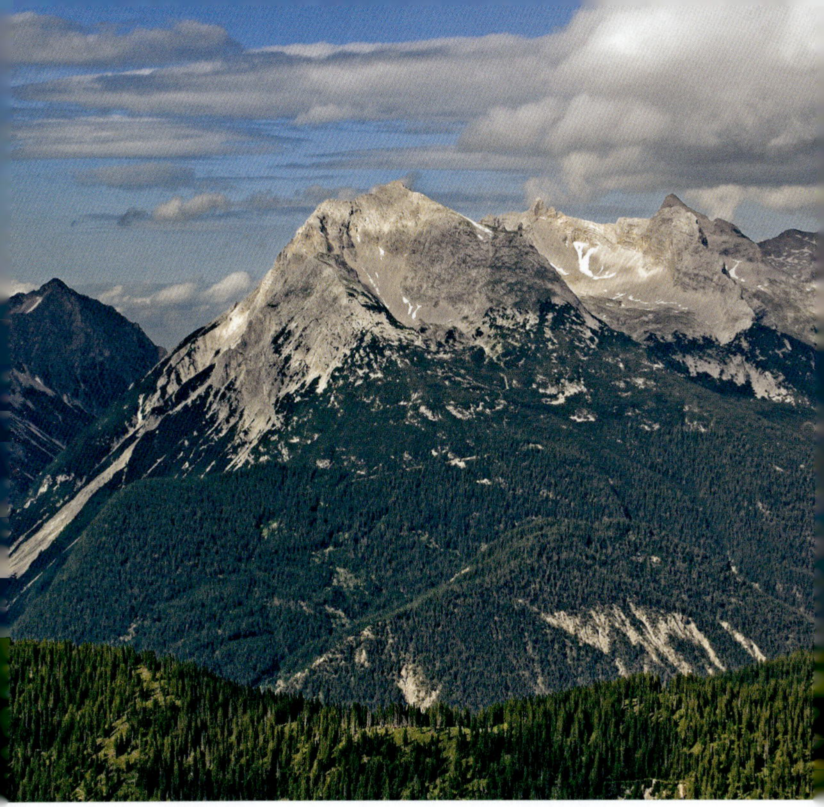

Die Pleisenspitze mit ihrem bewaldeten Sockel, durch den unser Aufstiegsweg führt.

Talort: Scharnitz, 964 m.
Ausgangspunkt: Parkplatz am Eingang des Hinterautales (Parkschein).
Anforderungen: Bis zur Pleisenhütte unschwierige Wanderung auf gut markierten Wegen. Der Aufstieg zur Pleisenspitze ist gut markiert und eher konditionell als bergsteigerisch anspruchsvoll.
Einkehr und Unterkunft: Pleisenhütte, von Ende Mai bis Mitte Oktober täglich geöffnet, sonst an den Wochenenden.
Variante: Insbesondere wenn man auf der Pleisenhütte übernachten will, stellt ein zusätzlicher Abstecher zum Karwendelsteg kein Problem dar. (Alles am gleichen Tag ist natürlich möglich, aber doch eher ambitioniert!) Am Karwendelsteg bildet der Karwendelbach, gemeinsam mit dem hier recht engen Tal, eine wildromantische Ecke (deren Besuch sich durchaus auch als eigenständiges Halbtagsziel ab Scharnitz eignet). In unmittelbarer Nähe befindet sich auch der Aussichtspunkt »Fantastischer Karwendelblick«. Diese Möglichkeit kann man nach Belieben für den Aufstieg oder auch in Verbindung mit dem Abstieg einplanen.

Vom Parkplatz in **Scharnitz** ❶ folgen wir entlang der Isar den Wegweisern Richtung Pleisenhütte. Bald nachdem wir den Karwendelbach überquert haben, leitet uns ein Wegweiser nach links in den Wald. Durch Hochwald steigen wir auf gutem Weg zum **Wasserlegraben** ❷ auf, den wir in einer Rechtsschleife auf schmalem Steg überqueren. Nun knapp südlich des Grabens ansteigend zu einem Fahrweg, auf dem wir nochmals den Bach überschreiten, um anschließend in einer weiten Linksquerung und mehreren Serpentinen rasch an Höhe zu gewinnen. Zu guter Letzt erreichen wir

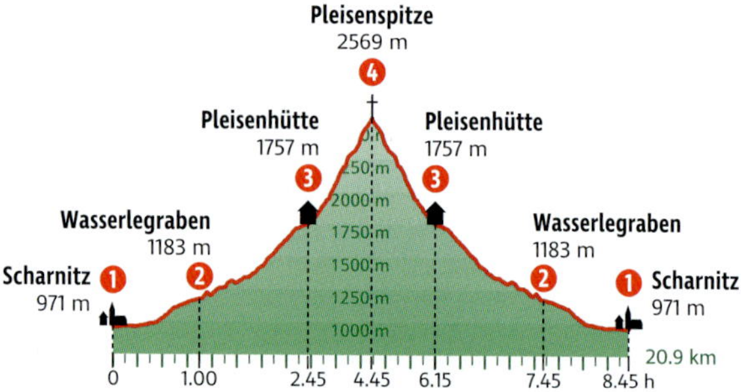

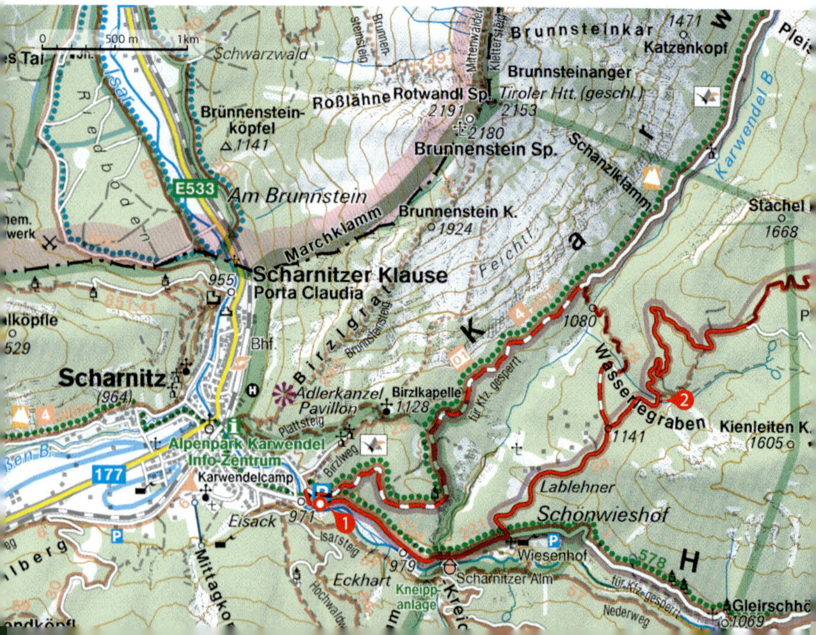

mit einer ansteigenden Querung in südöstlicher Richtung die hoch über dem Hinterautal gelegene **Pleisenhütte** ❸. Von hier führt ein gut markierter Weg durch das Vorderkar und über den Hinteren Pleisengrat zur **Pleisenspitze** ❹.
Denselben Weg benutzen wir auch für den Abstieg hinab zur **Pleisenhütte** ❸.
Auch der Weiterweg nach Scharnitz folgt der beschriebenen Aufstiegsroute. Es sei denn, wir wollen noch den lohnenden Abstecher zum Karwendelsteg machen (siehe Variante). In diesem Fall biegen wir unterhalb des Wasserlegraben ❷ nach rechts (Wegweiser zum Karwendelsteg) und gelangen hernach jenseitig des Karwendelbachs ebenfalls nach **Scharnitz** ❶.

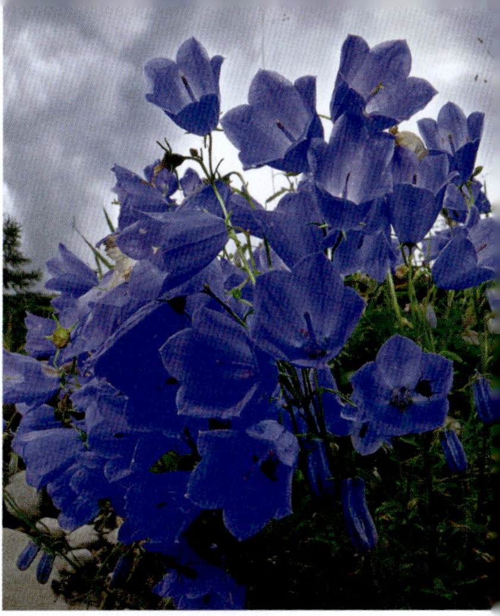

Oben: Zwergglockenblumen.
Unten: Blick vom Karwendelsteg hinab in die tosende Klamm des Karwendelbachs.

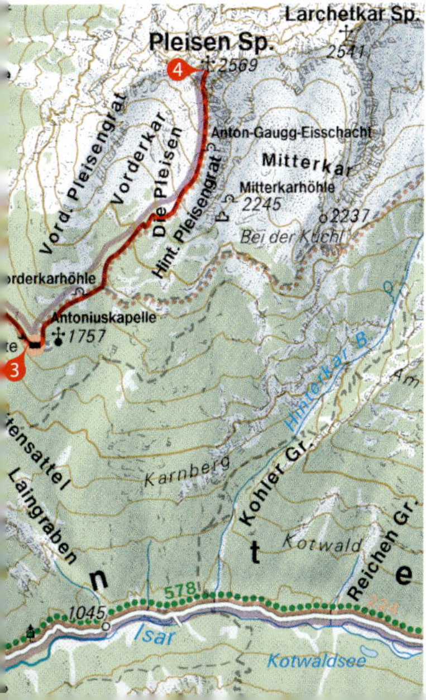

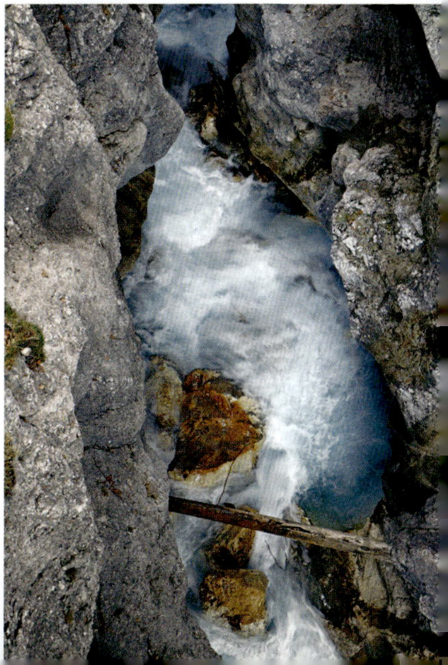

↗ 400 m | ↘ 1710 m | 14.5 km

8 Mittenwalder Höhenweg

6.15 h

Luftiger Klettersteig an Leitern und Drahtseilen

Der Mittenwalder Höhenweg, obgleich bestens gesichert und hervorragend markiert, ist nichts für Gelegenheitswanderer. Obwohl er als »leichter« Klettersteig gehandelt wird, verlangt er unbedingt Trittsicherheit und Schwindelfreiheit. Zudem verläuft der Weg stets in Gratnähe und ist bei Gewitterneigung wegen der erheblichen Blitzschlaggefahr zu meiden. Dem alpin erfahrenen Begeher jedoch – ausgestattet mit der üblichen Klettersteigausrüstung – vermittelt dieser Höhenweg herrliche Fernblicke in die Stubaier Alpen und das Wettersteingebirge und faszinierende Nahblicke auf die umliegenden Karwendelgipfel.

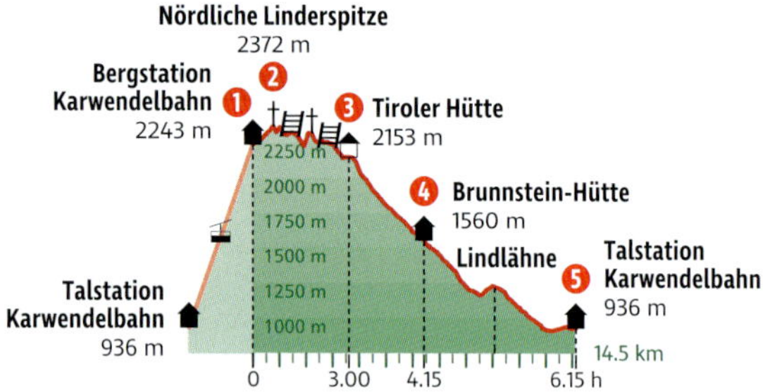

Der Mittenwalder Höhenweg mit Kirchlspitze (links) und Sulzleklammspitze (Mitte).

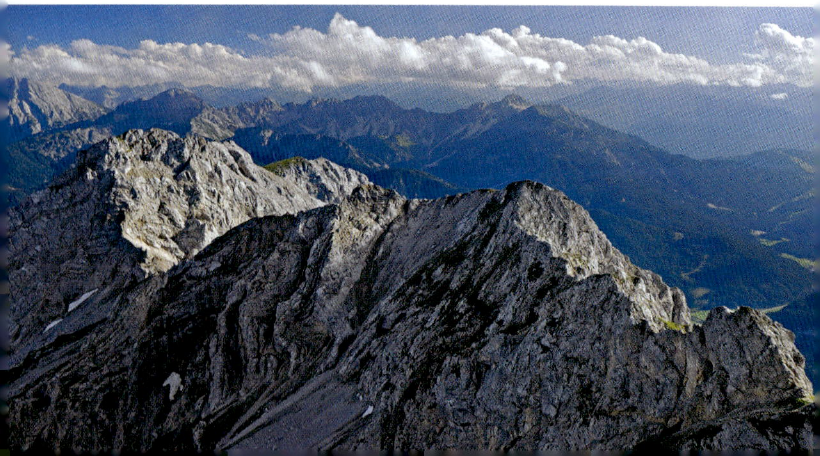

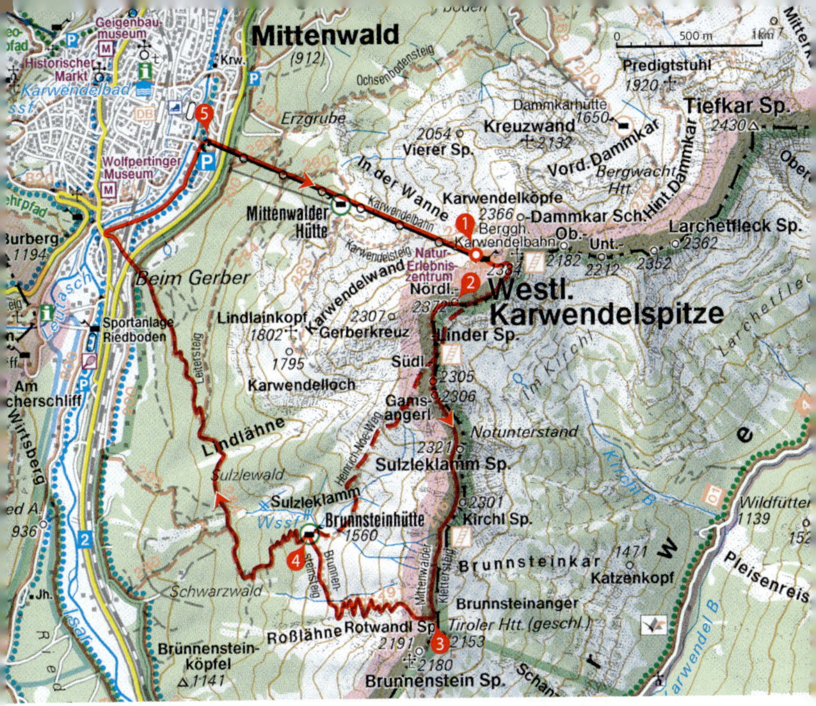

Talort: Mittenwald, 912 m, an der Bahnlinie München – Garmisch-Partenkirchen – Innsbruck gelegen, Parkmöglichkeit an der Talstation der Karwendelbahn.
Ausgangspunkt: Bergstation der Mittenwalder Karwendelbahn, 2243 m.
Höhenunterschiede: Am Höhenweg etwa 300 m im Aufstieg und 400 m im Abstieg, von der Tiroler Hütte nach Mittenwald etwa 1250 m Abstieg.
Anforderungen: Anspruchsvolle Kammwanderung mit einigen Kraxeleien an gut gesicherter Weganlage. Klettersteigausrüstung (Helm, Anseilgurt, Klettersteigset) unumgänglich, Trittsicherheit und Schwindelfreiheit unbedingt notwendig. Keinesfalls bei Gewitterneigung begehen.
Einkehr und Unterkunft: Tiroler Hütte, 2100 m, Selbstversorgerhütte. Brunnsteinhütte, bew. Mai bis Oktober.

Variante: Vor der Nördlichen Linderspitze Abzweigung des Heinrich-Noe-Weges zur Brunnsteinhütte. Ebenfalls mit Klettersteig-Charakter, jedoch insgesamt kürzer.

Der Heinrich-Noe-Weg führt südöstlich unter der Nördlichen Linderspitze vorbei (Bild), kreuzt den Klettersteig und führt dann direkt zur Brunnsteinhütte.

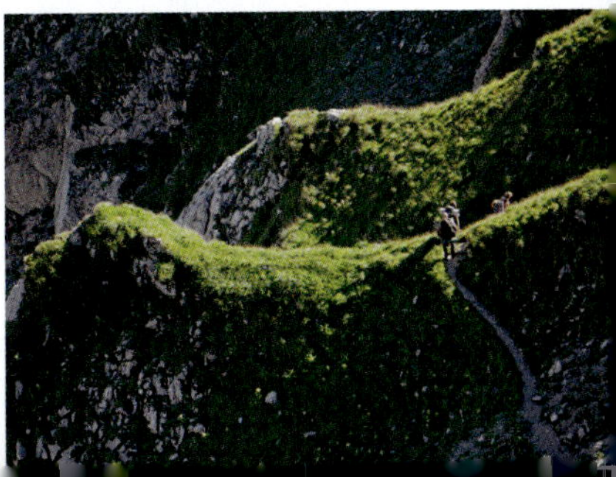

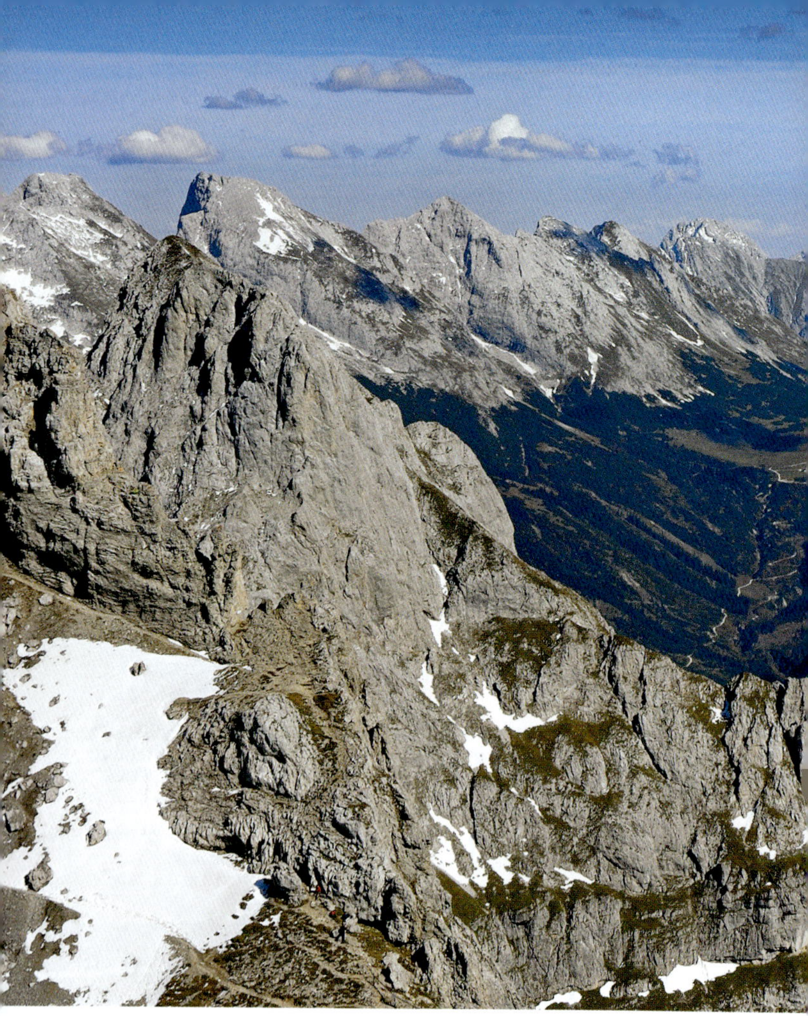

Von der **Bergstation der Karwendelbahn** ❶ über den Panorama-Rundweg zur **Nördlichen Linderspitze** ❷. Hier beginnt der Mittenwalder Höhenweg. Immer in leichtem Auf und Ab, stets den Sicherungen folgend, über die Südliche Linderspitze und die Sulzleklammspitze zur Kirchlspitze und zur **Tiroler Hütte** ❸. Von dort über die **Brunnsteinhütte** ❹ hinab zu den Wie-

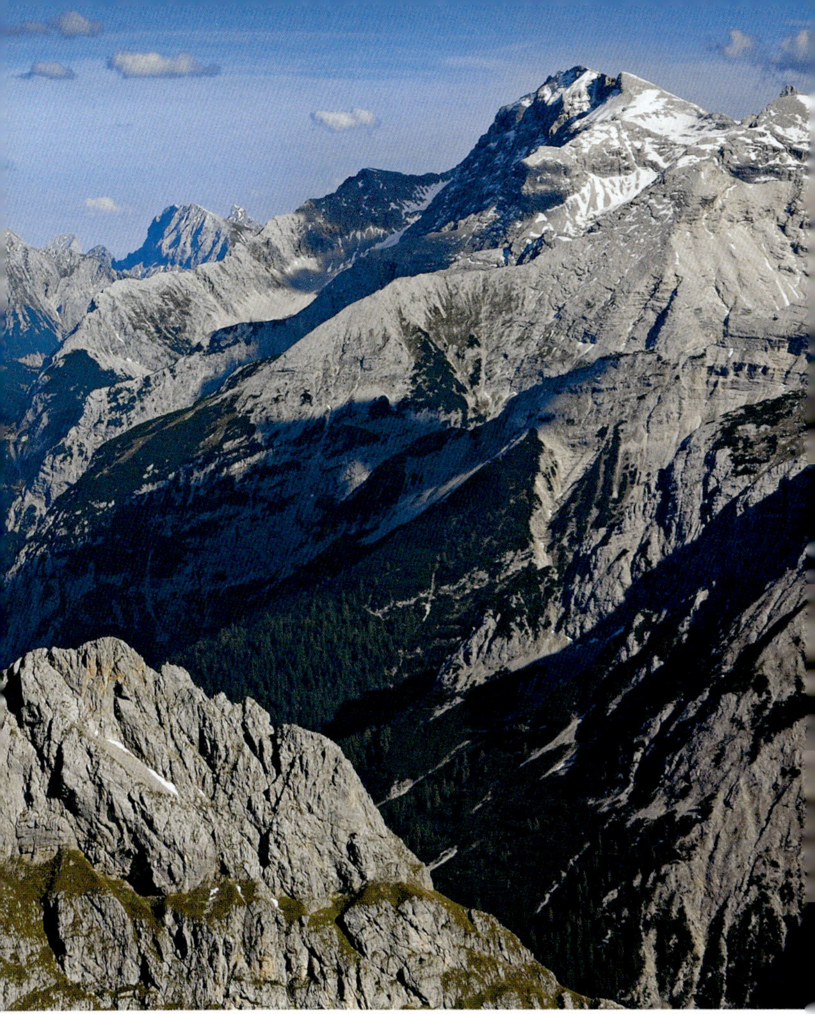

Die Nördliche Linderspitze bietet bereits einen prächtigen Ausblick auf das Karwendeltal und zahlreiche Gipfel. Übermächtig der Aufbau von Birkkar- und Ödkarspitze (rechts).

sen am südlichen Ortsende von Mittenwald und auf einem Feldweg nahe der Bundesstraße zur **Talstation der Karwendelbahn** 5.

↗ 1140 m | ↘ 1140 m | 17.7 km

9 Hochlandhütte – Wörnersattel, 1989 m

6.45 h

Unter mächtigen Felswänden

Auch wenn die Almen, die an unserem Aufstieg liegen, nicht bewirtschaftet sind – jedenfalls nicht im Sinne von Gastwirtschaft –, auf der Hochlandhütte können wir uns für den restlichen Weg hinauf zum Wörnersattel stärken. Um vom Sattel, den roten Markierungen folgend, auf den gleichnamigen Gipfel zu kommen, müsste man allerdings »handgreiflich« werden (Kletterei, II).

Talort: Mittenwald, 912 m, an der Bahnlinie München – Garmisch-Partenkirchen – Innsbruck gelegen.
Ausgangspunkt: Bundesstraße Krün – Mittenwald, Parkmöglichkeit etwa 1,5 km nördlich von Mittenwald nahe den Kasernen. Vom Bahnhof Mittenwald hierher durch den Ortsteil Raineck und auf einem Fußweg oberhalb der Umgehungsstraße zur Brücke über den Gassellahnbach.

Anforderungen: Unschwierige, aber etwas anstrengende Wanderung über mehrere Hütten und Almen. Im Bereich des Wörnersattels ausgedehnte Schuttreisen.
Einkehr und Unterkunft: Hochlandhütte, bewirtschaftet Ende Mai bis Mitte Oktober. Fereinalm (bew. Anfang Juni bis Mitte September), Unterkunft in der Krinner-Kofler-Hütte (Schlüssel in der Fereinalm, Selbstversorger).

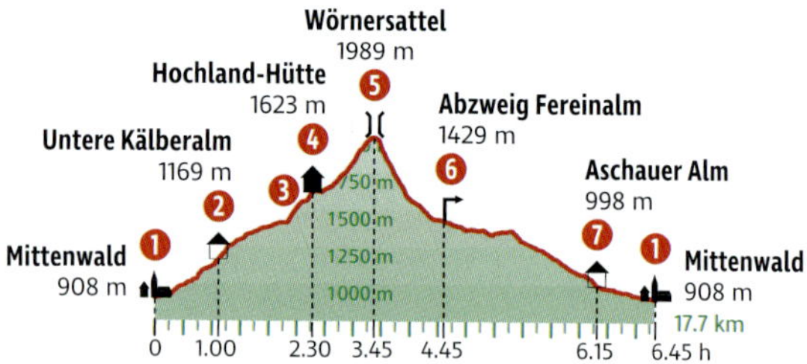

Vom Ausgangspunkt bei den Kasernen in **Mittenwald** ❶ halten wir uns südöstlich, zum markanten Taleinschnitt des Gassellahnbaches, in den wir – zunächst auf bequemem Fahrweg – hineinwandern. Nach einer knappen Stunde verlassen wir den Hochwald hinaus auf eine freie Fläche, auf der in südlicher Richtung, den Bach überquerend, der Weg ins Dammkar abzweigt. Diesem folgen wir, vorbei an einer Jagdhütte, bis zur **Unteren Kälberalm** ❷. Gleich nach der Alm entlang der Wegweisung nach Osten zum Kamm des Mittereck und weiter zur **Oberen Kälberalm** ❸. Von hier gelangen wir in wenigen Minuten zur aussichtsreich gelegenen **Hochlandhütte** ❹.
Nach verdienter Rast halten wir uns erst in nordöstlicher Richtung durch den Wörnerboden und steigen anschließend auf einem erstaunlich bequemen Weg zum grasigen **Wörnersattel** ❺ auf. Jenseits geht es auf der orografisch linken Seite des Wörnerkares flott hinab durch die Schuttreisen in die

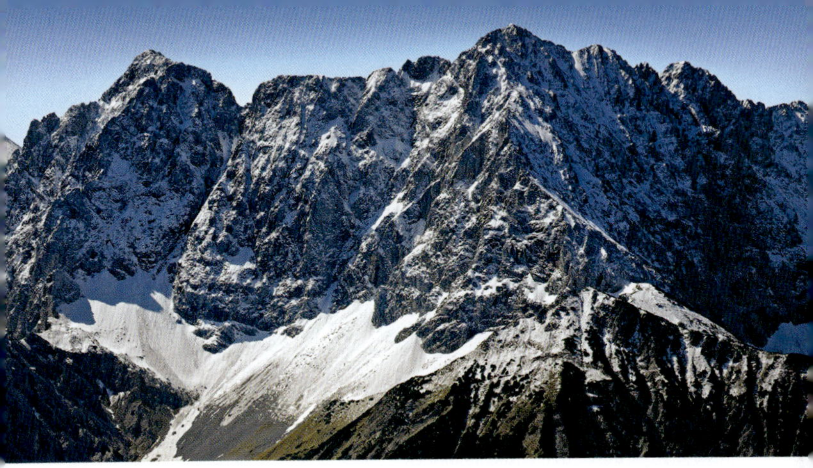

Der Wörner mit dem vorgelagerten Wörnerkopf, dazwischen befindet sich der Wörnersattel.

Wörnerlehn und hinunter zum Seinsbach. Jenseits in kurzem Gegenanstieg zu einem Wegekreuz am Fahrweg Mittenwald – Fereinalm (**Abzweig 6**). Die Alm kann rechts haltend in wenigen Minuten erreicht werden. Auf dem Rückweg nach Mittenwald zweigen wir schon sehr bald von der monotonen Fahrstraße links ab und erreichen, den Seinsbach erneut überschreitend, einen schmalen, aber gut markierten Jagdsteig am jenseitigen Talhang. Dieser führt immer leicht fallend, aber stets hoch über dem Seinsbach, hinaus zu den freien Wiesen der **Aschauer Alm 7**. Der weitere Abstieg entlang der Fahrstraße nach **Mittenwald 1** ist kaum zu verfehlen.

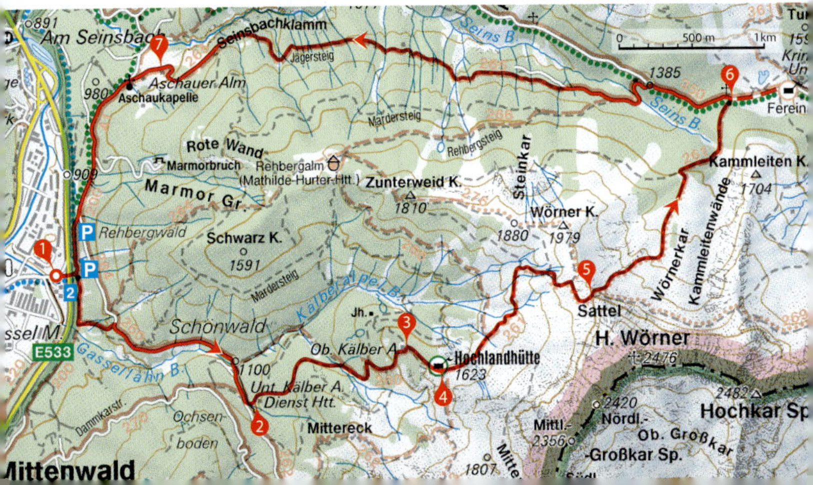

↗ 660 m | ↘ 660 m | 8.3 km

10 Rehbergalm, 1560 m

3.45 h

Stille Wanderung zur wieder aufgebauten Rehbergalm

Noch einmal soll uns eine einsame Waldwanderung in die wenig beachteten Vorberge zwischen der mächtigen Nördlichen Karwendelkette und dem in sich abgeschlossenen Massiv der Soierngruppe führen. Seit dem Sommer wird die 2010 neu errichtete Rehbergalm wieder mit Schafwirtschaft betrieben und bietet den wenigen hier vorbeikommenden Wanderern einen schönen Rastpunkt (derzeit keine Einkehr).

Ausgangspunkt: Bundesstraße Krün – Mittenwald, Parkmöglichkeit etwa 1,5 km nördlich von Mittenwald auf Höhe der Kasernen. Vom Bahnhof Mittenwald hierher durch den Ortsteil Raineck und auf einem Fußweg oberhalb der Umgehungsstraße zur Brücke über den Gassellahnbach.
Anforderungen: Eher wenig begangene Almwanderung auf teilweise schmalen und steilen Steigen.
Einkehr: Derzeit keine Einkehr am Weg.

Als Ausgangspunkt dienen die Parkplätze an der Bundesstraße etwa 1,5 km nördlich von **Mittenwald** ❶ auf Höhe der Kasernenanlagen. Hier zweigt rechts ein breiter und nicht zu verfehlender Fahrweg zur **Aschauer Alm** ❷ ab, die wir in sanfter Steigung vorbei an einer kleinen, jedoch sehenswerten

Blick auf die Nördliche Karwendelkette. Die Rehbergalm befindet sich auf der rechten, in Bildmitte deutlich erkennbaren Lichtung im vorgelagerten und bewaldeten Kamm.

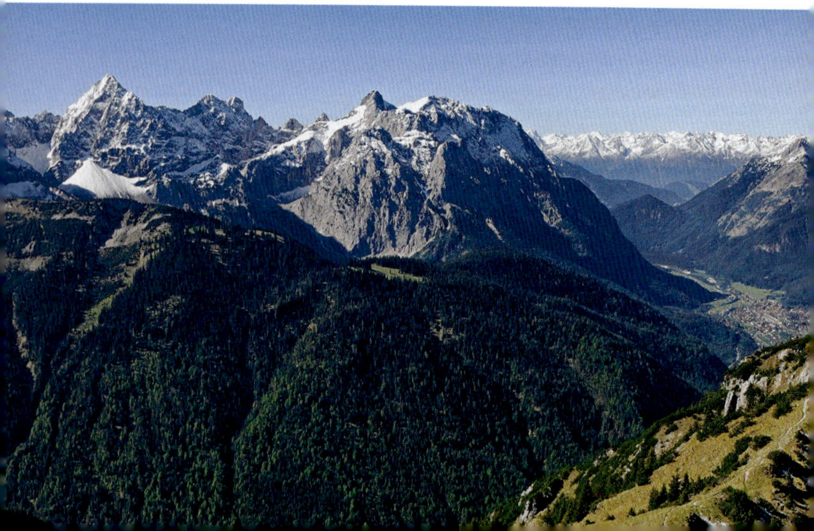

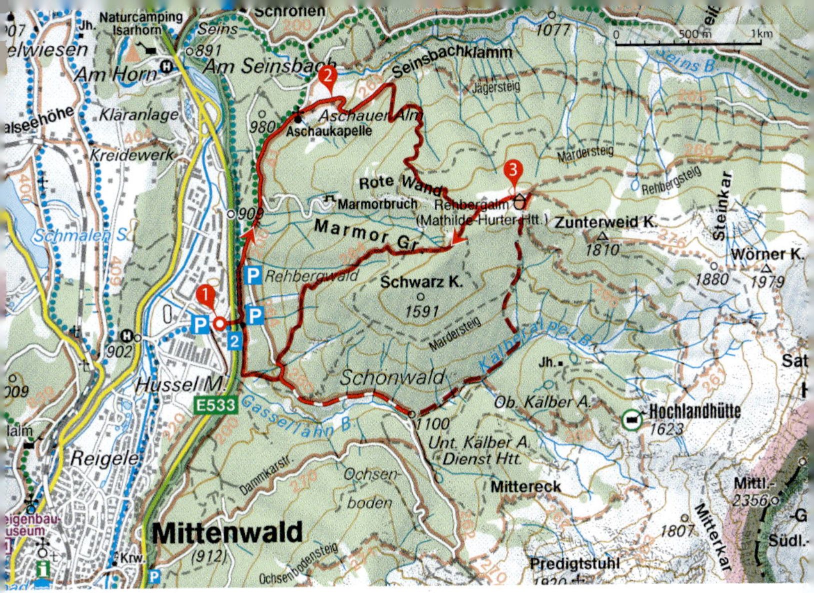

Kapelle erreichen. Zwischen den Almgebäuden hindurch ist schon bald das Ende des Fahrweges erreicht. In einem ausgeprägten Linksbogen gelangen wir auf einem noch gut markierten Fußweg an das nordöstlichste Ende der freien Almwiesen. Es handelt sich dabei um den Jagdsteig zur Fereinalm. Kurz nachdem wir den Wald betreten haben, zweigt rechts ein nur blass markierter Steig ab. In steilem Hochwald gewinnen wir auf dem in weiten Kehren ansteigenden Pfad rasch an Höhe, um vorbei an einzelnen Steilabbrüchen die freien Wiesen der **Rehbergalm** ❸ zu erreichen. Somit haben wir den höchsten Punkt unserer heutigen Wanderung und sicherlich einen der am seltensten besuchten Flecken im Karwendel erreicht. Nachdem wir also Ruhe und Aussicht ausgiebig genossen haben, heißt es absteigen zurück in die Betriebsamkeit des verkehrsdurchflossenen Tales. Dazu wenden wir uns an den unteren beiden Almruinen hinein in den Rehbergwald, um auf einem wieder etwas besser markierten Weg in südwestlicher bis westlicher Richtung zwischen Schwarzkopf und Marmorgraben hindurch zur Ausmündung des Gassellahnbaches abzusteigen. Von dort nördlich, längs der Bundesstraße zu den Parkplätzen nördlich von **Mittenwald** ❶.

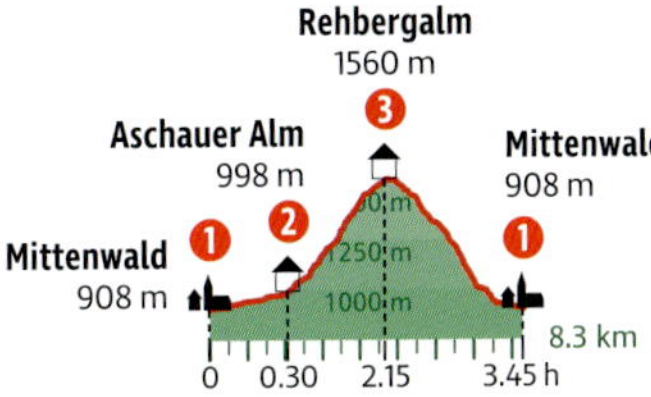

↗ 1130 m | ↘ 1130 m | 23.1 km

11 Soiernseen und Soiernhaus, 1616 m

7.30 h

Auf den Spuren königlicher Jagdgesellschaften

Tief blaugrüne Seeaugen in grünem Almgelände, umringt von schroffen Gipfeln, das ist das oft gemalte Fantasiebild einer zauberhaften Alpenlandschaft. Schroffe Gipfel sind im Karwendel nun nicht gerade Mangelware, das spiegelnde nasse Zierwerk dagegen ist nicht gerade in jedem Winkel unseres Gebietes zu finden. Im Umkreis der »Soiernhäuser« gibt es jedoch gleich zwei dieser Juwele. Vor Ort betrachtet bezichtigen sie dann jede Klischeevorstellung der Lüge und sind schlicht das, was sie sind – zum Baden zu kalt aber unheimlich schön!

Ausgangspunkt: Krün, 875 m. Busverbindung zur Bahnstation Klais an der Linie München – Innsbruck. Parkmöglichkeit bei einem Sägewerk nahe dem Isarkanal.
Anforderungen: Lange Wanderung ohne besondere Schwierigkeiten.

Einkehr und Unterkunft: Fischbachalm, im Sommer bewirtschaftet. Soiernhaus, bew. Mitte Mai bis Mitte Oktober.
Variante: Für trittsichere Wanderer empfiehlt sich ab der Fischbachalm der Lakaiensteig als Variante (ausgesetzt), man erspart sich so die Gegenanstiege.

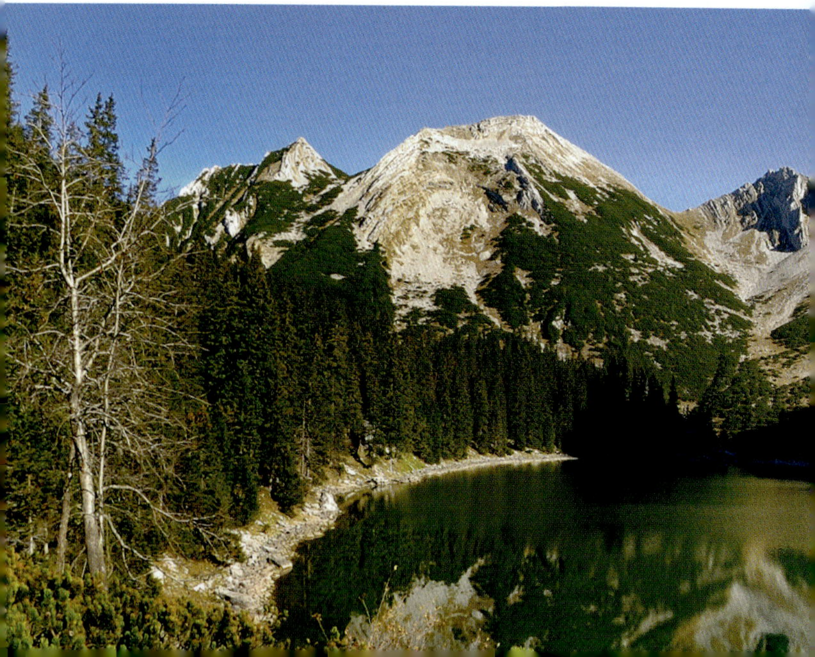

Vom Parkplatz in **Krün** ❶ folgen wir der zur **Fischbachalm** ❷ führenden Sandstraße (beschildert, Fahrverbot). In gemütlicher Wanderung erreichen wir die Alm nach gut zwei Stunden. Für den Weiterweg bieten sich uns nun – je nach Können – zwei verschiedene Varianten an: Gruppen mit Kindern und etwas weniger geübte Wanderer werden die leichtere Alternative vorziehen und mit geringem Höhenverlust auf der Fahrstraße bis zum **Hundstall** ❸ hinuntergehen. Nach Überschreiten des Fischbaches wandern wir sodann noch ein Stück talein bis zur Talstation der

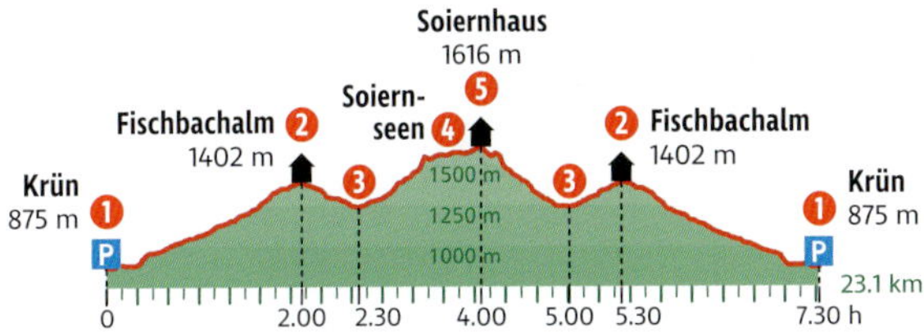

Der westliche Soiernsee. Links die Krapfenkarspitze, rechts die Soiernspitze.

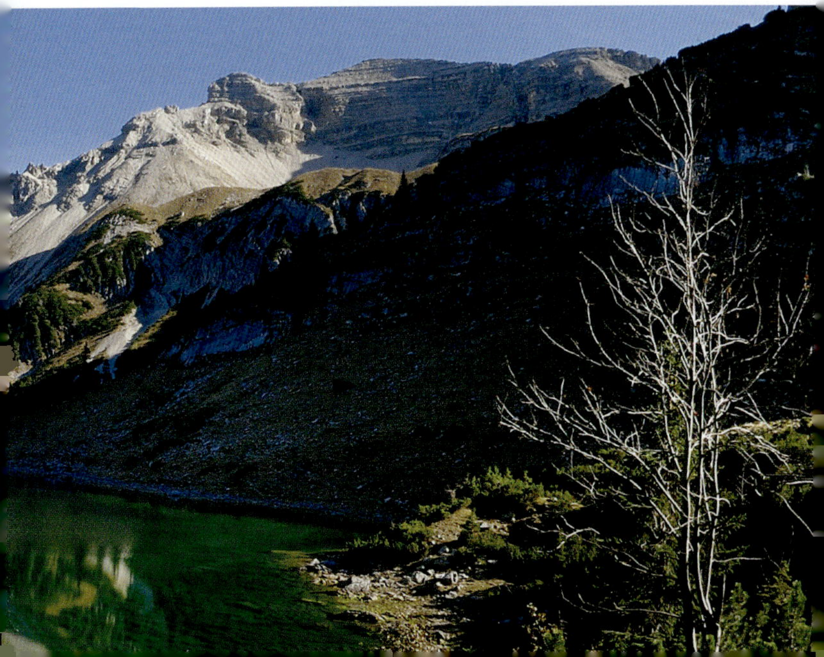

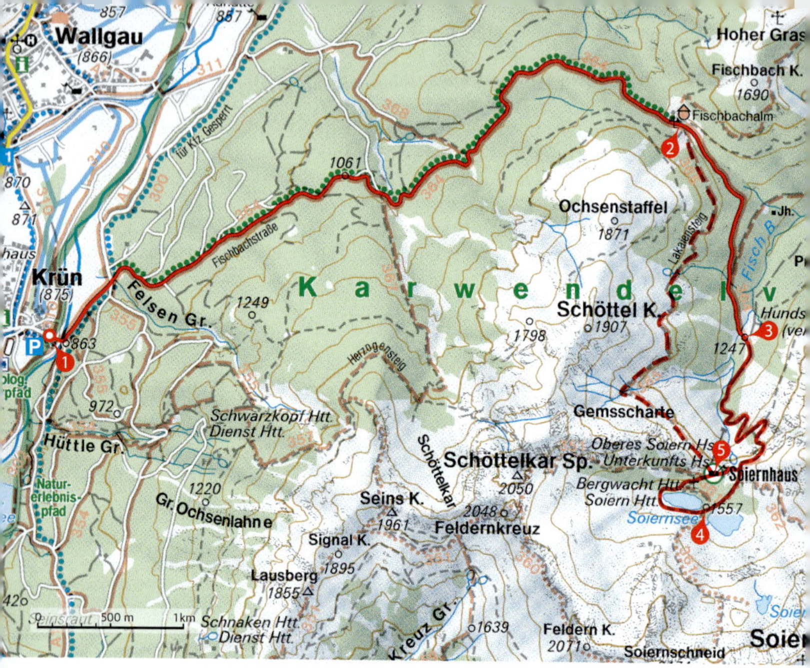

Materialseilbahn. Hier endet die Fahrstraße und wir folgen dem markierten Wanderweg in Serpentinen den steilen Hang empor bis in den Sattel; knapp darüber liegt bereits das Soiernhaus, dem wir – falls der Durst dies zulässt – aber erst einen Besuch abstatten, nachdem wir die wunderschönen **Soiernseen** ❹ besichtigt haben. Von dort erreichen wir das **Soiernhaus** ❺ durch einen kurzen Gegenanstieg vom westlichen See.

Die in jedem Falle lohnendere, jedoch nur für trittsichere und schwindelfreie Zeitgenossen angebrachte Variante, führt unmittelbar nach der Fischbachalm rechts in die steilen Hänge der Ochsenstaffel und des Schöttelkopfes. Der gesicherte Lakaiensteig führt ohne Höhenverlust, mehrere recht ausgesetzte Stellen querend, in knapp 2 Stunden zu den Soiernhäusern.

Falls man nicht eine Übernachtung einplant, um anderntags den äußerst genussreichen Höhenweg rund um den Soiernkessel anzuhängen, steigt man am besten über den Normalweg durch den Hundstall nach **Krün** ❶ ab, selbst wenn diesem der Makel eines halbstündigen Gegenanstieges anhaftet.

Blick über den Soiernsee zur Soiernspitze.

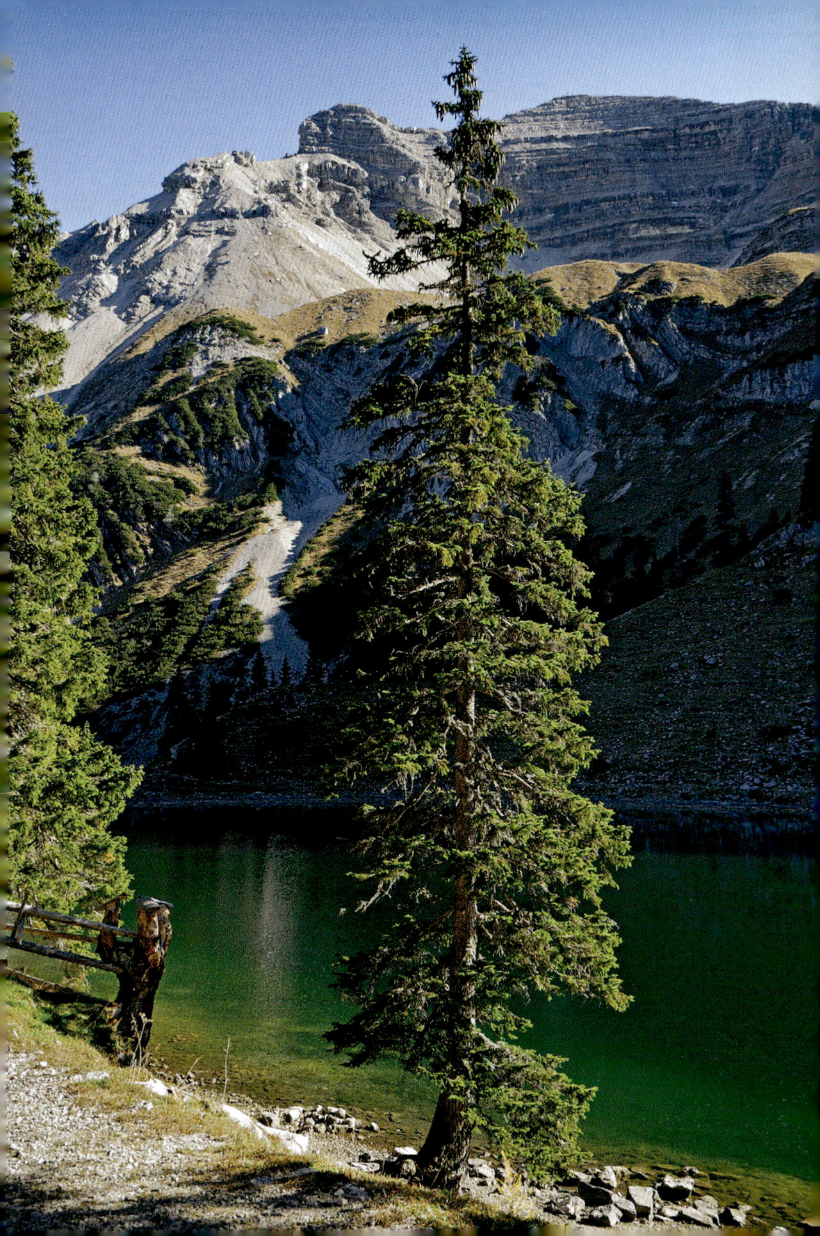

TOP

12

↗ 1510 m | ↘ 1510 m | 20.4 km

Seinskopf – Schöttelkarspitze, 2050 m

9.30 h

Sein oder Nichtsein …

… das ist nicht die Frage, er ist, und zwar einer der schönsten Aussichtspunkte im Umkreis von Krün, was unser Sein hier heroben allerdings ungeheuer bereichert. Nach und nach öffnen sich während des Aufstiegs Aus- und Einblicke auf nicht weniger als sieben Gebirgsgruppen, das Karwendel selbst nicht mitgerechnet. Dominierend dabei das Wettersteingebirge mit der übermächtigen Zugspitze, weiter Estergebirge, Ammergebirge, Mieminger, Stubaier, Ötztaler, Bayerische Voralpen und in der Ferne noch ein Teil der Allgäuer- und Lechtaler Alpen, die, damit unsere Rech-

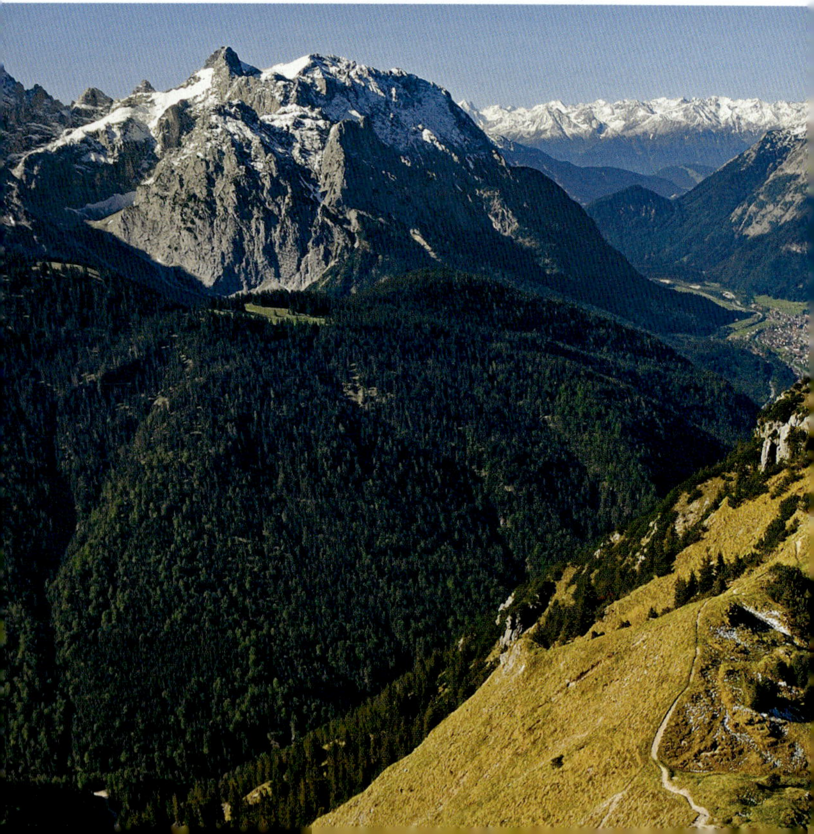

nung stimmt, ohne Fernglas von hier nur halb zählen! Doch noch ein anderer Aspekt unseres Menschseins drängelt sich hier in den Vordergrund. Müssen wir uns doch entscheiden, ob wir hier noch ein wenig die Zeit verbummeln und am gleichen Weg wieder absteigen, oder ob wir der Schöttelkarspitze noch einen Besuch abstatten, anschließend die wunderschönen Soiernseen besichtigen um dann in weitem Bogen über die Fischbachalm zu unserem Ausgangspunkt zurückzukehren. Ein überaus lohnendes aber auch ein wirklich tagesfüllendes Unterfangen, das man, wenn die Kondition und das Wetter passt, tunlichst nicht sein lassen sollte!

Ein kleiner Ausschnitt des umfassenden Gipfelpanorama vom Seinskopf. Im Vordergrund der Signalkopf, links das Karwendel, rechts das Wettersteingebirge, dazwischen die Arnspitzen, im Hintergrund die Stubaier und Ötztaler Alpen sowie die Hohe Munde, die zur Mieminger Kette gehört.

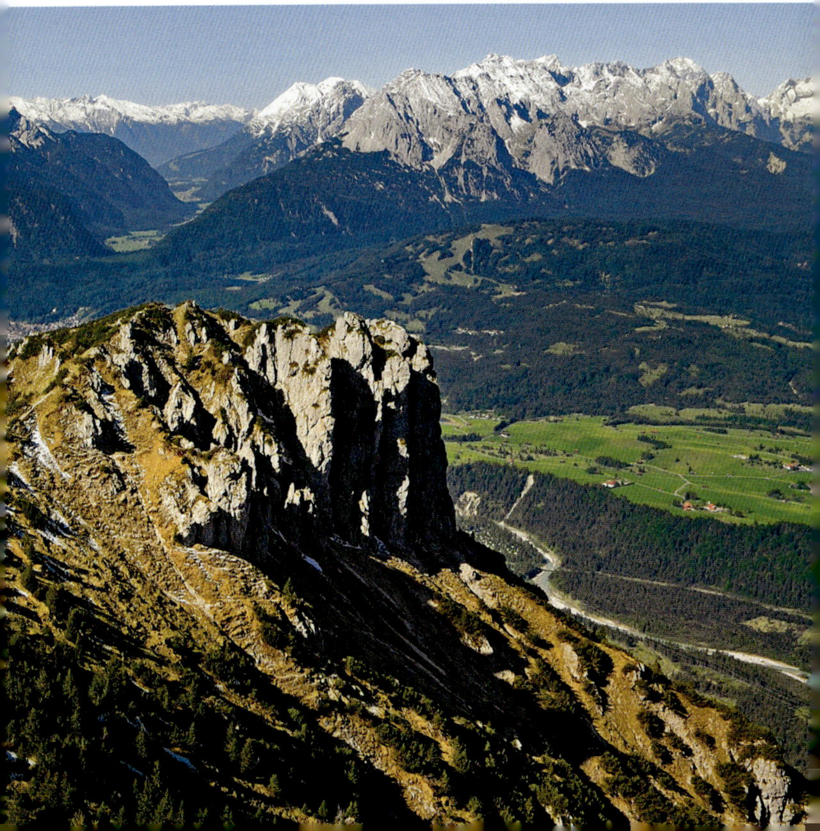

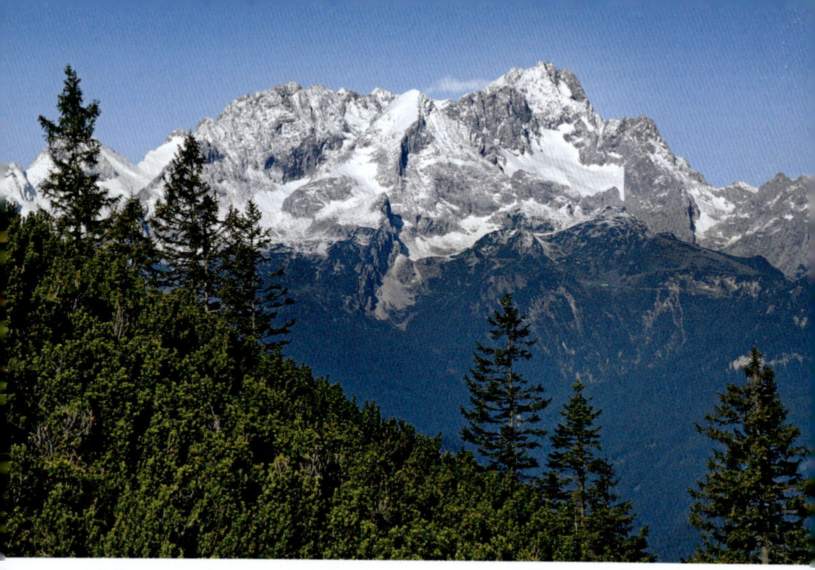

Blick vom Seinskopf-Anstieg zur Zugspitze.

Ausgangspunkt: Krün, 875 m, Ferienort in der weiten Talmulde zwischen Estergebirge und Soierngruppe; mehrere kleine Seen. Busverbindung zur Bahnstation Klais an der Linie München – Innsbruck. Parkmöglichkeit bei einem Sägewerk nahe dem Isarkanal.

Anforderungen: Lange Wanderung, bis zum Seinskopf ohne besondere Schwierigkeiten, die weitere Überschreitung erfordet Übung und Trittsicherheit. Früh im Jahr können Altschneefelder heikel sein.

Einkehr und Unterkunft: Soiernhaus, bew. Mitte Mai bis Mitte Oktober. Fischbachalm, im Sommer einfach bewirtschaftet.

Variante: Vom Seinskopf kann man auch nach Süden – über Signalkopf und Lausberg – absteigen. Dieser südseitig exponierte Weg ist auch eine gute Alternative, wenn am Feldernkopf und der Schöttelkarspitze noch zu viel Schnee liegt. Übung und Trittsicherheit ist hier allerdings ebenfalls erforderlich.

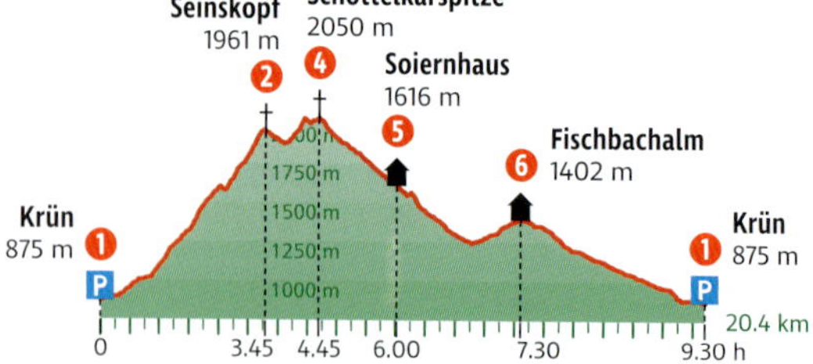

Vom Parkplatz in **Krün** ❶ überqueren wir zunächst die Isarbrücke. Auf der gegenüberliegenden Seite informieren uns Wegweiser über die verschiedenen Wandermöglichkeiten. Natürlich auch über unseren Weg zum Seinskopf. Wir folgen diesem und den nachfolgenden Wegweisern und gelangen so durch den Waldsockel. Hierbei gibt es auch einige direktere, aber steilere Varianten, die dann aber früher oder später mit entsprechenden Wegweisern wieder auf den hier vorgeschlagenen Weg treffen. Weiter oben wird das Gelände dann allgemein etwas steiler, der Wald lichtet sich und mit der freien Sicht zur Zugspitze im Rücken (man wird sich wohl gelegentlich mal umdrehen) erreichen wir einen Gratrücken, der uns Einblicke ins Schöttelkar (häufig sind dort Gämsen zu sehen) und zur Schöttelkarspitze gewährt. Über diesen Rücken und ein paar nachfolgende Kehren durch Latschengelände und Gras erreichen wir bald den **Seinskopf** ❷.
Der Weiterweg zum Feldernkreuz führt über den gratartigen Sattel, der die beiden Gipfel verbindet. Dabei führt der Pfad meist ein wenig unterhalb in der südseitigen Flanke. Kurz vor dem Feldernkreuz zweigt ein

Die letzten Meter zum Seinskopf, im Hintergrund die Schöttelkarspitze.

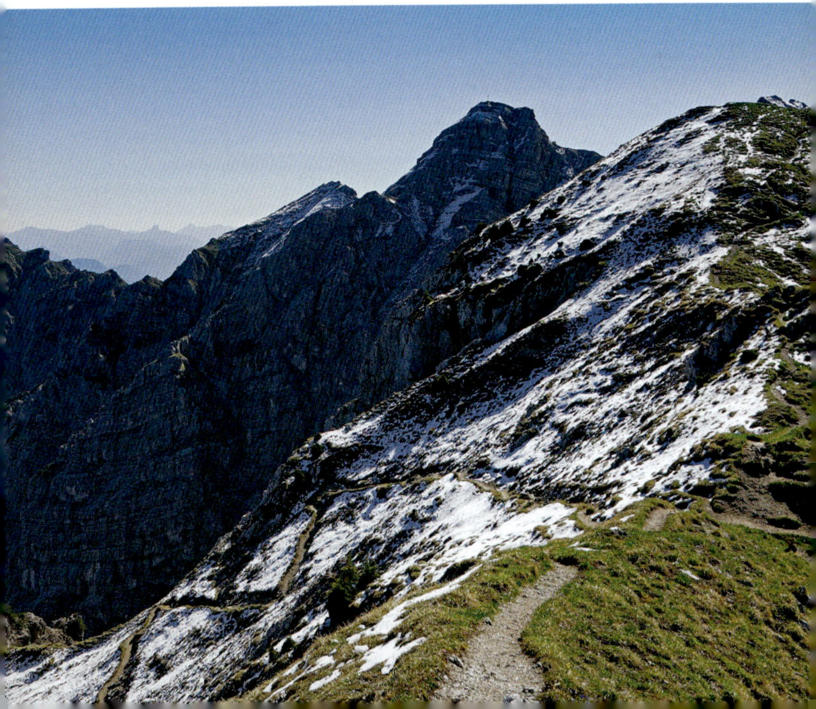

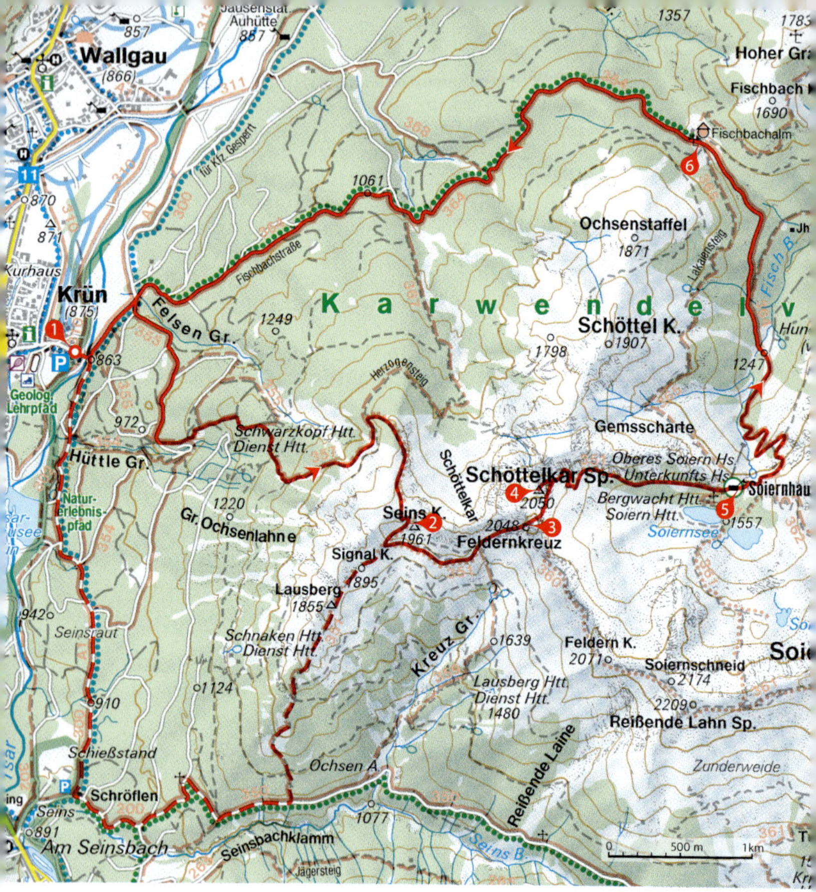

Weg zur Soiernspitze ab. Hier halten wir uns links, überschreiten das **Feldernkreuz** ❸ und folgen dem nicht zu verfehlenden Weg der knapp unterhalb der Schöttelkarspitze entlangführt. Links zweigt bald ein gut angelegter Steig zum Gipfelkreuz der **Schöttelkarspitze** ❹ ab. Nach dem kurzen Abstecher folgen wir weiter dem Weg, der zum **Soiernhaus** ❺ bzw. den Soierseen hinabführt. Ab dem Soiernhaus geht es über den bereits vorgestellten Weg über die **Fischbachalm** ❻ zurück zum Ausgangspunkt in **Krün** ❶.

Der westliche der beiden Soiernseen. Im Hintergrund Feldernkreuz und Schöttelkarspitze.

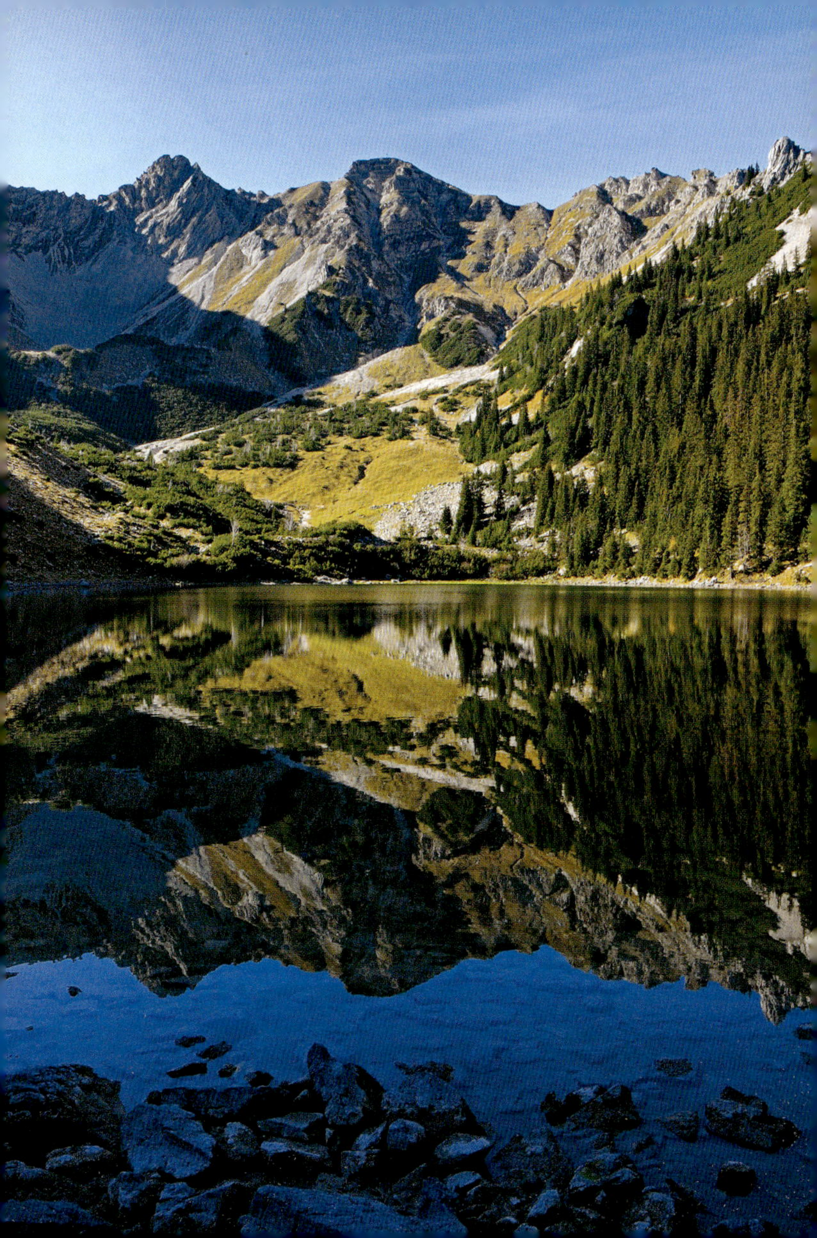

↗ 870 m | ↘ 870 m | 20.5 km

13 Soiernspitze, 2257 m

5.00 h

Über die »Soiernhäuser« zur Soiernspitze

Soiernhaus, Soiernhütte oder Soiernhäuser? Zur Entwirrung: Das »Obere« Soiernhaus ist das, wo wir Wanderer einkehren und übernachten können und wird von der DAV-Sektion Hochland schlicht Soiernhaus genannt, das »Untere« Soiernhaus gibt es eigentlich gar nicht, es nennt sich nämlich »Soiernhütte«, liegt aber unterhalb am See und ist die Schutzhütte der Bergwacht. Da alle Bauten über weite Strecken den gleichen Zugangsweg haben, nennt man sie dann – zumindest solange man noch weit genug weg ist – der »Einfachheit« halber gemeisam die »Soiernhäuser«. Aber keine Angst, bei der in diesem Tourenvorschlag angepeilten Soiernspitze gibt es solche Verwirrungen glücklicherweise nicht und sie ist auch kaum zu verfehlen.

Talort: Krün, 875 m. Busverbindung zur Bahnstation Klais an der Linie Garmisch-Partenkirchen – Innsbruck. Parkmöglichkeit bei einem Sägewerk nahe dem Isarkanal.
Ausgangspunkt: Soiernhaus, 1613 m, Zugang von Krün in etwa 4 Std. (s. Tour »Soiernseen und Soiernhaus«, ohne Abstecher zu den Seen).

Anforderungen: Beliebte, genussreiche und wenig schwierige Wanderung, deren langer Abstieg (will man am gleichen Tag hinab bis nach Krün) allerdings so manchen »Knieschnackler« verursachen kann.
Einkehr und Unterkunft: Soiernhaus, bew. von Mitte Mai bis Mitte Oktober. Fischbachalm, im Sommer einfache Almwirtschaft.

Die Soiernspitze von der Schöttelkarspitze aus fotografiert.

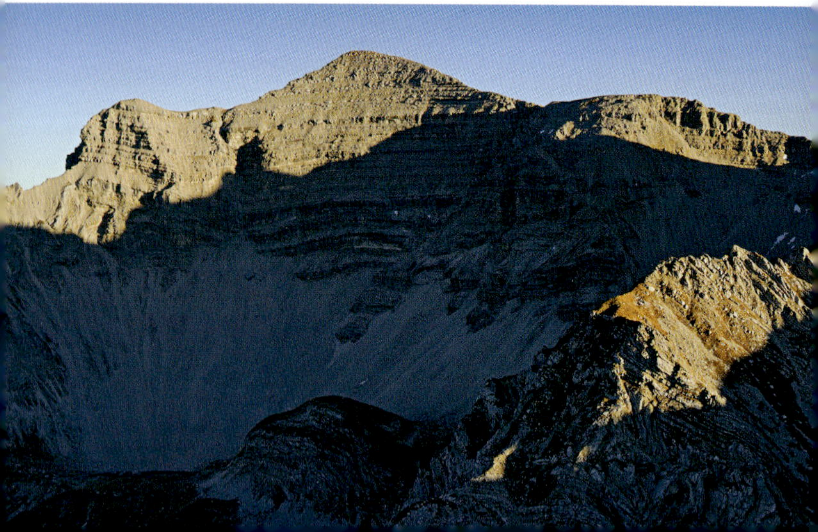

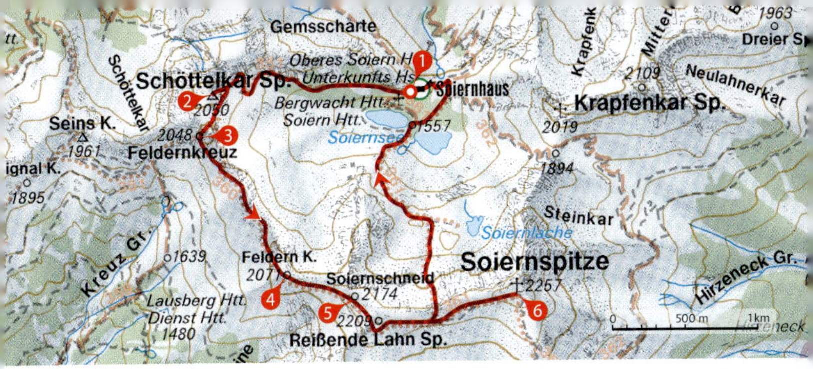

Vom **Soiernhaus** ❶ wandern wir zunächst in die westlichste Mulde des Soiernkares, um in einigen Kehren den Grat zwischen Schöttelkopf und Schöttelkarspitze zu erreichen. Über diesen zum Gipfel der **Schöttelkarspitze** ❷.
Vom Gipfel zunächst kurz am Anstiegsweg zu einem Wegweiser zurück, dann die Ost- und Südhänge der Schöttelkarspitze queren und absteigend in eine Scharte und durch eine schrofige Rinne auf das **Feldernkreuz** ❸.
Hier beginnt der großzügige Genusssteig hinüber zur Soiernspitze – immer auf oder knapp südlich des Kammverlaufes. Zunächst sind noch einige bröselige Stellen zu bewältigen, ehe sich immer mehr ein runder Grasrücken durchsetzt, der hinüberführt zum **Feldernkopf** ❹. Hier fallen die Hänge wieder etwas steiler zu beiden Seiten ab, und der Gang über die **Soiernschneid** ❺ wird entsprechend luftig bis hin zu einer recht steilen Graterhebung, die wir über Schutt von Westen her erreichen. Die Reißende Lahnspitze umgehen wir anschließend knapp unterhalb des Kammes und gelangen so in die Soiernscharte. Der Weiterweg zur **Soiernspitze** ❻ ist von hier überschaubar und bewegt sich entlang oder knapp südlich des Kammverlaufes. Beim Rückweg steigen wir bis in die Scharte am Anstiegsweg ab und halten uns scharf rechts ins Soiernkar, durch das wir rasch an Höhe verlierend, zuletzt auf einem Rücken, dann zwischen den beiden Seen hindurch das **Soiernhaus** ❶ erreichen.

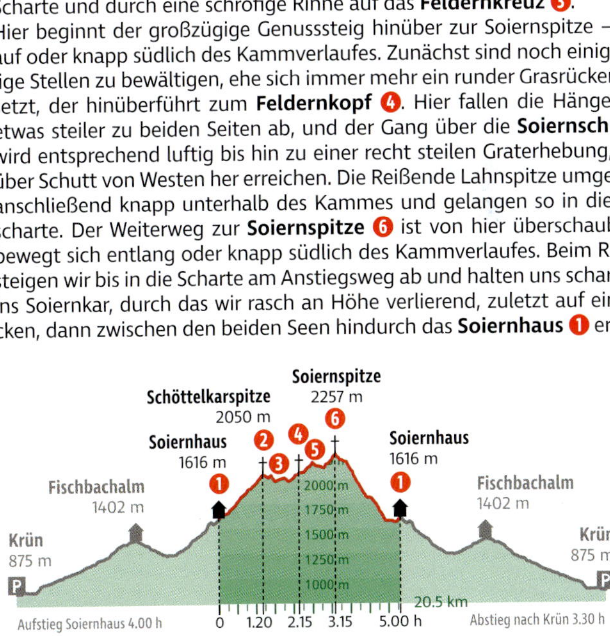

↗ 1090 m | ↘ 1090 m | 17.6 km

14 Galgenstangenjoch – Fermerskopf, 1851 m

7.00 h

Eine einsame Kammwanderung

Der Kamm vom Galgenstangenkopf bis zur Krapfenkarspitze gehört sicher zu den ganz selten betretenen Regionen im Karwendel. Wer lange, anspruchsvolle Einsamkeitstouren liebt, kann die hier vorgeschlagene Unternehmung – allerdings mit steigenden Anforderungen – bis auf die gleichnamige Spitze über dem Krapfenkar treiben. Weniger leistungsorientierten Berggängern verschafft aber auch der Fermerskopf das Gefühl hoher Zufriedenheit.

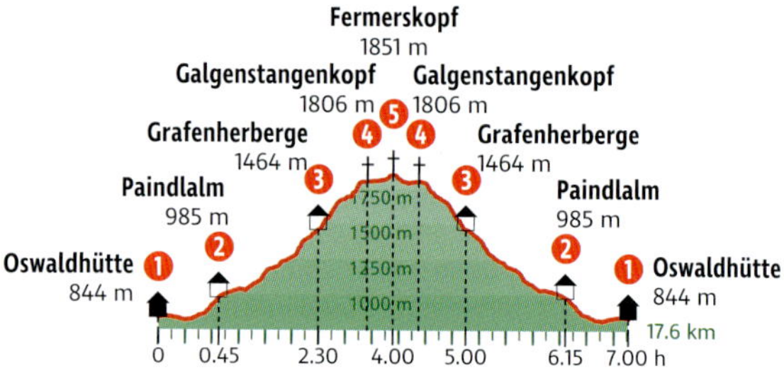

Talort: Vorderriß, 809 m, von Juni bis Sept. Busverbindung mit Lenggries (Bahnstation) und in die Eng. Info: www.rvo-bus.de
Ausgangspunkt: Oswaldhütte, 844 m, etwa 7 km südlich Vorderriß rechts der Straße nach Hinterriß gelegen. Parkmöglichkeit, Bushaltestelle.
Anforderungen: Wenig häufig begangene Wanderung, die über weite Teile schlecht bis gar nicht markierte Jagdsteige benutzt.

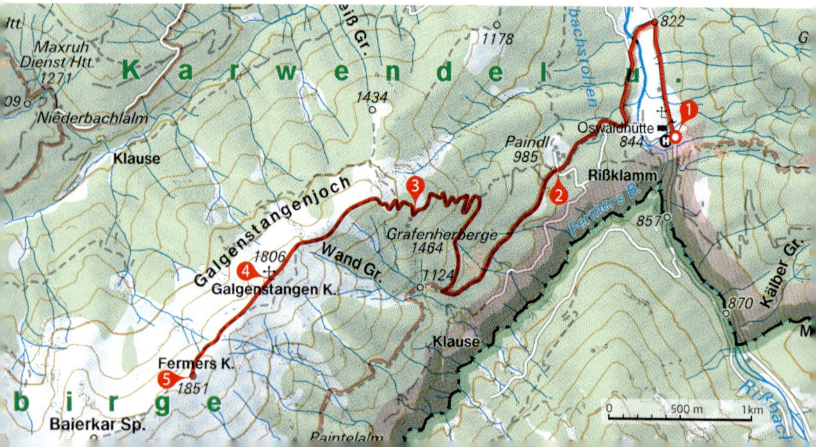

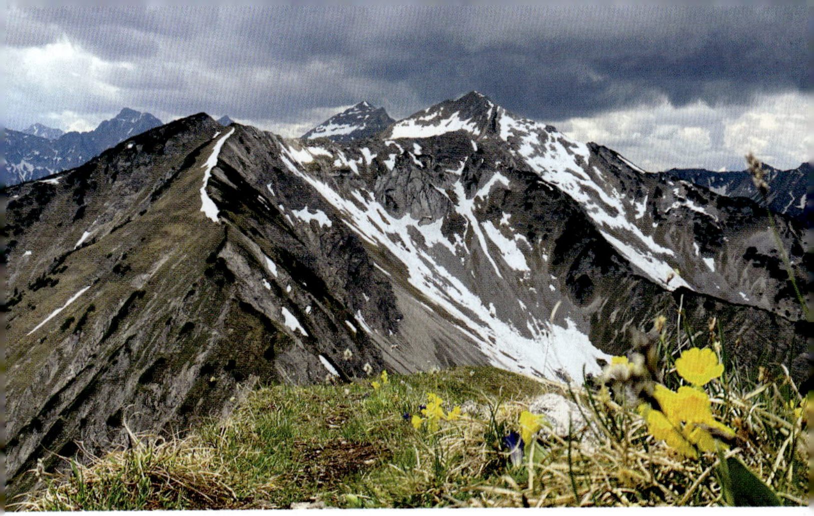

Frühsommerliche Kammwanderung entlang dem Galgenstangenjoch – im Hintergrund die Soierngruppe.

Von der **Oswaldhütte** ❶ folgen wir der Straße für rund 700 Meter in Richtung Vorderriß. Hier zweigt links ein Forstweg ab, der über den Rißbach und schließlich zur Paindlalm führt. Als Wanderer folgt man aber nicht der Forststraße, sondern folgt nach einer weiten Rechtskurve einem Pfad nach rechts. Leicht ansteigend gelangt man so direkt zu den Hütten der **Paindlalm** ❷. Hier zweigt in südwestlicher Richtung ein weiterer, allerdings schmaler Fahrweg ab, der nach etwa 20 Minuten in einen Steig übergeht. Noch vor dem ersten wirklich markanten Graben (Wandgraben) halten wir uns rechts und biegen in einen gut kenntlichen, jedoch etwas mager markierten Steig ein. Der Pfad wird bald breiter und führt in gleichmäßiger Steigung zu den drei herrlich gelegenen Jagdhütten der **Grafenherberge** ❸.

Obgleich ein in südwestlicher Richtung weiterführender Steig anfangs noch recht verlockend aussieht – der folgende Latschengürtel erweist sich jedoch als geradezu unüberwindbar –, steigen wir auf schmalem Weg in beinahe genau nördlicher Richtung hinauf zum Kamm des Galgenstangenjoches. Dort treffen wir wieder auf eine spärliche Markierung, die uns zum **Galgenstangenkopf** ❹ und immer am Rücken zum **Fermerskopf** ❺ leitet. An sich könnten wir hier unsere Wanderung beenden, denn das gesteckte Ziel ist erreicht, und als Lohn der Aufstiegsmühen winkt eine in den meisten Fällen absolut einsame Gipfelrast. Andere aber werden es nicht versäumen, weiterzuwandern und zu schauen längs dieses Kammes, zur Baier- oder gar zur Krapfenkarspitze.

TOP

↗ 1260 m | ↘ 1200 m | 11.1 km

15 Schafreuter, 2102 m

6.45 h

Altbekannter Aussichtsgipfel in den Vorbergen

Nicht erst seit jüngster Zeit erfreut sich der Anstieg auf den Schafreuter wegen der schönen Aussicht auf die Nördliche Karwendelkette und die nahe Falkengruppe großer Beliebtheit. Dabei wählen die meisten Wanderer den Parkplatz am Eingang des Lecktales als Ausgangspunkt. Wir hingegen steuern bereits an der Oswaldhütte in östlicher Richtung.

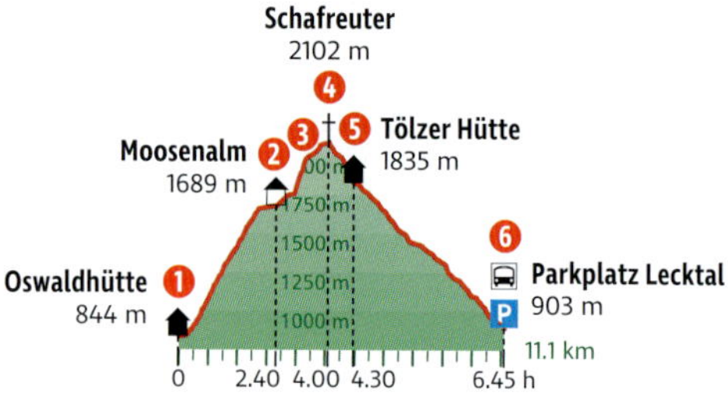

Talort: Hinterriß, 931 m. Von Juni bis Sept. Busverbindung mit Lenggries (Bahnstation) und in die Eng (Info: www.rvo-bus.de).
Ausgangspunkt: Oswaldhütte, 844 m, ca. 7 km vor Hinterriß an der Einmündung des Fermersbaches in den Rißbach.
Anforderungen: Leichte, aber ausgedehnte Rundtour mit einer gesicherten Stelle (Drahtseil) im Abstieg vom Gipfel zur Tölzer Hütte.
Einkehr und Unterkunft: Tölzer Hütte, 1835 m, bewirtschaftet von Mitte Mai bis Mitte Oktober.
Variante: Querung von der Moosenalm zur Tölzer Hütte in den W- und S-Hängen des Schafreuter. Weniger anstrengend als über den Gipfel, insgesamt 5 Std.

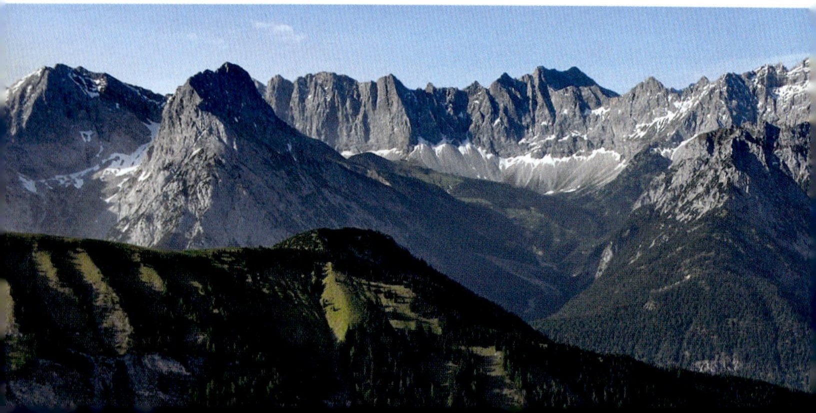

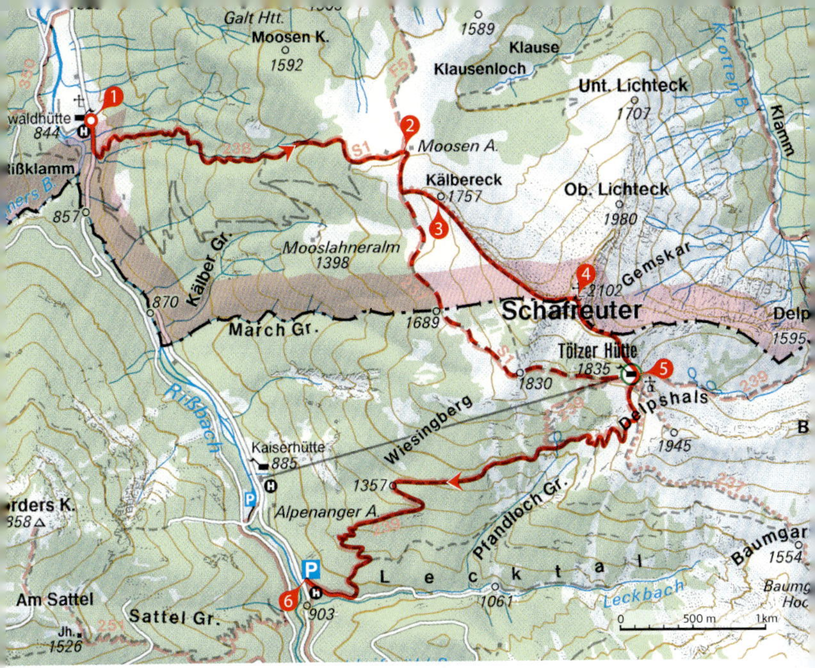

Die Route zum Schafreuter vermittelt wunderbare Ausblicke über weite Teile der umliegenden Gebirgskämme. Hier nur ein kleiner Ausschnitt aus der Aneinanderreihung unzähliger Karwendel-Zweitausender.
Links die Falkengruppe, im Hintergrund die Hinterautal-Vomper-Kette mit den Laliderer Wänden und der Birkkarspitze als Kulminationspunkt, rechts vorgelagert die Nördliche Karwendelkette mit Östlicher Karwendelspitze und Vogelkarspitze.

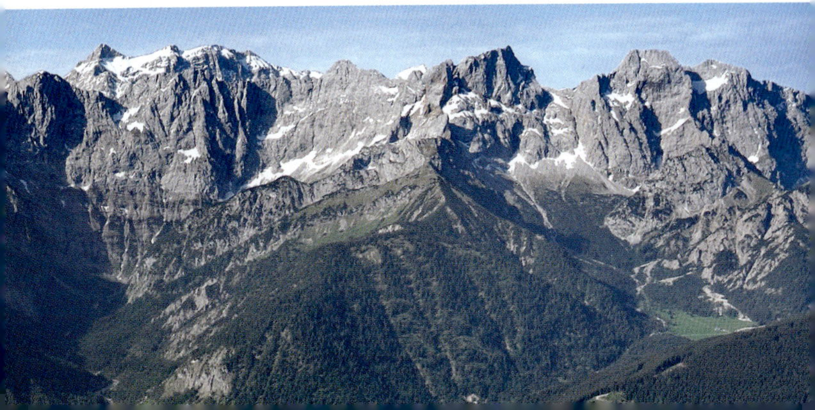

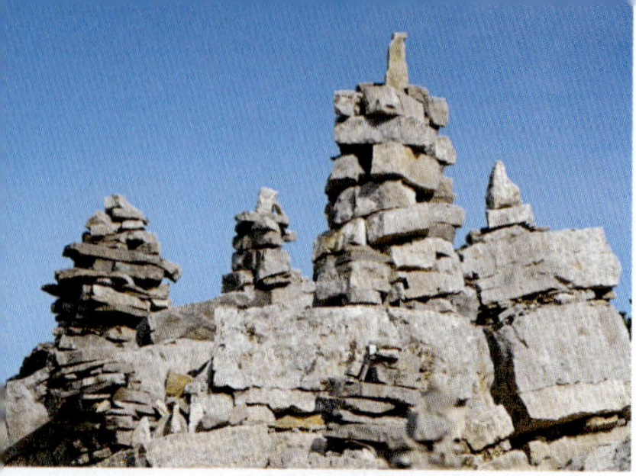

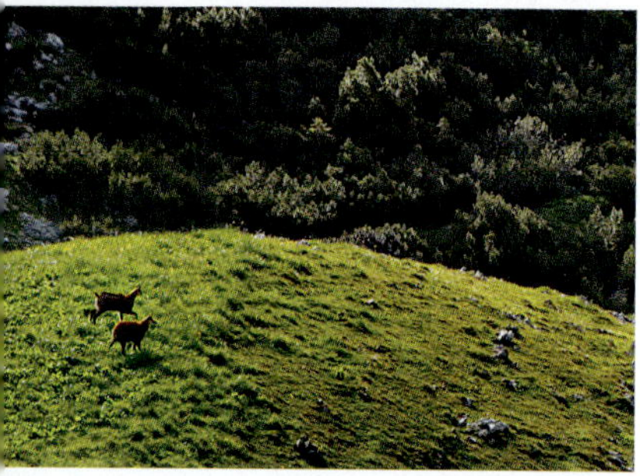

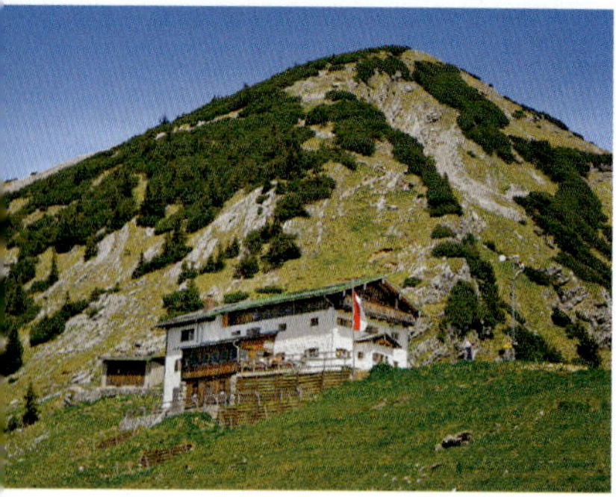

Oben: Eine Stadt aus Steinmandln unterhalb des Schafreuter-Gipfels.
Mitte: Das Gamswild auf den Wiesen um die Tölzer Hütte sieht nur, wer früh dran ist.
Unten: Behaglich: die Tölzer Hütte.
Rechte Seite: Blütenzauber am Weg vom Schafreuter (hinten) zur Tölzer Hütte.

Von der Haltestelle bei der **Oswaldhütte** ❶ folgen wir der Beschilderung und erreichen in gut zweistündigem Anstieg durch Mischwälder die **Moosenalm** ❷. Wem nun die Überschreitung des Schafreuter zu anstrengend erscheint, der kann die West- und Südhänge des Berges hinüber zur Tölzer Hütte queren. Gipfelstürmer hingegen biegen schon bald nach der Alm links ab, um auf gutem Pfad das **Kälbereck** ❸ zu erreichen; ab hier dem breiten NW-Kamm folgend zum Gipfel des **Schafreuter** ❹.

Im Abstieg halten wir uns erst ganz kurz an den W-Grat, ehe eine kurze gesicherte Stelle die Einquerung in die Mulde südlich unterhalb des Gipfels vermittelt. Je nach Zustand des hier angebrachten Drahtseiles kann es ratsam erscheinen, sich eher auf das umliegende, im Prinzip nicht besonders schwierige Gelände zu verlassen und selbst Hand an den Fels zu legen.

Weiter stets unterhalb des Südost-Kammes auf guter Pfadspur, vorbei an einer »Steinmandlsiedlung« hinab zur **Tölzer Hütte** ❺.

Der weitere Abstieg führt uns hinunter ins Lecktal, wobei wir die Hütte zunächst nach Südosten, zum Delpshals hin, verlassen; unter diesem auf den Pfandlochgraben zu absteigen. Kurz bevor der Graben eng und steil wird, wendet sich der Weg nach Westen in die Wälder und führt in mehreren Kehren hinab zum Parkplatz am Ausgang des **Lecktales** ❻.

Um zum Ausgangspunkt zurückzukehren, heißt es hier entweder zu Fuß gehen, auf den Karwendelbus warten oder Daumen in den Wind.

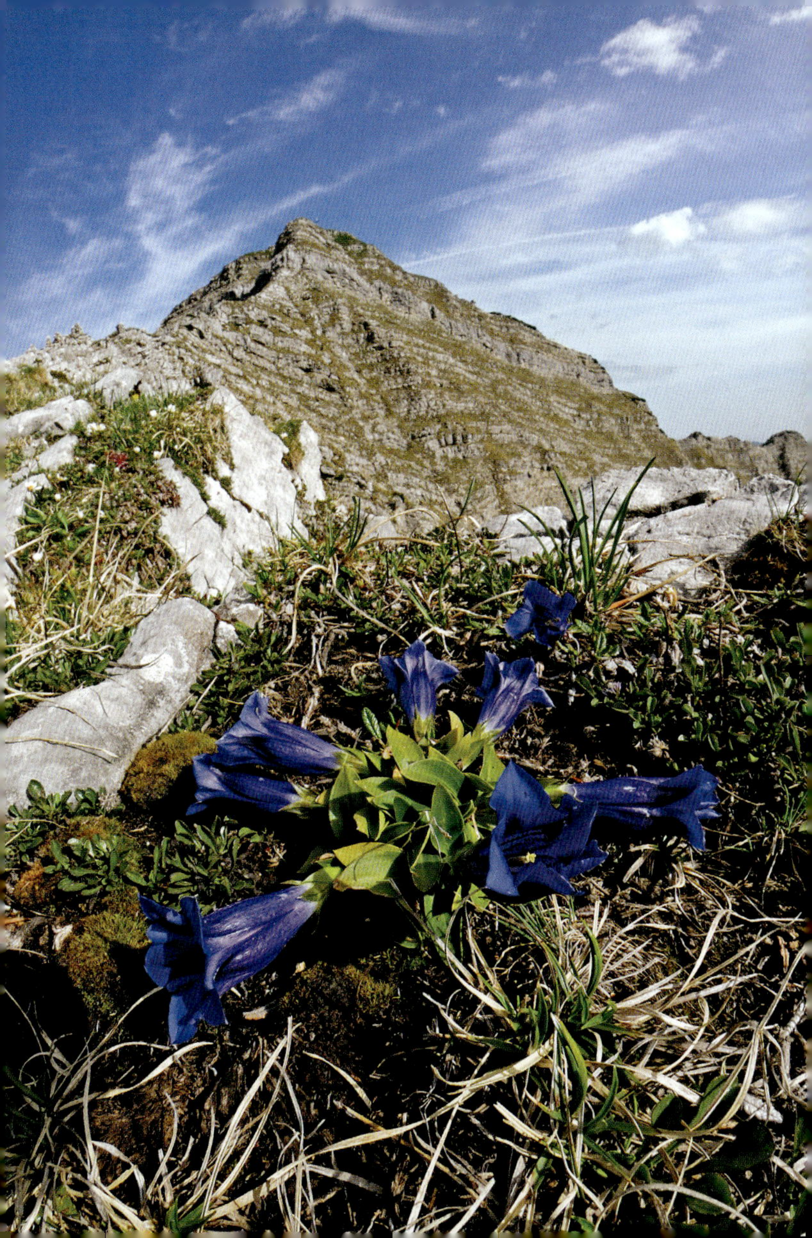

↗ 290 m | ↘ 290 m | 9.0 km

16 Roßkopf-Umrundung

2.30 h

Ausgedehnter Spaziergang oberhalb des Sylvensteinsees

Wenn im Mai oder Juni in den höheren Lagen Altschneereste das Fortkommen noch recht beschwerlich machen, ist die Zeit für diesen gemütlichen Spaziergang um den Roßkopf günstig. Dann nämlich, zu Zeiten der Schneeschmelze, rührt sich was in der engen Schlucht der Westerdürrach: Da ist sie in fester Hand der Kajakfahrer, die die kurze Zeit der hohen Wasserführung nutzen und mit akrobatischen Einlagen durch die wilden Wasser toben.

Talort und Ausgangspunkt: Fall, 773 m, Kleiner Ort am Südufer des Sylvensteinsees, der aufgebaut wurde, weil die alte Ansiedlung einst im Wasser des Stausees verschwinden musste. Von Juni bis September Busverbindung mit Lenggries (Bahnstation) und in die Eng (Info: www.rvo-bus.de). Mehrere große Parkplätze.

Anforderungen: Leichte Wanderung auf Forststraßen und Wirtschaftswegen. Besonders wegen der Nähe zum Stausee und der imposanten Schlucht, in der die Westerdürrach talwärts tost, für Kinder sehr interessant.

Einkehr und Unterkunft: Am Weg keine. Gasthöfe in Fall.

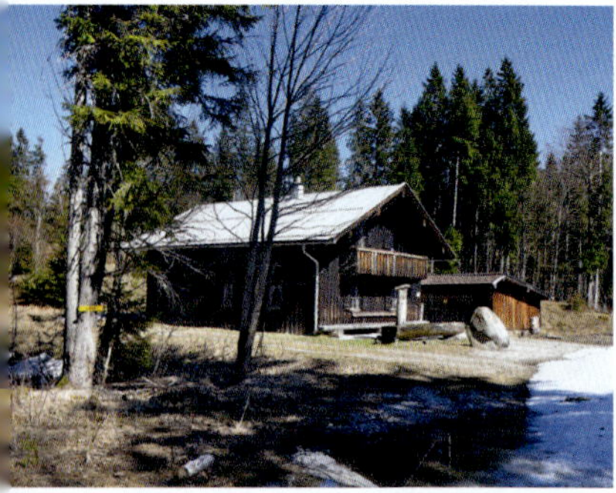

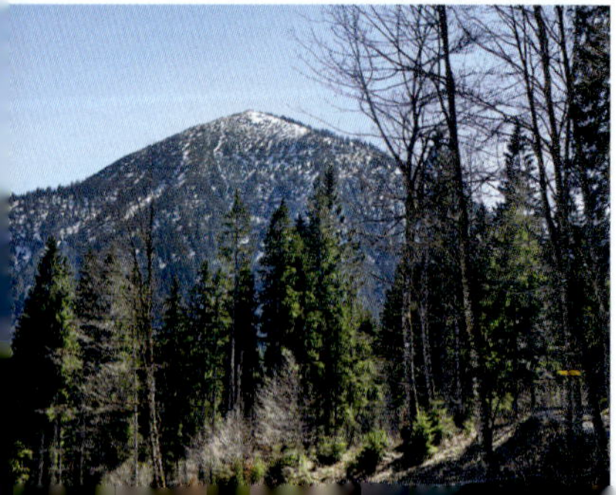

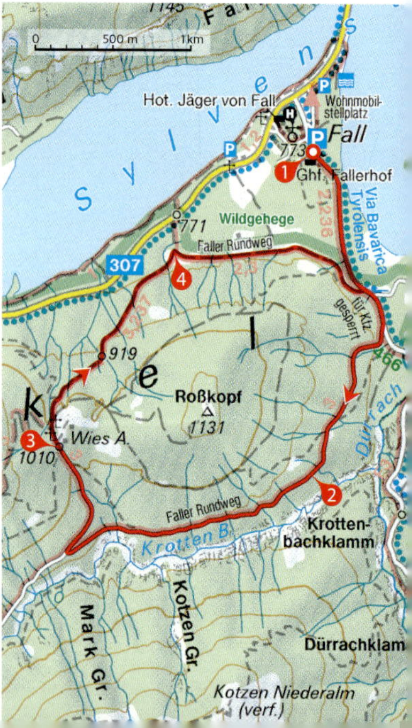

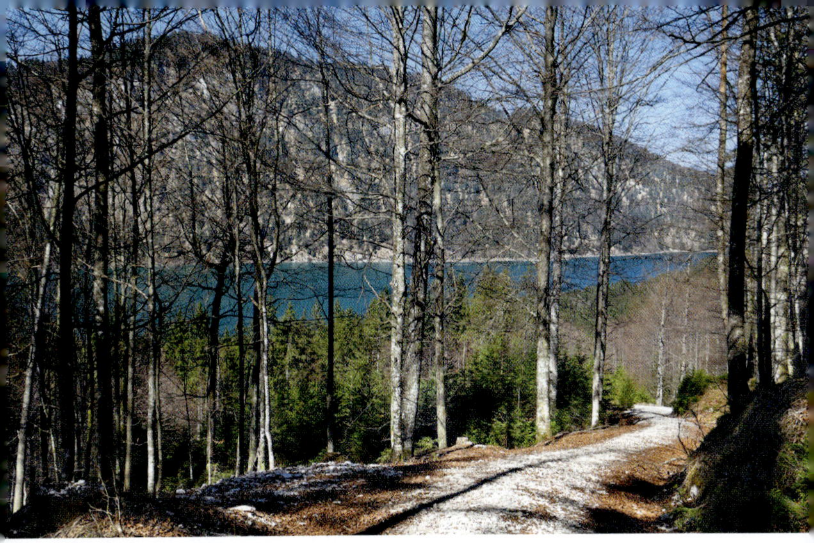

Oben: Kurz nach der Wiesalm öffnet sich der Blick zum Sylvensteinsee.
Linke Seite: Wiesalm (oben), Blick von der Wiesalm zum Gipfel des Kotzen (unten).

Von **Fall** ❶ aus folgen wir dem für den öffentlichen Verkehr gesperrten Fahrweg ins Dürrachtal; nach einer halben Stunde verlassen wir das Asphaltband nach rechts (Wegweiser »Rundweg«) auf einen ebenso breiten Wirtschaftsweg, um an Höhe zu gewinnen und Richtung Südwesten ins **Westerdürrachtal** ❷ zu gelangen. Erst relativ spät bekommen wir nun linker Hand die tiefe Schlucht des Baches zu sehen; sie begleitet mit ständig wechselnden Eindrücken unseren weiteren Gang bis in eine scharfe Rechtskurve, durch die wir das Westerdürrachtal verlassen, um bald darauf die **Wiesalm** ❸ zu erreichen. Über einen Forstweg steigen wir nun in nordöstlicher Richtung hinunter, bis wir kurz vor der Bundesstraße auf einer **Lichtung** ❹ nach rechts auf einen Wirtschaftsweg abzweigen (nicht dem Wegweiser »Rundweg« folgen, sonst gelangen wir zu einem Parkplatz bei der Bundesstraße). Auf dem Wirtschaftsweg zur anfangs benutzten Fahrstraße ins Dürrachtal. Auf dieser nun zurück zum Parkplatz in **Fall** ❶.

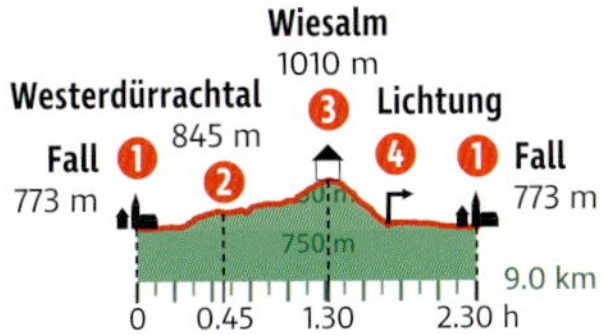

↗ 1460 m | ↘ 1460 m | 22.0 km

17 Demeljoch, 1923 m

8.45 h

Kammwanderung hoch über dem Sylvensteinsee

Auf diesem langen Marsch über einen aussichtsreichen Bergrücken lassen die herrlichen Aus- und Tiefblicke die Zeit nie lang werden. Wem es dennoch zu viel wird, der mag sich die letzteren beiden Gipfel ersparen und bereits unter dem Dürrnbergjoch die markierte Abzweigung zum Dürrnberg nehmen.

Talort: Fall, 773 m, am Südufer des Sylvensteinsees. Von Juni bis September Busverbindung mit Lenggries (Bahnhof) und in die Eng (Info: www.rvo-bus.de).
Ausgangspunkt: Bundesstraße Lenggries – Achenpass; Parkmöglichkeiten am östlichen Ende des Sylvensteinspeichers (Wegweiser zum Demeljoch).
Anforderungen: Aufgrund ihrer Länge verlangt diese an sich leichte Wanderung eine ordentliche Kondition.
Einkehr: Keine Einkehrmöglichkeit.

Vom **Parkplatz** ❶ überqueren wir die Walchenklamm (Brücke) und folgen der Markierung D1 hinauf zu einer Forststraße. Dieser nur kurz nach Westen folgen, bis links ein markierter Steig in den Wald hinein abbiegt, über den wir den Rücken des Hühnerberg erreichen. Vorbei an den verfallenen **Kirchmairalmen** ❷

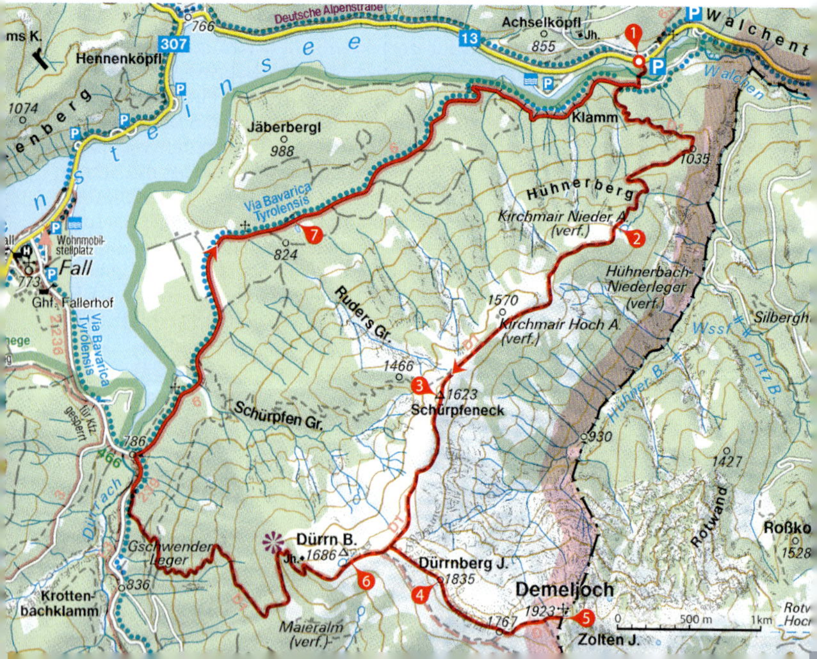

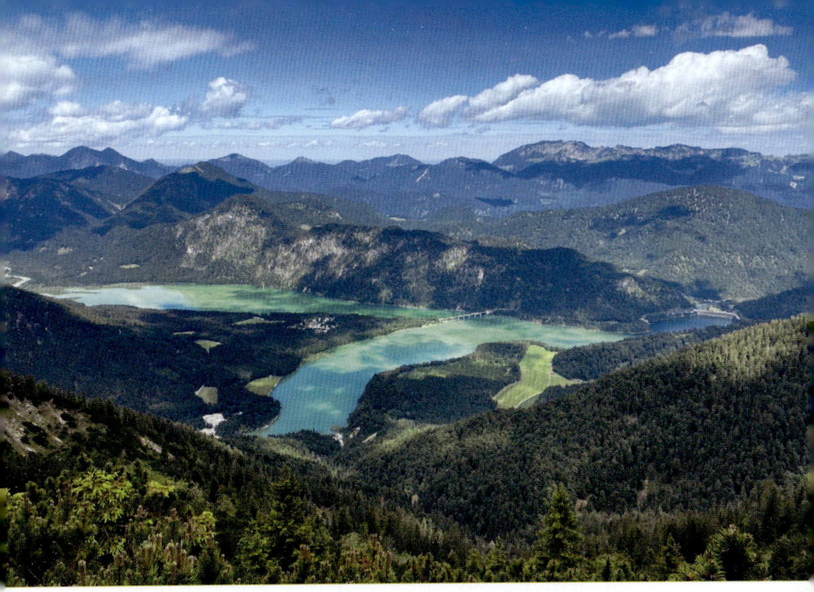

Blick vom Demeljoch hinab auf den Sylvensteinsee, hinten rechts die Benediktenwand.

erreichen wir, immer längs des Kammes, das **Schürpfeneck** ❸, das **Dürrnbergjoch** ❹ und durch Latschen das **Demeljoch** ❺. Beim Rückweg folgen wir der markierten Abzweigung unterhalb dem Dürrnbergjoch Richtung **Dürrnberg** ❻. Von diesem unscheinbaren Gipfel führt ein spärlich markierter Jagdsteig hinunter zur Maieralm und in vielen Kehren zur Forststraße im Dürrachtal. Dieser folgen wir kurz Richtung Norden, um noch vor dem Südende des Sees rechts auf einen Wirtschaftsweg abzuzweigen, auf dem wir vorbei an einer **Jagdhütte** ❼ ans östliche Ende des Sylvensteinsees und zum **Parkplatz** ❶ im Walchental gelangen.

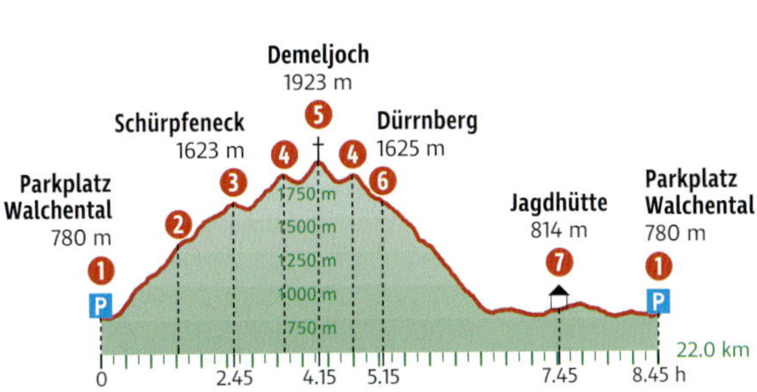

↗ 1000 m | ↘ 1000 m | 21.1 km

18 Lärchkogel, 1688 m

7.00 h

In die Weite waldreicher Vorberge

Bis zur Brücke unterhalb der Stierschlaghütte geht es zunächst nicht unbedingt abwechslungsreich auf einem Forstweg dahin (diesen Abschnitt kann man zeitsparend auch mit einem Rad zurücklegen). Ab der Stierschlaghütte gewinnen wir dann stets an Höhe, durchwandern das schöne Almgelände der Lerchkogelalmen, um uns dann mit dem aussichtsreichen »Sonnenbankerl« am Gipfelkreuz des Lärchkogels zu belohnen.

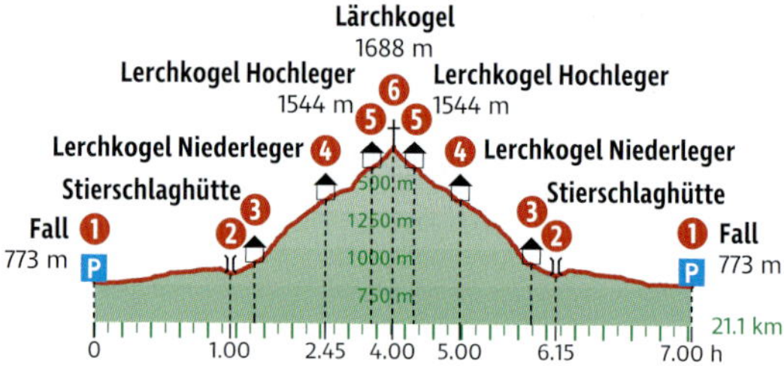

Der Lerchkogel am Weg vom Schafreuter zur Tölzer Hütte fotografiert.

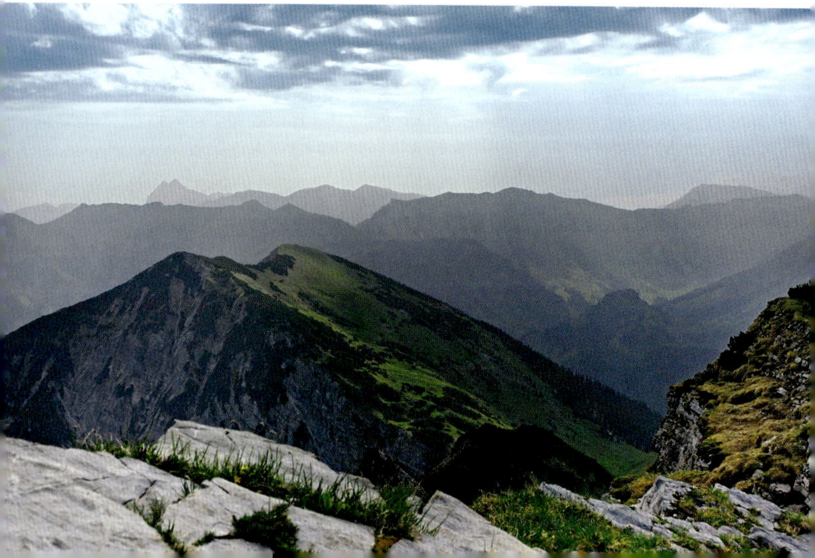

Talort und Ausgangspunkt: Fall, 773 m. Von Juni bis September Busverbindung mit Lenggries (Bahnstation) und in die Eng (Info: www.rvo-bus.de). Parkplätze.
Anforderungen: Unschwierige Voralpenwanderung.
Einkehr: Unterwegs keine. Nur Gasthäuser in Fall.
Hinweis: Zwischen den Wegpunkten ❶ und ❷ bietet sich die Benutzung eines Bergradl an. Im Gebiet gibt es aber auch einige für Mountainbiker gesperrte Abschnitte, die man unbeding beachten sollte.

Gemütlich wandern wir von **Fall** ❶ ins Dürrachtal. Falls wir einen Drahtesel benutzt haben, so deponieren wir diesen an der rechtsseitigen Abzweigung eines Weges (Mark. 239), der hinab zur **Dürrachbrücke** ❷ führt; jenseits über einen Forstweg hinauf zur **Stierschlaghütte** ❸ geht es dann schon zu Fuß weiter. Hier verlassen wir den Forstweg in der Kurve nach der Alm und wandern auf einem gut markierten Pfad über den **Lerchkogel Niederleger** ❹ zum **Lerchkogel Hochleger** ❺ knapp nördlich unterhalb des Kammverlaufs Lerchkogel – Stierjoch. Die Markierungen leiten weiter über den Delpssee bis zur Tölzer Hütte, wir halten uns jedoch in östlicher Richtung, um auf Pfadspuren den Gipfel des **Lärchkogels** ❻ zu erreichen.
Für den Abstieg wählen wir dieselbe Route. Der früher alternativ mögliche Abstieg über das Gelände der Nonnenalm wurde allerdings vom Besitzer der Alm aus nachvollziehbaren Gründen gesperrt (wiederholt respektloser Umgang mit den Weidetieren sowie untragbares Fehlverhalten innerhalb des Almgeländes).

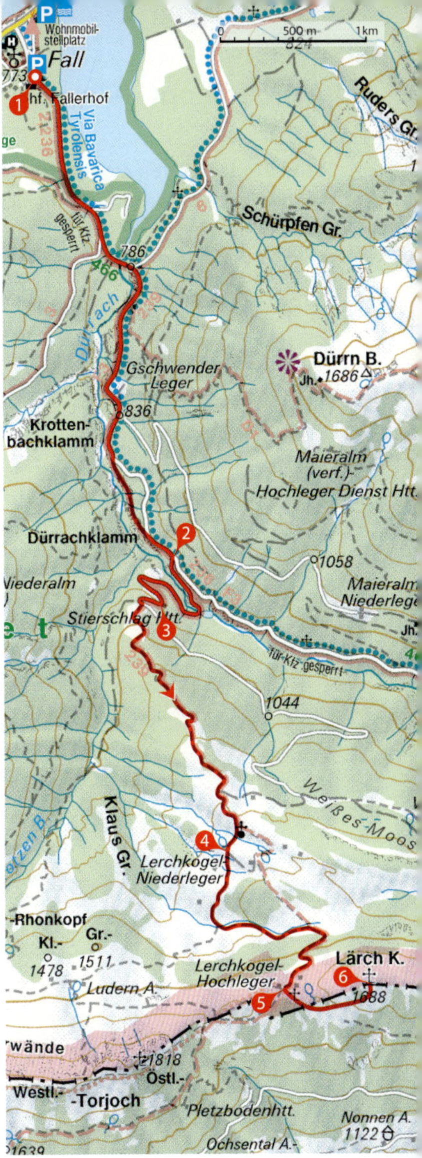

↗ 1000 m | ↘ 1000 m | 10.2 km

19 Vorderskopf, 1858 m

5.15 h

Steile Pfade auf den eigenartig geformten »Torwächter« des Rißtales

Nicht schlecht werden wir staunen, wenn wir hier oben nach all dem steilen Anstieg keinen ausgeprägten Gipfelzacken, sondern ein Plateau von der Größe eines Fußballfeldes betreten, das an seinem östlichen Rand von einem kleinen, aber herrlichen Gipfelkreuz geschmückt wird. Wahrhaftig der rechte Ort, um innezuhalten, zu rasten und andächtig zu schauen.

Talort: Hinterriß, 931 m. Einzige ganzjährig bewohnte Siedlung im Innern des Karwendelgebirges. Von Juni bis September Busverbindung mit Lenggries (Bahnstation) und in die Eng (Info: www.rvo-bus.de).

Ausgangspunkt: Parkplatz bei der Kaiserhütte, 4 km nördlich von Hinterriß an der Straße nach Vorderriß gelegen, Bushalt.
Anforderungen: Ausreichend markierter Jagdsteig; im Gipfelbereich teils recht steil. Bei Nässe unangenehm.

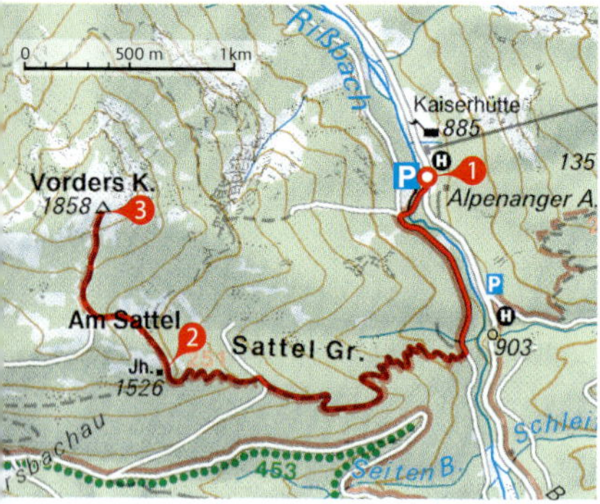

Vom Parkplatz bei der **Kaiserhütte** ❶ gehen wir auf der Straße noch ein kurzes Stück talein, rechts zweigt bald ein Weg ab, der zur Brücke über den Rißbach führt. Jenseits folgen wir dem Weg parallel zum Rißbach talein. Nach dem markanten Sattelgraben zweigt rechter Hand der Steig zum Vorderskopf ab (deutliche rote Markierung und Schild). Dieser führt steil in den Bergwald hinauf. Anstrengend und dabei deutlich an Höhe gewinnend mühen wir uns auf dem schmalen, wenngleich überraschend gut markierten Weg am orografisch rechten Begrenzungsrücken des Sattelgrabens bergauf. Da dieser ostseitige Anstieg schon sehr bald von der Morgensonne beschienen wird, ist ein frühzeitiger Aufbruch dringend anzuraten, um nicht schon hier in den zahlreichen Serpentinen schweißtriefend zu ermüden.

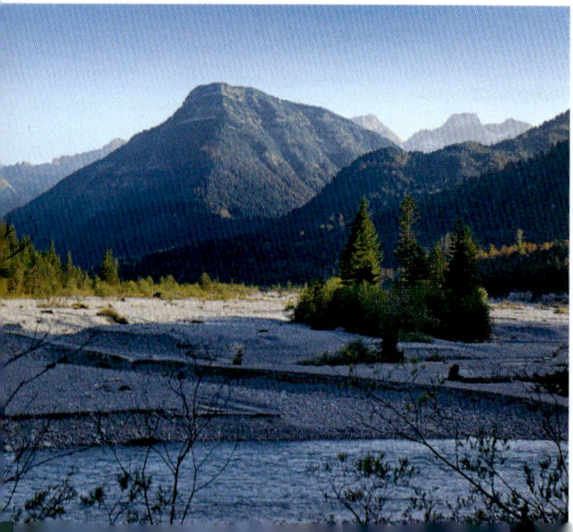

Der Vorderskopf, davor die Mündung des Rißbachs in die Isar bei Vorderriß. Rechts im Hintergrund die Östliche Karwendelspitze und die Vogelkarspitze.

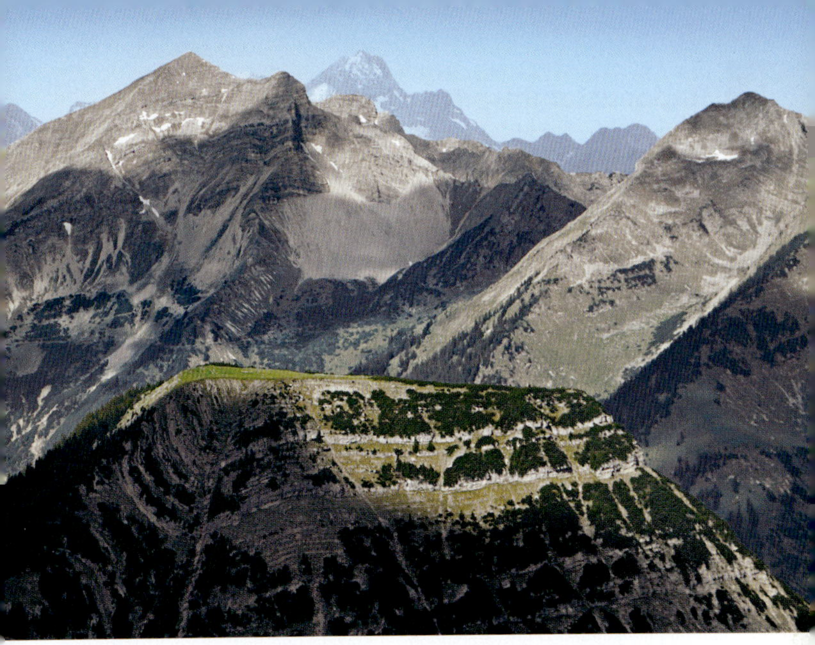

Der »Fußballrasen« am Gipfel, dahinter Soiernspitze (links) und Krapfenkarspitze (rechts). Im Hintergrund die Zugspitze.

Nach etwa zwei Stunden haben wir dann ein Gutteil unseres Anstieges geschafft und die **Jagdhütte** ❷ erreicht. Ein schlechter und meist recht sumpfiger Weg führt nun nach rechts hinaus auf eine Lichtung, über die wir in westlicher Richtung das Joch südlich unterhalb des Vorderskopf erreichen. Noch einmal heißt es nun durchstarten, um in steilem Anstieg über die vom Gipfel nach Süden abfallenden Hänge (bei Nässe unangenehm) den **Vorderskopf** ❸ zu erreichen.

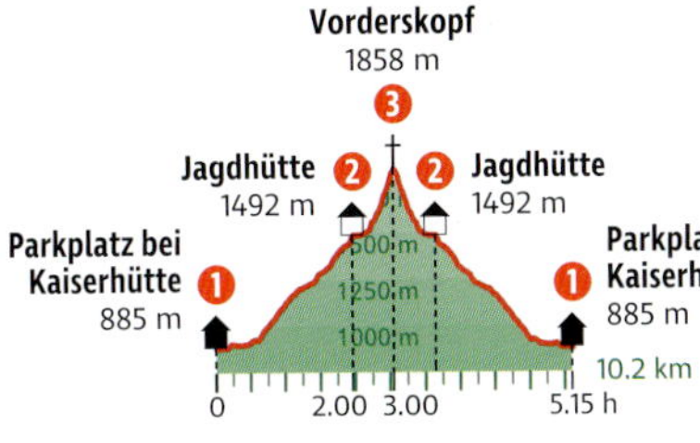

↗ 910 m | ↘ 910 m | 13.4 km

20 Rappenklammspitze, 1835 m

5.30 h

Kleiner »Kraxelgipfel« vor großer Kulisse

Ängstliche Gemüter mögen die Tour vielleicht nicht ganz bis zum höchsten Punkt begehen, denn auf den letzten Metern erwartet uns leichte Kletterei über einen schmalen und etwas ausgesetzten Felsgrat. Doch mit etwas Trittsicherheit und Schwindelfreiheit lässt sich der Gipfel gut erreichen. Sieht man von diesen letzten Metern einmal ab, bleibt die Tour stets im »roten«, in unserem Fall also leichteren Schwierigkeitsbereich.

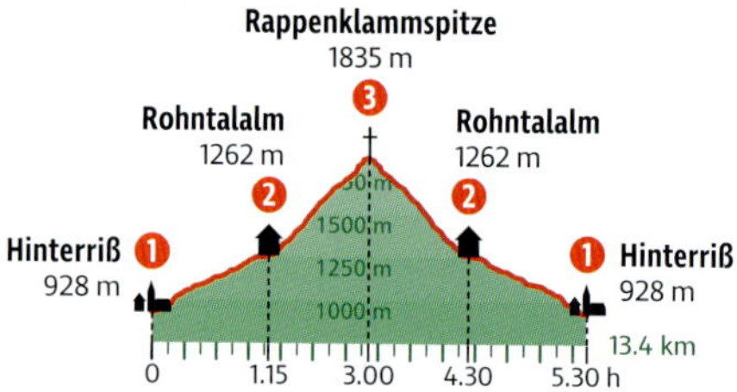

Talort/Ausgangspunkt: Hinterriß, 931 m. Von Juni bis September Busverbindung mit Lenggries (Bahnstation) und in die Eng (Info: www.rvo-bus.de). Parkplätze links vor der Ortseinfahrt oder rechts nach dem Ortsende.

Anforderungen: Anspruchsvolle Bergwanderung: Der Gipfelaufbau erfordert Kraxelei und Trittsicherheit; ansonsten keine nennenswerten Schwierigkeiten.

Einkehr: Rohntalalm, Brotzeit und Getränke (je nach Wetter und Almarbeit aber eingeschränkt, aktuelle Auskünfte gibt es im Gasthof zur Post in Hinterriß).,

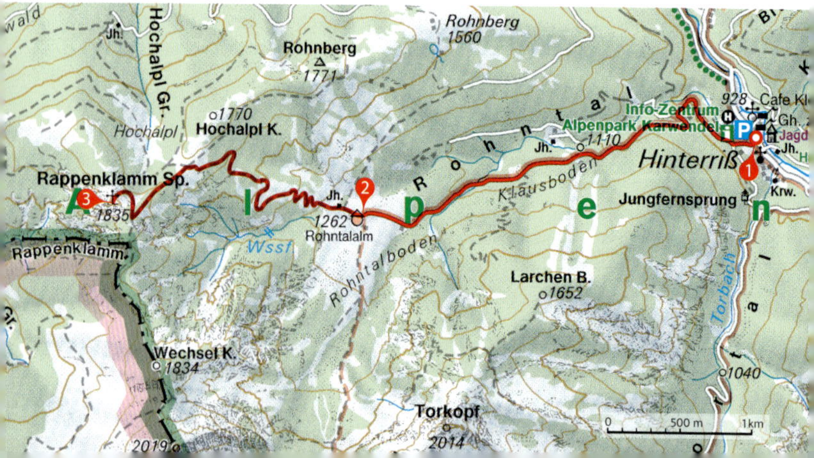

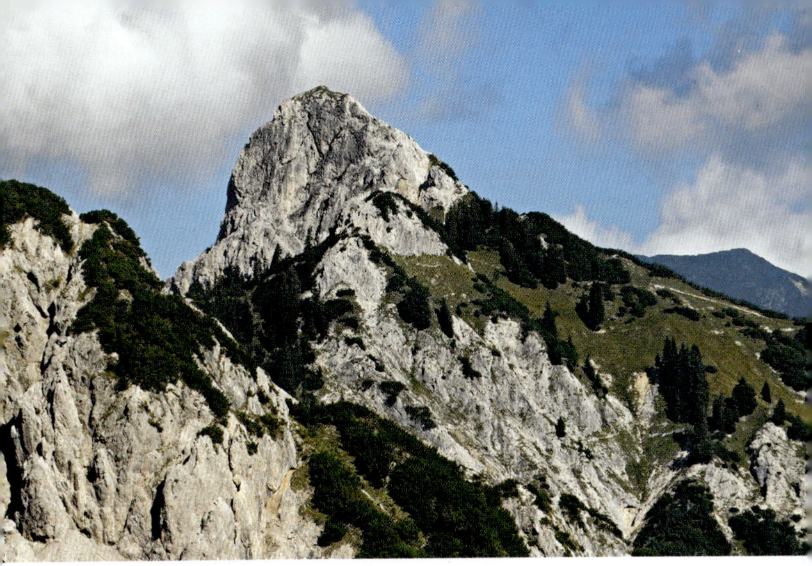

Die Rappenklammspitze aus Richtung der Torscharte fotografiert.

In **Hinterriß 1**, etwa 200 m südlich des Gasthauses zur Post, zweigt nach der Einmündung einer Teerstraße rechtsseitig der beschilderte Fahrweg ins Rohntal ab. Ihm folgen wir in gemütlicher Wanderung, bis wir den flachen Talboden der Alm erreichen. Wem der Spaziergang auf der Straße zu langweilig erscheint, der kann auf einer der rechts abzweigenden Forststraßen den Rohnbach überqueren und jenseits auf einem unmarkierten Weg Richtung Westen zu den freien Wiesen der Rohntalalm wandern. In aller Regel erweist sich der Weg über die Straße jedoch als bequemer und ohnehin nicht länger.

Bei der **Rohntalalm 2** wenden wir uns nach Norden und überschreiten einen Bach. Zunächst noch flach über freie Wiesen gelangen wir – links an einer Jagdhütte vorbei – rasch an den Rand eines lichten Waldes. Hier ist es erst einmal mit dem gemütlichen Charakter der Wanderung vorbei, denn steil windet sich der Weg in Serpentinen durch Wald und hochgewachsene Latschenbüsche hinauf bis in einen Sattel des Bergrückens, der sich von der Rappenklammspitze nach Nordosten über den Hochalplkopf zum Rohnberg erstreckt. Den anstrengendsten Teil unserer Tour haben wir hier bereits hinter uns gelassen.

In leichtem Auf und Ab halten wir uns nun nach Südwesten dem Kamm entlang auf den Gipfelaufbau der Rappenklammspitze zu, den wir von links her über einen Sattel südlich des Gipfels erreichen. Eine kurze Kraxelei bringt uns schließlich zum höchsten Punkt der **Rappenklammspitze 3**.

TOP

21

↗ 880 m | ↘ 880 m | 12.9 km

Rohntal – Torscharte, 1808 m – Tortal

5.30 h

Wie für Wanderer gemacht

Tortal – Rohntal oder umgekehrt, egal wie herum man geht, die Tour ist schön, so schön, dass man sie durchaus auch zweimal machen kann, so kann man beide Täler mit unterschiedlichen Lichtverhältnissen erleben. In Ermangelung einer Einkehrmöglichkeit ist diese Wanderung, obwohl weithin bekannt, kaum jemals richtig überlaufen. Jedenfalls nicht durch Zweibeiner. Wer früh genug aufsteht und entsprechend zeitig am Torjoch ist, sieht bestimmt mehr Gämsen als Wanderer und mit etwas Glück auch mal ein Murmeltier. Lautstark bemerkbar machen sie sich allemal.

Talort und Ausgangspunkt: Hinterriß, 931 m. Von Juni bis September Busverbindung mit Lenggries (Bahnstation) und in die Eng (Info: www.rvo-bus.de). Parkplätze links vor der Ortseinfahrt oder rechts nach der Ortsausfahrt.
Anforderungen: Absolute Genusstour ohne besondere Schwierigkeiten.

Einkehr: Rohntalalm, Brotzeit und Getränke (je nach Wetter und Almarbeit aber eingeschränkt, aktuelle Auskünfte gibt es im Gasthof zur Post in Hinterriß).
Variante: Trittsichere Wanderer können mit einem zeitlichen Mehraufwand von rund 1 Std. aus der Torscharte noch den Torkopf besteigen.

Im Tortal, nahe des Hochlegers der Tortalalm.

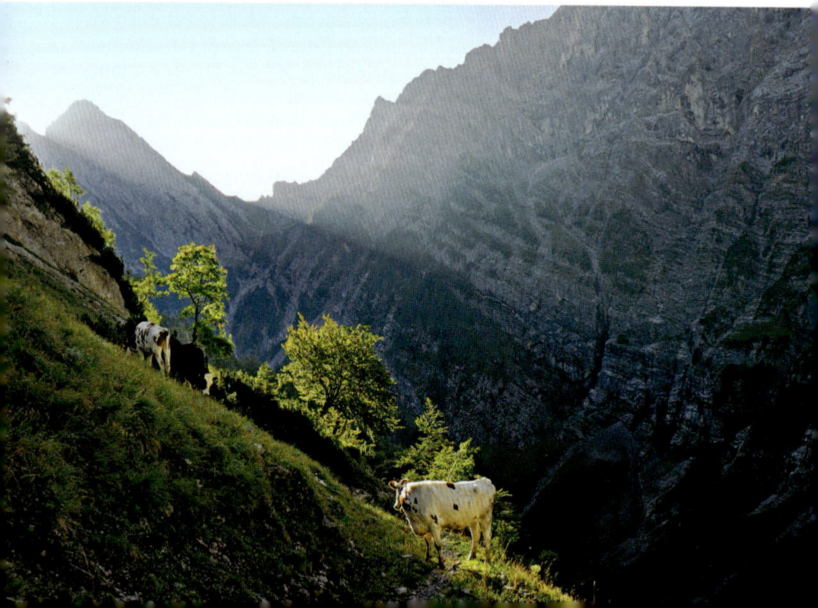

In **Hinterriß** ❶ zweigt etwa 200 m südlich des Gasthauses zur Post der beschilderte Fahrweg ins Rohntal ab. Diesem folgen wir in gemütlicher Wanderung ins Rohntal bis zur **Rohntalalm** ❷. Zwischen den Almgebäuden hindurch führt nun in südlicher Richtung ein gut markierter Weg – stets angesichts der gewaltigen Nordabstürze der Östlichen Karwendelspitze – in den hintersten Winkel des Tales.

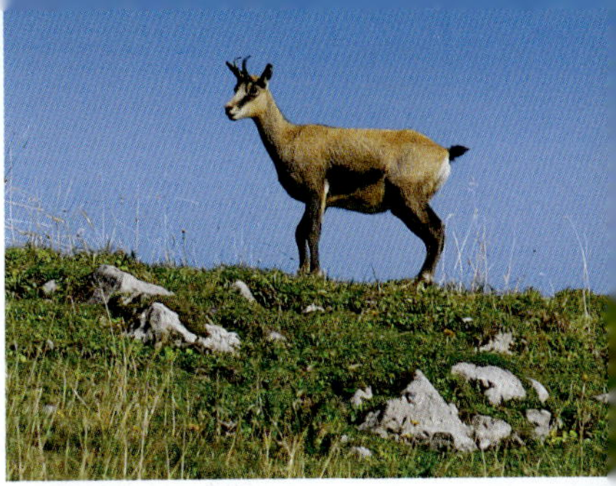

Gämse am Torjoch.

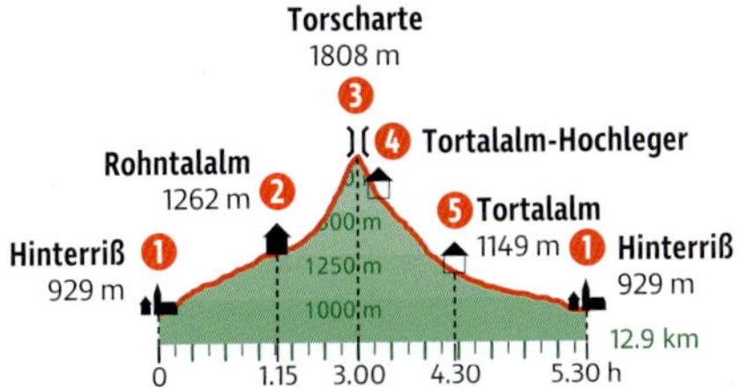

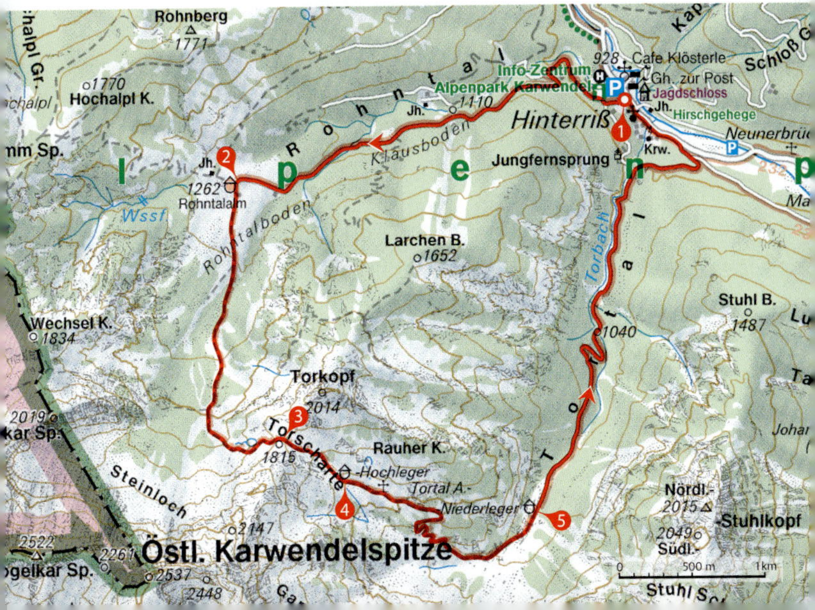

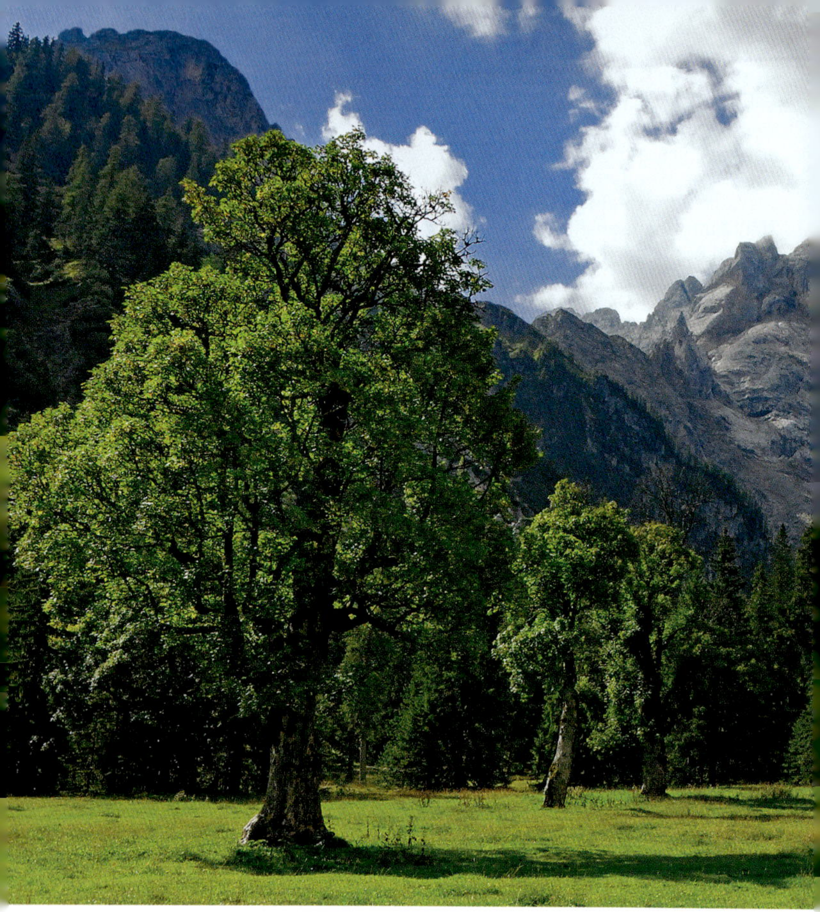

Je mehr wir uns den dunklen Felswänden nähern, desto wilder und bedrohlicher scheinen sie emporzustreben. An einer Schuttreise angelangt, zweigen wir in östlicher Richtung ab, um in zahlreichen Kehren die markante **Torscharte** 3 zu gewinnen. Kaum hat man hier das eine Amphitheater verlassen, tut sich jenseits der Scharte mit den riesigen Wandfluchten zwischen Grabenkar- und Talelespitze eine weitere atemberaubende Szenerie auf.
Steil schlängelt sich der Weg nun hinab, vorbei am **Tortalalm-Hochleger** 4 in den idyllisch zu Füßen der wilden Felswände gelegenen Talboden der

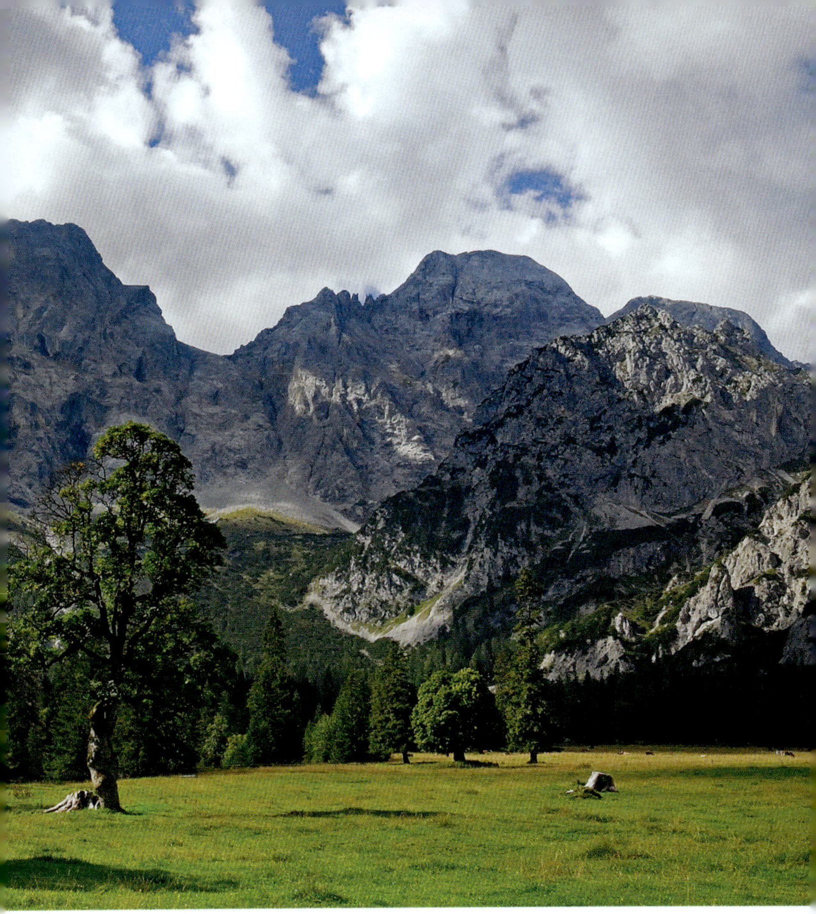

Unterwegs im Rohntal: Hier gibt es, neben der Östlichen Karwendelspitze (links) und der Vogelkarspitze (rechts), auch noch einige knorrige Ahornbäume zu bewundern.

Tortalalm 5. Hier kehren wir allmählich der alpinen Gigantomanie den Rücken und wandern, den Blick auf die sanften Bergformationen der Vorberge gerichtet, wo das Auge allmählich wieder Ruhe findet, der Almstraße entlang talauswärts. Zunächst noch links, dann rechts des Torbaches schlendern wir zum Abschluss ebenso gemächlich wie zu Beginn der Tour hinaus nach **Hinterriß** 1.

↗ 1120 m | ↘ 1120 m | 17.0 km

22 Fleischbank, 2026 m

8.15 h

Aussichtsreiche Kammwanderung gegenüber der Falkengruppe

Nicht so steil und unnahbar wie der berühmte Namensvetter im Kaisergebirge, dennoch, die Tour ist lang und ein wenig Vorsicht ist auch hier geboten. Belohnt wird man mit einer großartigen Rundsicht.

Talort: Hinterriß, 931 m. Von Juni bis September Busverbindung mit Lenggries (Bahnstation) und in die Eng (Info: www.rvo-bus.de).
Ausgangspunkt: Parkplatz am Eingang des Johannistales. Bushalt.
Anforderungen: Anspruchsvolle und lange Tour. Der teilweise drahtseilgesicherte Wegverlauf weist stellenweise Erosionsschäden auf und ist nur mit Trittsicherheit und Schwindelfreiheit sicher zu begehen.
Einkehr: Unterwegs keine Einkehrmöglichkeiten.

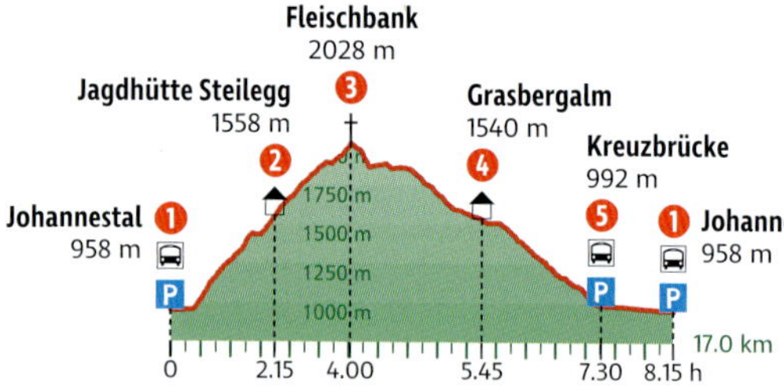

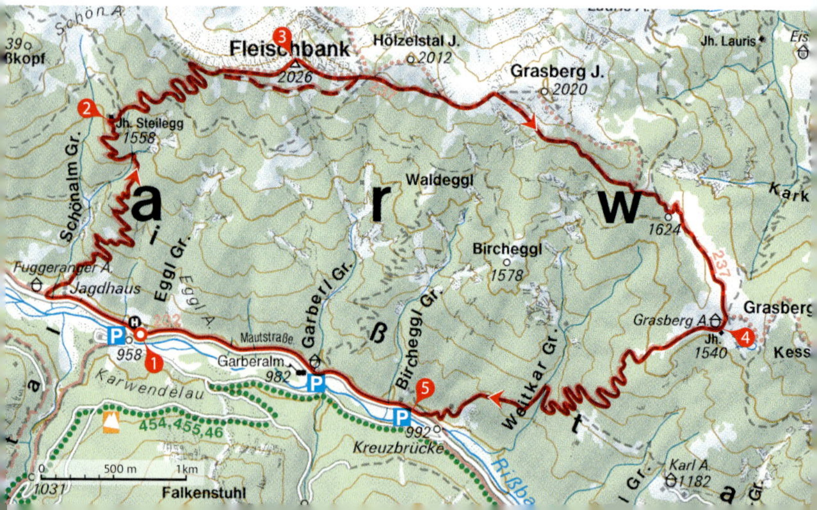

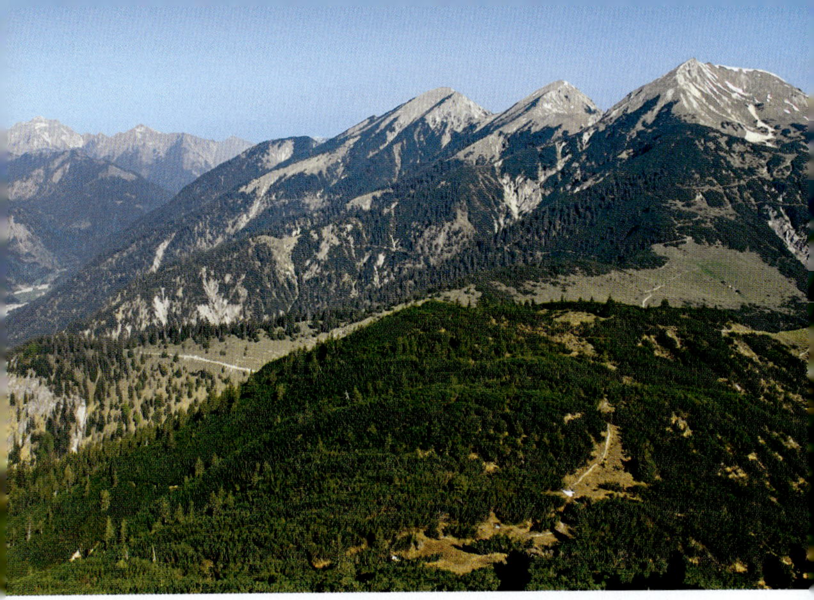

Der Kamm zwischen Fleischbank und Grasbergjoch. Im Hintergrund die Soierngruppe.

Vom **Parkplatz** ❶ am Beginn des Johannestales marschieren wir kurz der Straße entlang talauswärts bis zum Schild Schönalm. Nun weglos über eine Wiese und über einen Bach, bis sich ein markierter Steig in zahllosen Serpentinen die steilen Waldhänge hinaufschlängelt. Allmählich wird es ringsum lichter, ehe wir nach links hin in einer flacheren Querung einen markanten Bacheinschnitt kreuzen. Jenseits noch einige Kehren, und schon stehen wir hoch über dem Tal vor der idyllisch gelegenen **Jagdhütte Steilegg** ❷. Rechts an ihr vorbei streben wir in weiten Schleifen durch lichten Wald und Latschen rechts haltend dem Kamm Schönalmjoch – Fleischbank entgegen. Genusswanderer haben mit Erreichen des Kammes nun bereits den Löwenanteil des Aufstieges hinter sich gebracht. Während die Gipfelsammler dem weglosen Kammverlauf direkt folgend der **Fleischbank** ❸ entgegenstreben, wandern die Genießer auf dem recht anspruchsvollen Steiglein – stets im Angesicht der jenseits des Tales jäh aufragenden Falken – knapp südlich unterhalb des Kammes nach Osten unter Fleischbank und Grasbergjoch vorbei zur **Grasbergalm** ❹. Hier zweigt ein Karrenweg in südwestlicher Richtung ab, auf dem wir bald in den Wald eintauchen und in zahlreichen Kehren hinabsteigen zum Bushalt an der **Kreuzbrücke** ❺. Nun kann man entweder auf den Karwendelbus warten oder der Straße zum Parkplatz **Johannestal** ❶ folgen.

↗ 1040 m | ↘ 1040 m | 17.7 km

23 Grasbergalm – Kompar, 2011 m

7.00 h

Wenig begangener Höhenweg

Gar so langweilig, wie man aufgrund der Karte vermuten könnte, ist die Waldetappe bis hinauf zur Grasbergalm nicht, immer wieder gewähren uns kleine Waldschneisen den Durchblick ins Lalliderer Tal und auf die gleichnamigen lotrechten Wände. Aber natürlich steigert sich das Landschaftserlebnis auf der Etappe vom Grasbergjoch bis zum Kompar noch gewaltig. Auf stillen, teilweise sogar etwas luftigen Pfaden, die uns aber nirgends wirklich ängstigen müssen.

Talort: Hinterriß, 931 m. Von Juni bis September Busverbindung mit Lenggries (Bahnstation) und in die Eng (Info: www.rvo-bus.de).
Ausgangspunkt: Parkplatz bei der Kreuzbrücke, Bushalt.

Anforderungen: Bis zur Grasbergalm Wirtschaftsweg. Am Kamm zum Kompar schmale, stellenweise etwas undeutliche Pfadspur. Eine kurze Querung erfordert etwas Trittsicherheit.
Einkehr: Unterwegs keine Möglichkeit.

Aussichtsreich geht es dem Kompar (links) entgegen. Vor uns Schaufelspitze und Sonnjoch, rechts die Eng, dahinter der Hauptkamm mit Lamsenspitze und Spritzkarspitze.

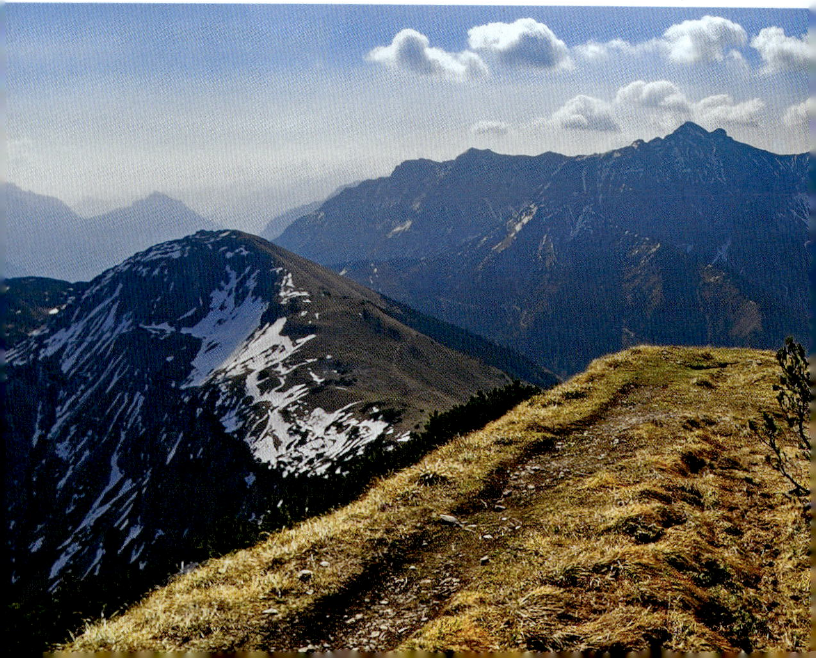

Vom Parkplatz **Kreuzbrücke** ❶ folgen wir dem Wirtschaftsweg Richtung Grasbergalm (Wegweiser). Dieser führt in zahlreichen Kehren durch den Waldsockel, zum Ende hin dann fast eben durch Almwiesen zur **Grasbergalm** ❷.

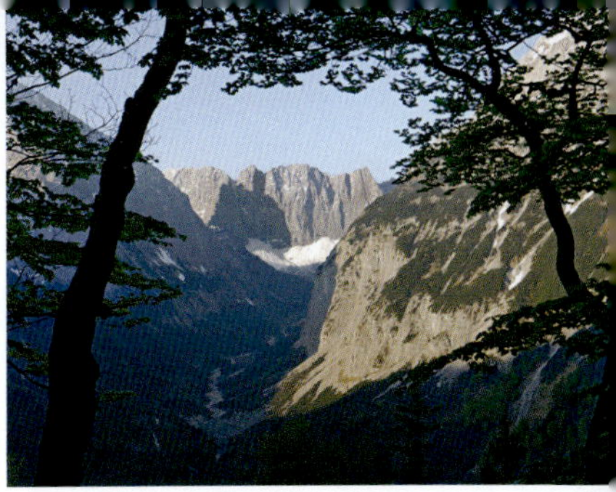

Schon der Weg zur Grasbergalm gewährt immer wieder schöne Ausblicke ins Laliderer Tal, hinten die Laliderer Wände.

Ab der Alm (Wegweiser) wandern wir in einem Rechts-links-Bogen in östlicher Richtung aufwärts, um den Kamm östlich des Grasbergsattels zu erreichen. Nun stets den Wegspuren in östlicher Richtung folgen, durch eine Senke hindurch erreichen wir das aussichtsreiche Latschengelände auf der Kammhöhe. An einigen Stellen sind die Wegspuren im weiteren Verlauf wenig deutlich, doch ist gerade dort die Richtung durch den Kammverlauf klar vorgegeben. Einmal zwingt uns der Latschenwuchs in die rechte Flanke auszuweichen (dort aber deutliche Pfadspur und die einzige für Ungeübte etwas heikle Stelle). Ab der letzten kleinen Einsattelung vor dem Kompar

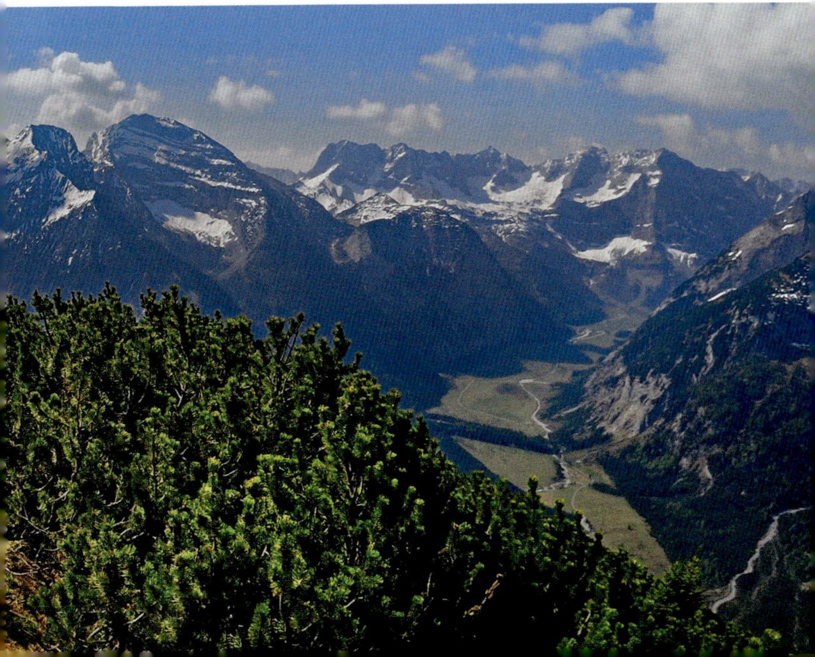

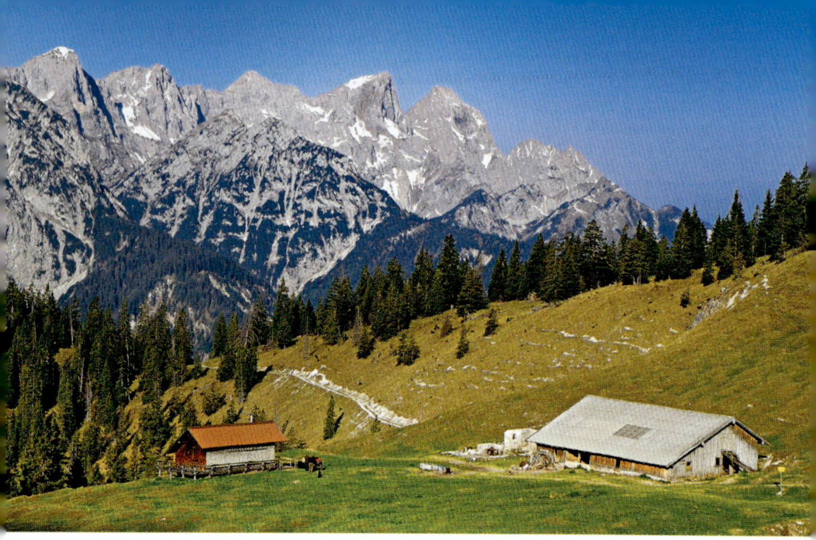

Bei der Grasbergalm hat der Wirschaftsweg ein Ende, was folgt ist ein Komfortweg, der über weite Strecken sogar barfußtauglich wäre. Auf der gegenüberliegenden Talseite erheben sich von links Kuhkopf, Lackenkarkopf, Grabenkarspitze, Östliche Karwendelspitze und Vogelkarspitze.

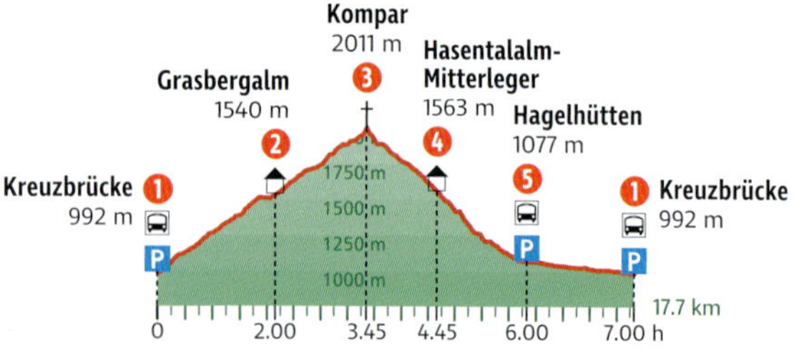

queren wir dem Pfad folgend nahezu waagrecht durch die grasige Südwestflanke und treffen so auf den Weg, der von den Hagelhütten heraufführt. Auf diesem erreichen wir dann steil, aber unschwierig den Gipfel des **Kompar** 3. Beim Abstieg folgen wir dem bestens markierten Weg, der über die **Hasentalalmen** 4, zuletzt auf einem Wirtschaftsweg, zum Parkplatz bei den **Hagelhütten** 5 führt. Nun warten wir entweder auf den Bus oder folgen der Straße talwärts zur **Kreuzbrücke** 1. Wer Glück hat, findet am Parkplatz bei den Hagelhütten vielleicht einen freundlichen Autofahrer, der einem die rund 3 Kilometer auf der Straße erspart.

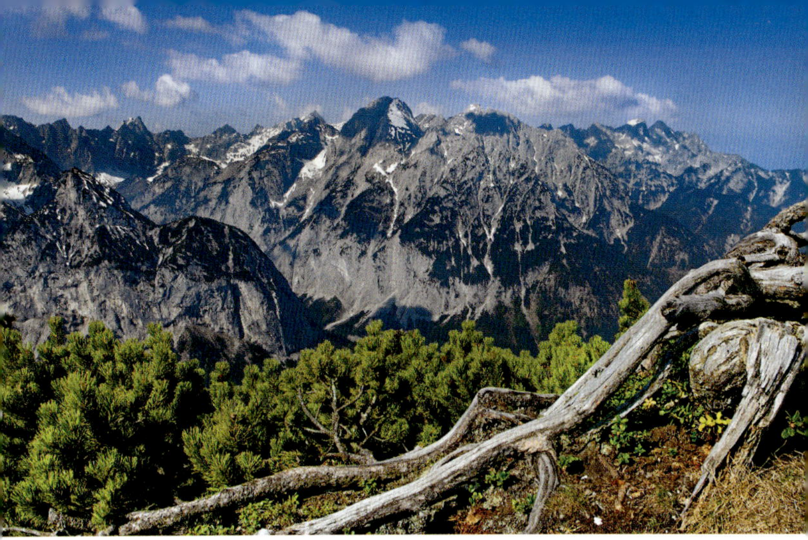

Blick über das Rißtal hinweg zur Falkengruppe. Links davon das Laliderer Tal und die Laliderer Wände.

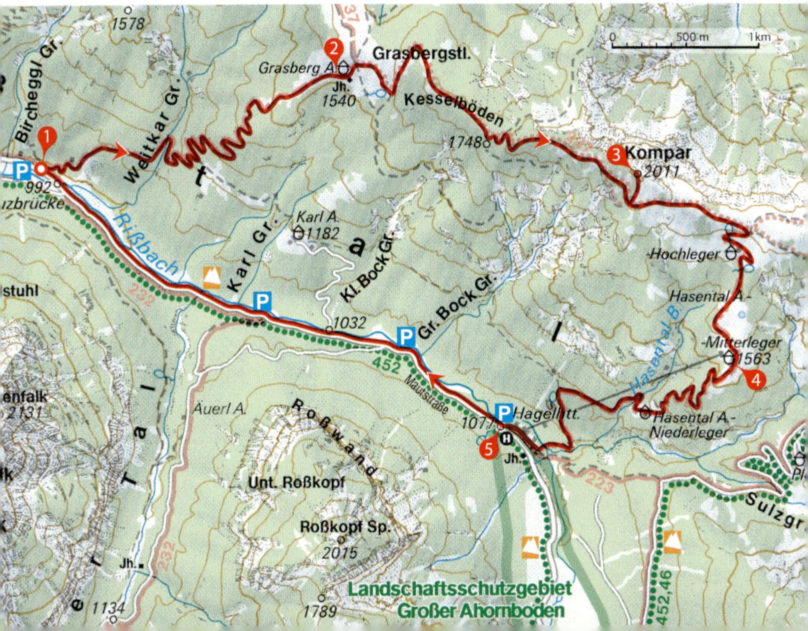

↗ 1030 m | ↘ 1030 m | 15.8 km

24 Kompar, 2011 m – Plumsjochhütte

6.30 h

Aussichtsreiche Rundtour mit Erweiterungsmöglichkeiten

Der Kompar von den Hagelhütten ist sicher einer der beliebtesten Gipfelanstiege aus dem Rißtal. Der Zeitaufwand hält sich in Grenzen, die Rundschau vom Gipfel ist berühmt und ein »Einkehrschwung« beim Rückweg über die Plumsjochhütte bietet sich auch an. All das zusammen macht die Tour natürlich zum »Geheimtipp« unter Bergfreunden – aber schön ist es dort trotzdem!

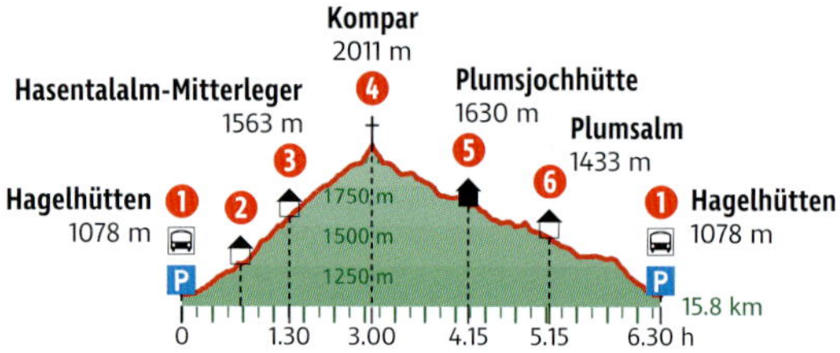

Talort: Hinterriß, 931 m. Von Juni bis September Busverbindung mit Lenggries (Bahnstation) und in die Eng (Info: www.rvo-bus.de).
Ausgangspunkt: Parkplatz an den Hagelhütten, 1077 m; etwa 11 km östlich von Hinterriß links der Mautstraße in die Eng gelegen, beschildert.
Anforderungen: Leichte Wanderung; auch der Gipfelanstieg sowie der Weg zur Plumsjochhütte sind problemlos.
Einkehr und Unterkunft: Plumsjochhütte, 1630 m. Privates Almgasthaus unterhalb des Plumssattels, von Anfang Mai bis Ende Oktober voll bewirtschaftet.
Variante: Vom Höhenweg abzweigend nördlich um das Satteljoch herum zur Plumsjochhütte. Mit etwas Glück kann man dort viele Murmeltiere beobachten.

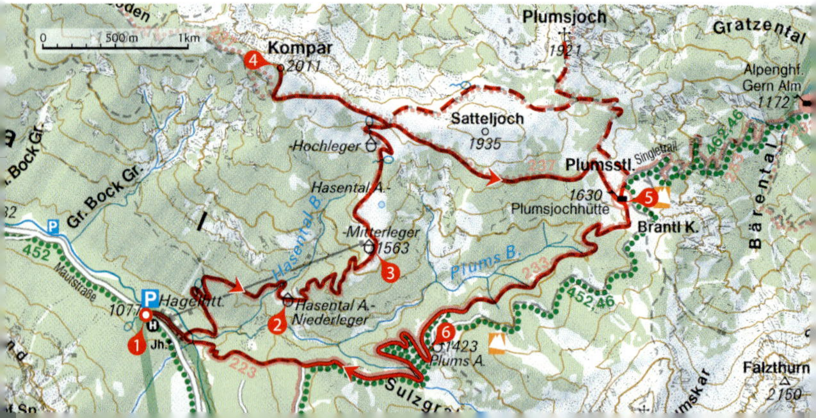

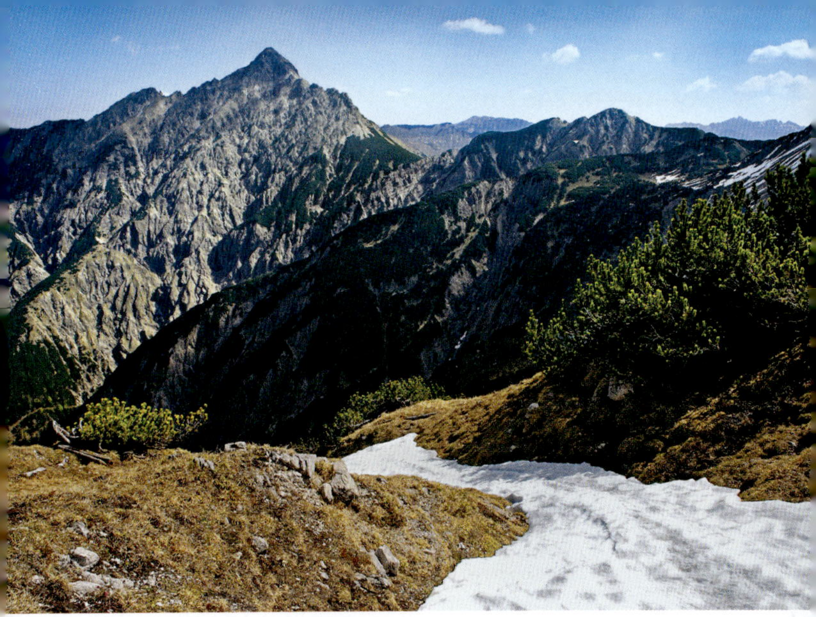

Beim Anstieg zum Kompar setzt sich gegenüber die Mondscheinspitze in Szene.

Vom Parkplatz an den **Hagelhütten** ❶ folgen wir dem beschilderten Fahrweg zu den Hasentalalmen über den Rißbach und jenseits in den Wald. Die Almstraße holt in einigen Kehren etwas nach Westen aus, ehe sie, wieder in Grundrichtung Ost, den Hasentalbach überquert und auf die freien Wiesen des **Hasentalalm-Niederlegers** ❷ führt. Zwischen den Almen hindurch gewinnen wir einen markierten Pfad, der leicht links haltend erneut in den Wald eintaucht. Bei einer späteren Weggabelung halten wir uns rechts, um schon bald den **Hasentalalm-Mitterleger** ❸ zu erreichen. In nördlicher Richtung steigen wir über die nun flacheren Hänge vorbei am Hochleger hinauf zur Senke zwischen Satteljoch und Kompar. Nun in einer wenig ansteigenden Linksquerung an den grasigen Südrücken des **Kompar** ❹, über den wir auf einer steilen Steigspur zum Gipfel gelangen.
Nach ausgiebiger Rast steigen wir hinab zum Höhenweg und genießen die aussichtsreiche Wanderung hinüber zur **Plumsjochhütte** ❺. Der Beschilderung »Hagelhütten« folgend geht es hinab, stets hoch über dem Plumsbach einige Bachläufe querend, bis wir unterhalb der **Plumsalm** ❻ auf den Fahrweg stoßen. Diesen verfolgen wir noch ein Stück, zweigen dann aber auf einem markierten Weg durch Wald zum Rißbach hinunter ab, den es unmittelbar hinter den **Hagelhütten** ❶ ohne Brücke, aber trotzdem trockenen Fußes, zu überqueren gilt.

↗ 1370 m | ↘ 1370 m | 12.6 km

25 Sonnjoch, 2457 m

7.45 h

Über den Binssattel durch ein Steinbockrevier auf das Sonnjoch

Das Sonnjoch wird von der Eng aus deutlich weniger häufig bestiegen als von der Gramaialm im Westen des Achensees. Vielleicht liegt das am (eher moderaten) Höhenverlust, den wir nach dem Binssattel in Kauf nehmen müssen, sodass insgesamt stattliche 1400 Meter Aufstieg zusammenkommen. Setzt man dagegen den Abwechslungsreichtum und die grandiose landschaftliche Schönheit, die diese Route bietet, in Relation, so wird dieser kleine Makel ganz schnell egalisiert. Für weniger Konditionsstarke bietet das Gramaijoch über dem Binssattel eine nette Alternative. Das Gebiet ist zudem ein bekanntes Revier für Alpensteinböcke. Mit ein wenig Glück wird man den wenig scheuen Tieren auch irgendwo zwischen Binssattel und dem Sonnjochgipfel begegnen.

Bereits der Aufstieg zum Binssattel bietet eindrucksvolle Ausblicke auf den Hauptkamm des Karwendel. Von links: Eiskarlspitze, Spritzkarspitze, Grubenkarspitze, Dreizinkenspitze, Lalidererwand, Lalidererspitze, Moserkarspitze, Kaltwasserkarspitze und Birkkarspitze. Die Talsenke in der Bildmitte ist der Enger Grund.

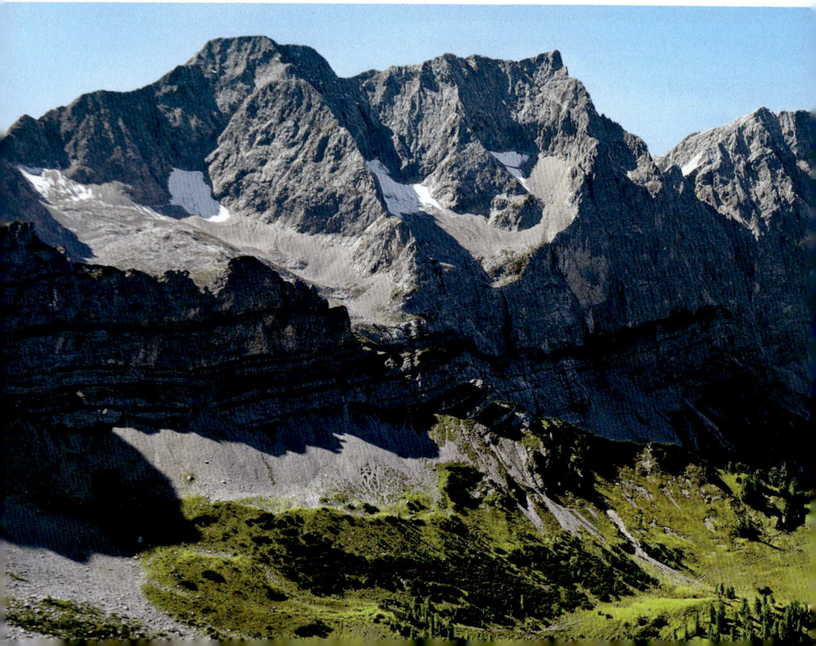

Talort: Hinterriß, 931 m. Von Juni bis September Busverbindung mit Lenggries (Bahnstation) und in die Eng (Info: www.rvo-bus.de).
Ausgangspunkt: Alpengasthof Eng, 1203 m; am Ende der Mautstraße von Hinterriß gelegen. Großer Parkplatz.
Anforderungen: Teilweise schmale Bergpfade. Der Abschnitt über das Binsjoch bis zum gut markierten Anstiegsweg von der Gramaialm wird vergleichsweise selten begangen und velangt etwas Orientierungssinn, falls früh im Jahr Restschneefelder noch Teile der Pfadspur verbergen.
Einkehr und Unterkunft: Binsalm, 1502 m; privates Berggasthaus. Wenn man einen kurzen zusätzlichen Ab- und Aufstieg in Kauf nimmt, auch der Gramaialm-Hochleger, 1756 m. Beide Stützpunkte sind im Sommer bewirtschaftet und bieten Unterkunft.

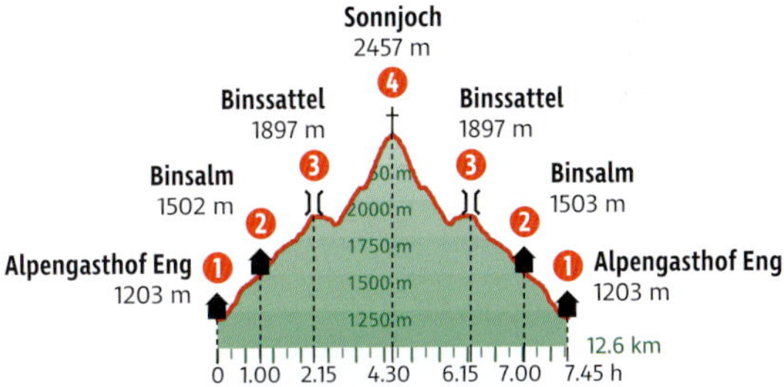

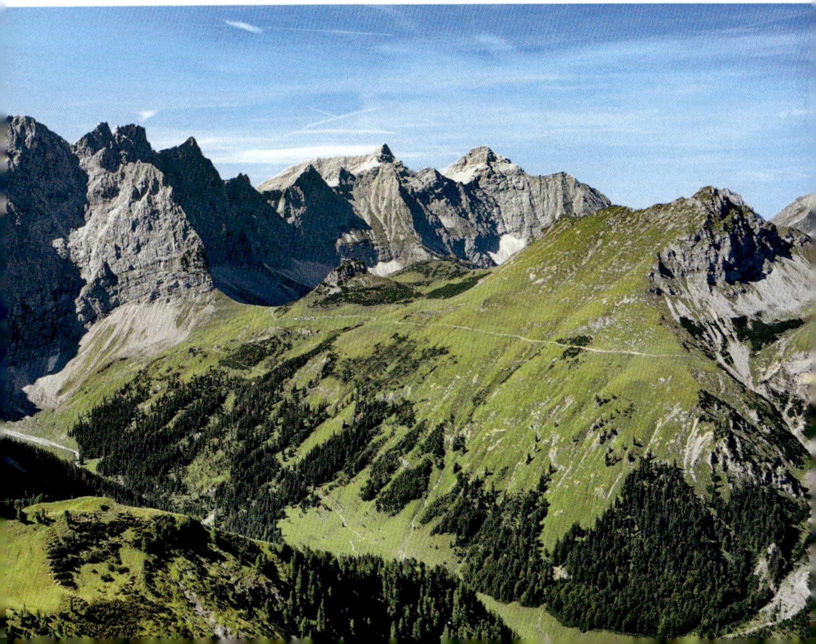

Vom Parkplatz gehen wir zunächst auf der »Promenade« am **Alpengasthof Eng** ❶ vorbei. Unmittelbar nach dem Gasthof überqueren wir einen Bach. Wir biegen links ab und folgen dem steilen Pfad, der rechts neben dem Bach hinauf in Richtung Binsalm führt. Noch unterhalb der Alm mündet dieser Pfad in den befahrbaren Almweg, auf dem wir die **Binsalm** ❷ erreichen. Wer den steilen Pfad vermeiden möchte, kann die Binsalm auch bequemer über diesen Almweg erreichen (ca. 15 Minuten länger). Ab der Binsalm folgen wir zunächst dem gut markierten Weg in Richtung Westliches Lamsenjoch. Oberhalb des Binsalm Hochlegers biegt ein deutlicher Pfad nach links ab. Diesem folgen wir zunächst noch sanft ansteigend, später in steilen Kehren bis hinauf zum **Binssattel** ❸. Am Binssattel haben wir nun das Sonnjoch vor Augen, an seinem Fuß der Hochleger der Gramaialm. Wer nicht zwingend ein zweites Frühstück braucht, folgt dem Weg nach links (siehe Foto). Dieser führt über Wiesen- und Latschengelände, zuletzt etwas absteigend, in den Sattel zwischen Gramaijoch und Sonnjoch (teilweise undeutliche Pfadspuren). Im Sattel erreichen wir den gut markierten Hauptweg, der von Gramai zum Gipfel führt. Diesem folgen wir ohne Orientierungsprobleme zunächst über Wiesenflecken und Latschengelände, später durch Geröll zum Gipfel des **Sonnjochs** ❹.
Der Abstieg zum **Alpengasthof Eng** ❶ erfolgt auf demselben Weg.

Blick vom Binssattel zum Sonnjoch und auf unseren Weiterweg (am linken Bildrand). Rechts unten der Hochleger der Gramaialm.

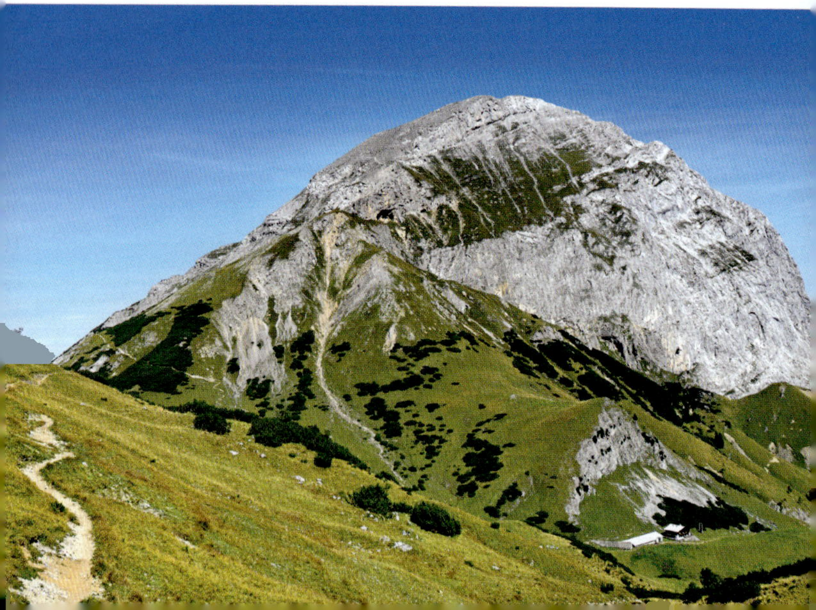

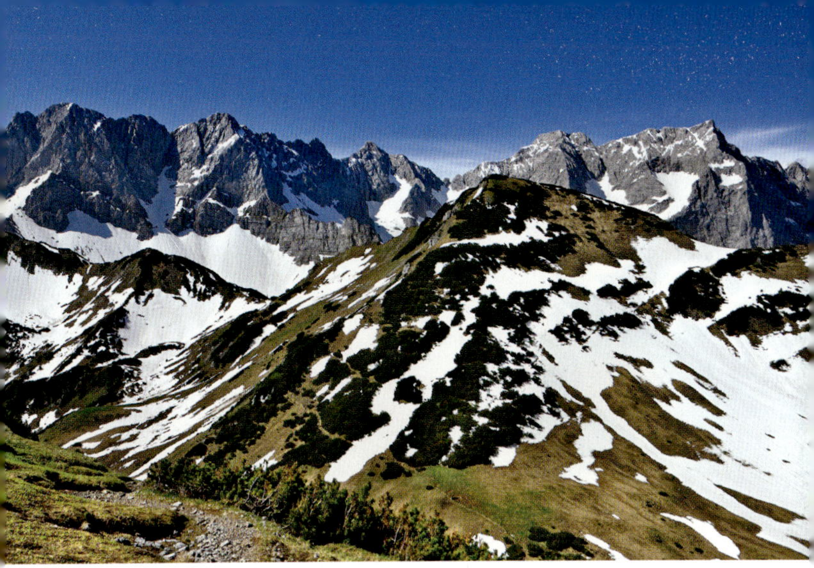

Rückblick vom Gipfelanstieg zum Binssattel (etwas links der Bildmitte), rechts darüber das Gramaijoch. Im Hintergrund Lamsenspitze (links) und Spritzkarspitze (rechts).

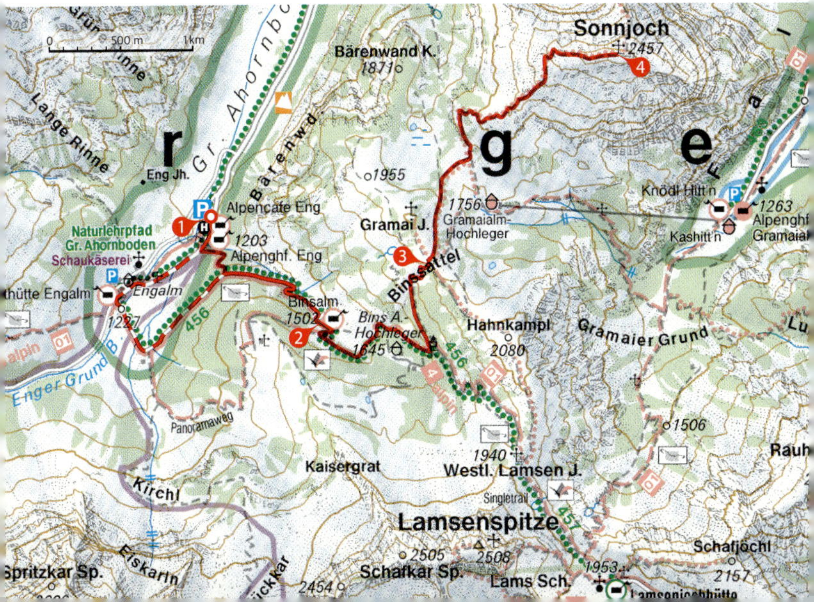

↗ 880 m | ↘ 880 m | 13.6 km

26 Lamsenjoch – Hahnkampl, 2080 m

5.15 h

Genussrunde über der Betriebsamkeit der Eng

Das Karwendel ist bekannt für seine lang gestreckten Gipfelketten. Auf dieser Rundtour bewegen wir uns aber zwischen drei Karwendelbergen – Sonnjoch, Lamsenspitze und Gamsjoch – die hier als mächtige »Solisten« auftreten.

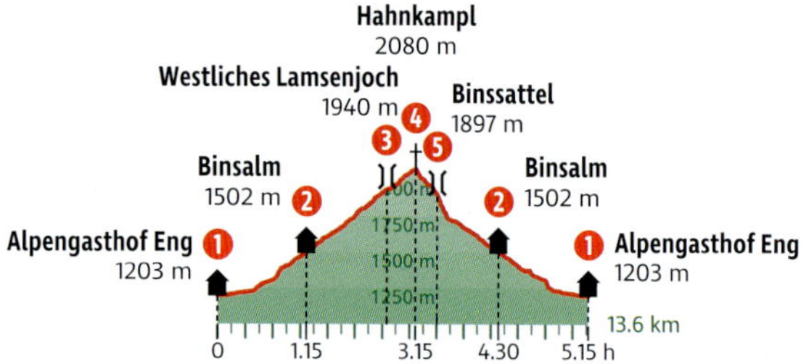

Talort: Hinterriß, 931 m. Von Juni bis September Busverbindung mit Lenggries (Bahnstation) und in die Eng (Info: www.rvo-bus.de).
Ausgangspunkt: Alpengasthof Eng, 1203 m; am Ende der Mautstraße von Hinterriß gelegen. Großer Parkplatz.
Anforderungen: Durchgängig hervorragend markierte und gepflegte Wege. Einzig beim Anstieg zum Hahnkampl eine etwas heikle, jedoch durch ein Drahtseil entschärfte Stelle.
Einkehr und Unterkunft: Binsalm, 1502 m, privates Berggasthaus, zur Wandersaison voll bewirtschaftet. Lamsenjochhütte, 1953 m, etwa 30 Min. vom Westlichen Lamsenjoch, AV-Hütte, bewirtschaftet Anfang Juni bis Mitte Oktober.
Variante: Über das Westliche Lamsenjoch zur Lamsenjochhütte.

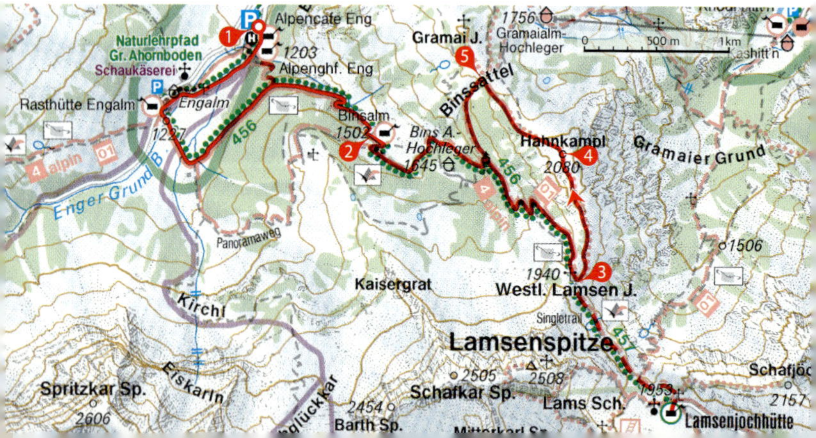

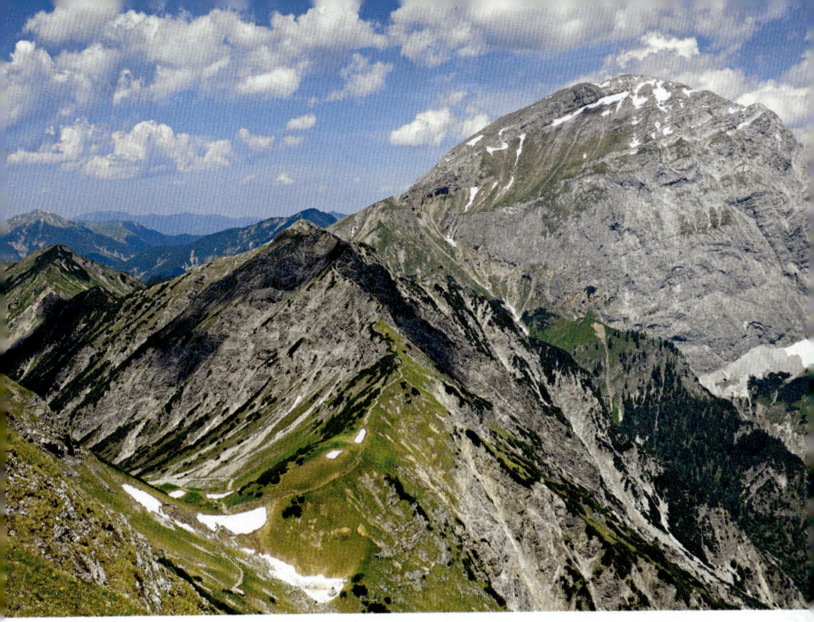

In Bildmitte der Hahnkampl über dem Westlichen Lamsenjoch. Rechts das Sonnjoch.

Der Betriebsamkeit beim **Alpengasthof Eng** ❶ entfliehen wir rasch auf dem für den öffentlichen Verkehr gesperrten Fahrweg zum Almdorf Eng, von dem ein Wirtschaftsweg in angenehmer Steigung hinaufführt zur **Binsalm** ❷. Eine große Schleife dieser Fahrwege lässt sich gut abkürzen, indem wir gleich am Alpengasthof Eng (nach Überschreiten der Holzbrücke) einem steilen Pfad durch den Wald hinauffolgen.
Der Markierung zur Lamsenjochhütte folgend wandern wir von der Binsalm weiter auf der Almstraße, die sich mit der Zeit in einen Fußweg verwandelt, bis ins **Westliche Lamsenjoch** ❸. Falls wir nicht den Abstecher zur Hütte unternehmen, wenden wir uns bereits hier am Joch scharf links, um den unscheinbaren Aussichtspunkt des **Hahnkampl** ❹ zu besteigen. Nach einer kurzen etwas ausgesetzten Stelle ist der Gipfel rasch erreicht, wo wir die Aussicht auf die mächtige Lamsenspitze unbeschwert genießen können.
Ein kurzer Abstieg bringt uns anschließend in den **Binssattel** ❺; hier treffen wir auf den Verbindungsweg vom Gramaialm-Hochleger zur Binsalm, auf dem wir über Geröll und durch Latschenfelder weiter zur **Binsalm** ❷ absteigen. Hier schließt sich unsere Runde, und gemeinsam mit den zahllosen Spaziergängern und Kaffee-Ausflüglern bummeln wir gemütlich über den Fahrweg zum Almdorf Eng und hinaus zum **Alpengasthof Eng** ❶.

TOP

↗ 580 m | ↘ 580 m | 11.2 km

27 Enger Grund – Drijaggenalm, 1630 m

4.15 h

Doch nicht zu »Eng«

Auch wenn es natürlich Leute gibt, die den Rummel der Eng lieber verschmähen, so ist dieses stark frequentierte Ausflugsziel im Herzen des Karwendel dennoch ein landschaftliches Highlight, vor dessen Schönheit man sich niemals ganz verschließen kann. Trotz aller Unkenrufe, im Vergleich zur Hektik so mancher Großstadt geht es hier immer noch recht entspannt zu. Und wem will man es missgönnen hier zu sein? Menschen, denen es allerdings dennoch zu eng wird, die folgen dem nachfolgend beschriebenen Weg und werden dabei feststellen, dass es sogar nahe der Touristenpromenade noch recht stille Flecken gibt. Sogar die Aussicht übers Hohljoch zum höchsten Karwendelberg, der Birkkarspitze. Himmelstrebende Felsgemäuer, sprudelnde Bächlein mit kleinen Wasserfällen und Gumpen stehen dabei auf dem Programm. Und wer zur richtigen Jahreszeit eine seltene Orchidee am Wegrand entdeckt, der lässt sie natürlich dort wo sie ist, man muss sich ja nicht jeden Schuh anziehen, zumal er selbst für zierliche Frauenfüße zu klein wäre.

Der Große Ahornboden, überragt von der Spritzkarspitze (Bildmitte), links davon die Eiskarlspitze, rechts die Plattenspitze.

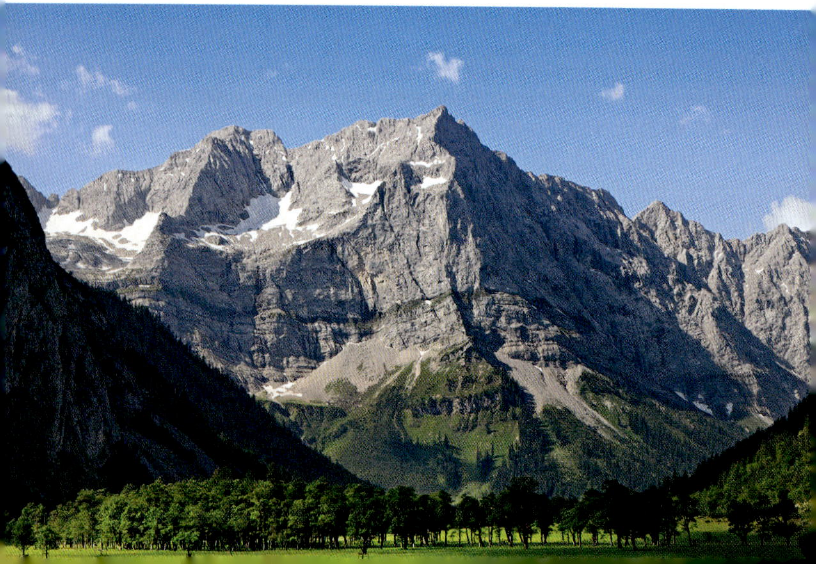

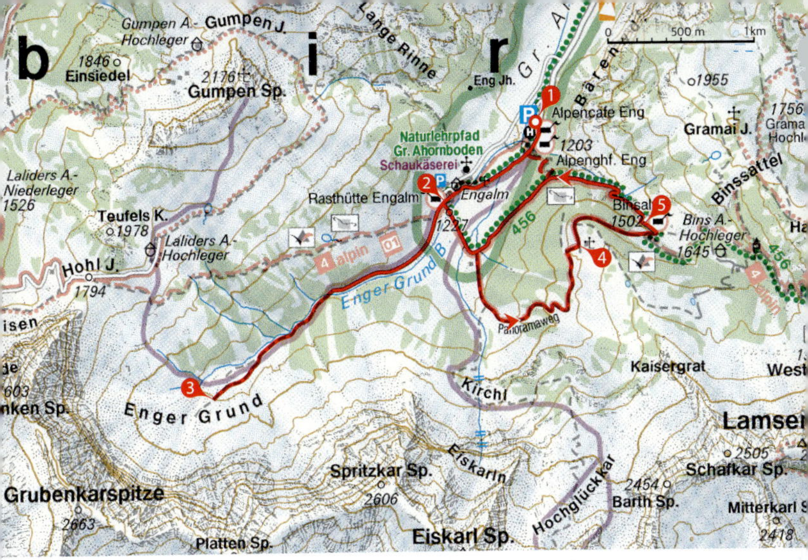

Talort: Hinterriß, 931 m. Von Juni bis September Busverbindung mit Lenggries (Bahnstation) und in die Eng (Info: www.rvo-bus.de).
Ausgangspunkt: Alpengasthof Eng, 1203 m; am Ende der Mautstraße von Hinterriß in prächtiger Bergumrahmung am Großen Ahornboden gelegen.
Anforderungen: Durchgängig markiert. Teilweise schmaler, aber problemloser Weg durch Almgelände.
Einkehr: Binsalm, 1503 m, privates Berggasthaus, zur Wandersaison voll bewirtschaftet. Ebenso die Engalm, 1227 m, die wir gleich drei mal passieren.
Variante: Beim Abstieg von der Binsalm kann man über einen steilen Pfad unmittelbar zum Alpengasthof Eng gelangen.

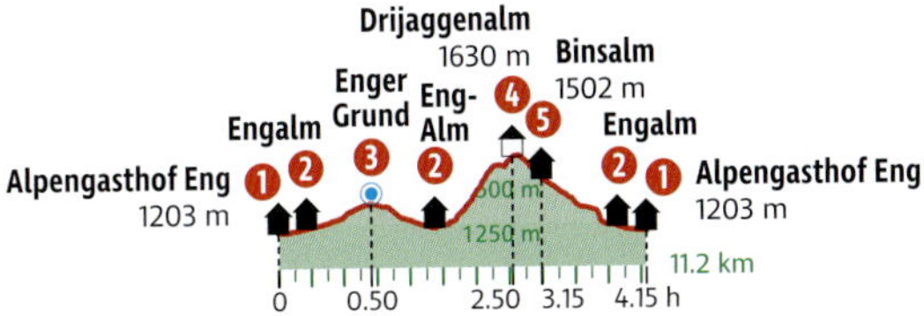

Vom **Alpengasthof Eng** ❶ wandern wir entlang der »Promenade« zur **Engalm** ❷. Hier beginnt unser Abstecher in den **Enger Grund** ❸. Der Weg ist nicht zu verfehlen und führt zunächst rechts, dann links des Baches, zuletzt als schmaler Pfad in das Amphitheater, das die Grubenkarspitze mit ihren nicht minder schroffen Nachbargipfeln bildet. Auf den steilen Karen unter den senkrechten Felswänden halten sich die Kegel der meist im Früh-

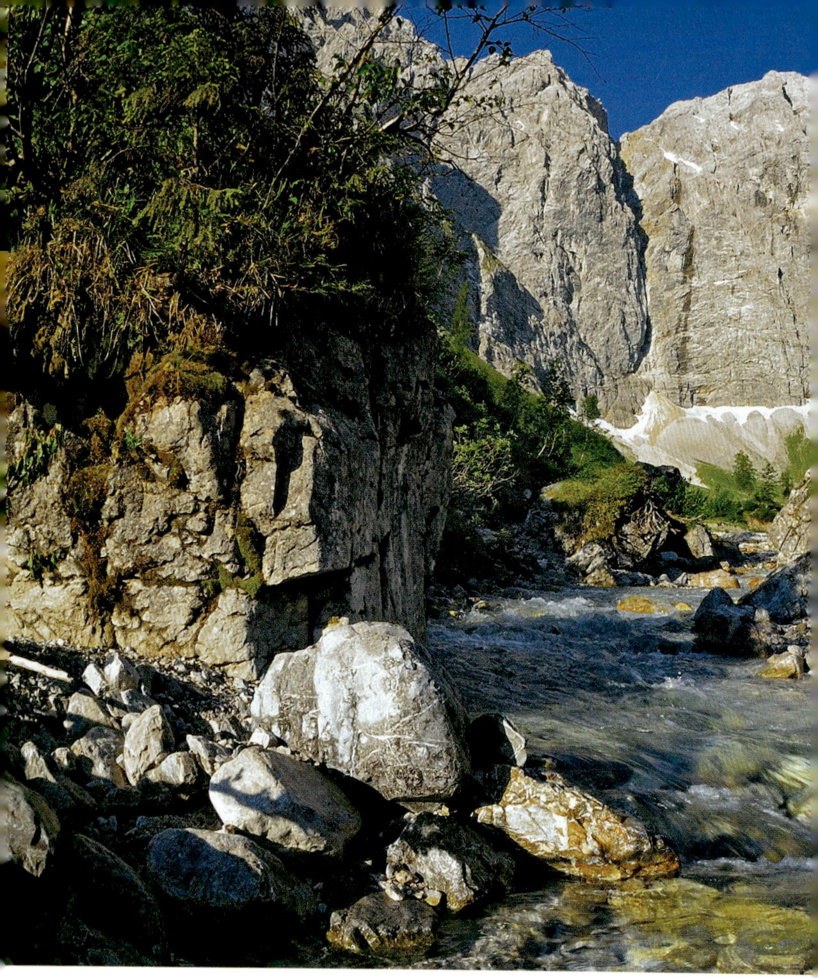

Für große und kleine Kinder ein Abenteuerspielplatz, der Weg in den Enger Grund.

jahr abgehenden Nassschneelawinen oft bis lange in den Sommer hinein. Nachdem wir die wilde Szenerie ausgiebig betrachtet haben, kehren wir auf demselben Weg zur **Engalm** ❷ zurück.
Bei der Engalm überqueren wir die Brücke und folgen dem ausgeschilderten Weg Richtung Binsalm. Nach einem Bach wendet sich der breite Hauptweg

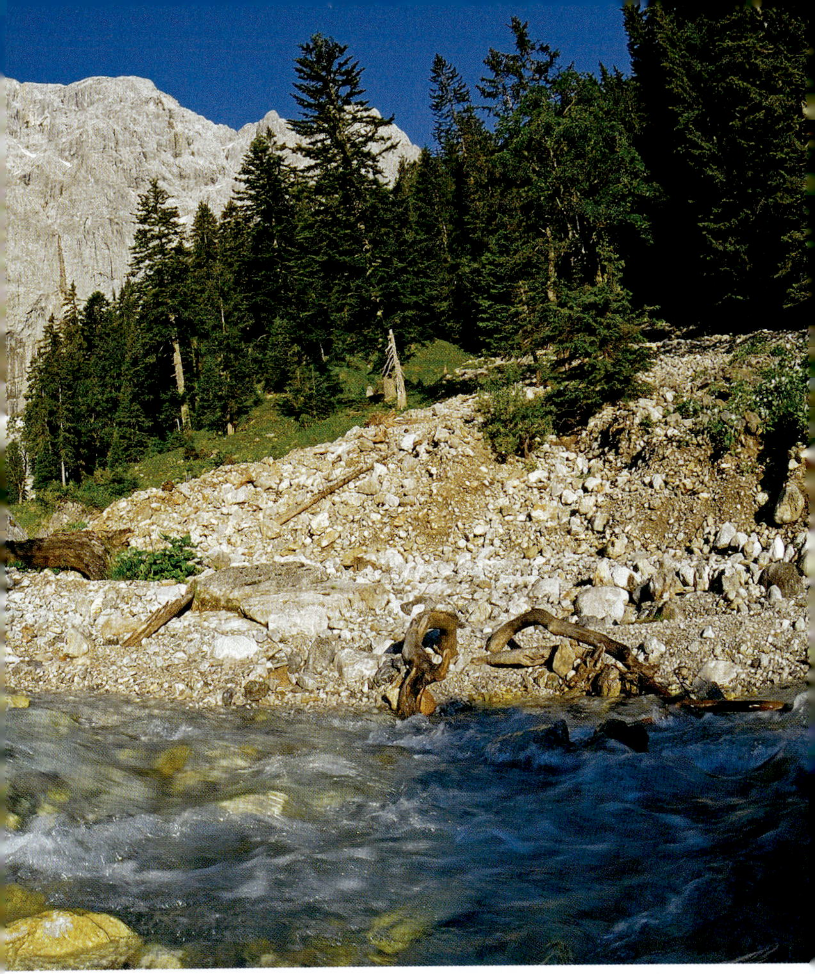

nach links, unmittelbar danach zweigt rechter Hand der Panoramaweg Richtung Drijaggenalm ab. Wir folgen ihm durch Almgelände aufwärts, betreten kurz den Bergwald, der sich aber bald wieder lichtet. Nun oberhalb des Waldes zur **Drijaggenalm** ❹. Unterhalb der Alm folgt man dem Wirtschaftsweg in sanftem Gefälle hinab zur **Binsalm** ❺, wo wir uns vielleicht eine Stärkung gönnen. Der Weg von der Binsalm hinab in den Talgrund zur **Engalm** ❷ und dem **Alpengasthof Eng** ❶ ist bestens ausgeschildert.

↗ 1460 m | ↘ 1460 m | 18.3 km

28 Gamsjoch, 2452 m

7.45 h

Konditionstest über zwei Jöcher auf einen großen Karwendelgipfel

Am Ende dieser grandiosen Tour wird wohl so mancher seinen »Knieschnackler« weghaben. Bewusst empfehlen wir deshalb nicht den steilen und mühsamen Direktaufstieg aus der Eng zum Gumpenjöchl, sondern den gelenkschonenderen Weg über das Hohljoch.

Talort: Hinterriß, 931 m. Von Juni bis September Busverbindung mit Lenggries und in die Eng (Info: www.rvo-bus.de).
Ausgangspunkt: Alpengasthof Eng, 1203 m; am Ende der Mautstraße.
Anforderungen: Anstrengende Bergtour mit vielen steilen Stellen, am Gipfel auch Trittsicherheit erfordernde Passagen.
Einkehr: Unterwegs nach dem Almdorf Eng keine Einkehrmöglichkeiten.
Variante: Von der Engalm führt ein direkter, allerdings weniger aussichtsreich und etwas anstrengend zu begehender Steig Richtung Gumpenjöchl.

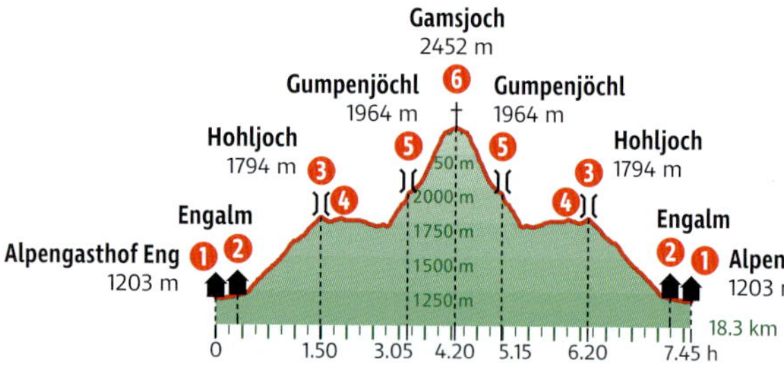

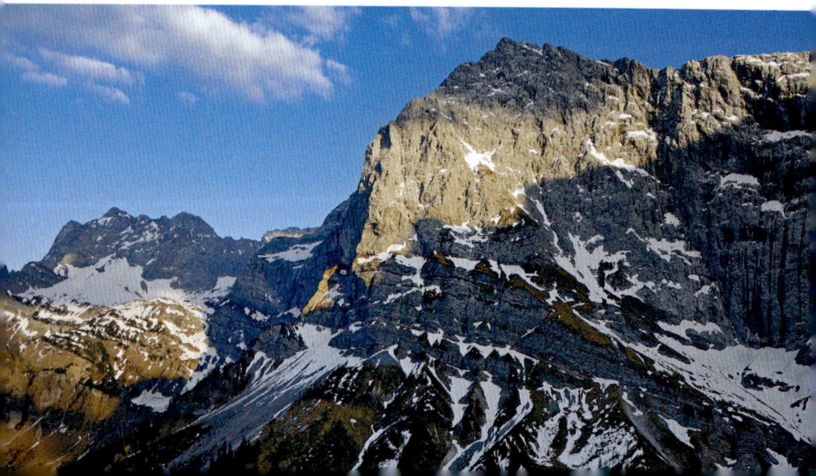

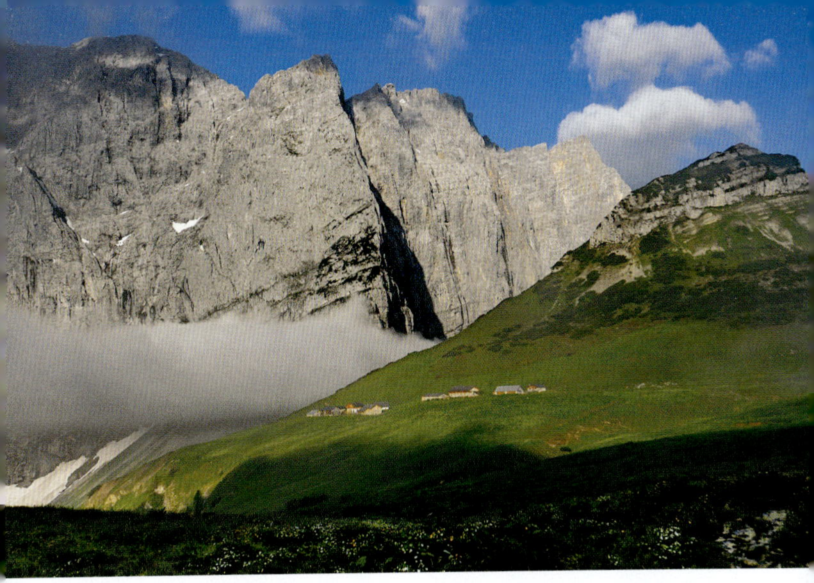

Linke Seite: Blick vom Lalidersalm-Hochleger zur gegenüberliegenden Spritzkarspitze. Oben: Der Hochleger der Lalidersalm, dahinter durch die Nebelschwaden markiert, das Hohljoch. Darüber die Grubenkarspitze mit dem Grubenkarpfeiler, der direkt im Hohljoch fußt. Rechts folgen Dreizinkenspitze, Laliderer Wand und Laliderer Spitze. Ganz rechts das begrünte Teufelsköpfl.

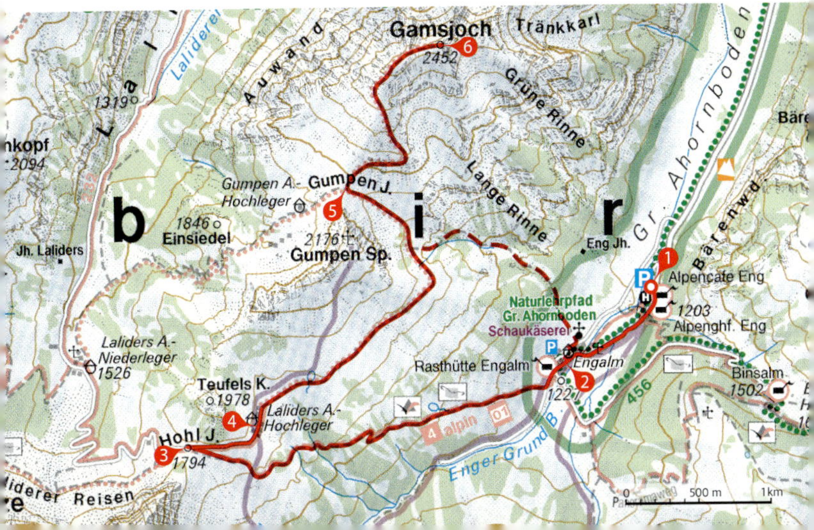

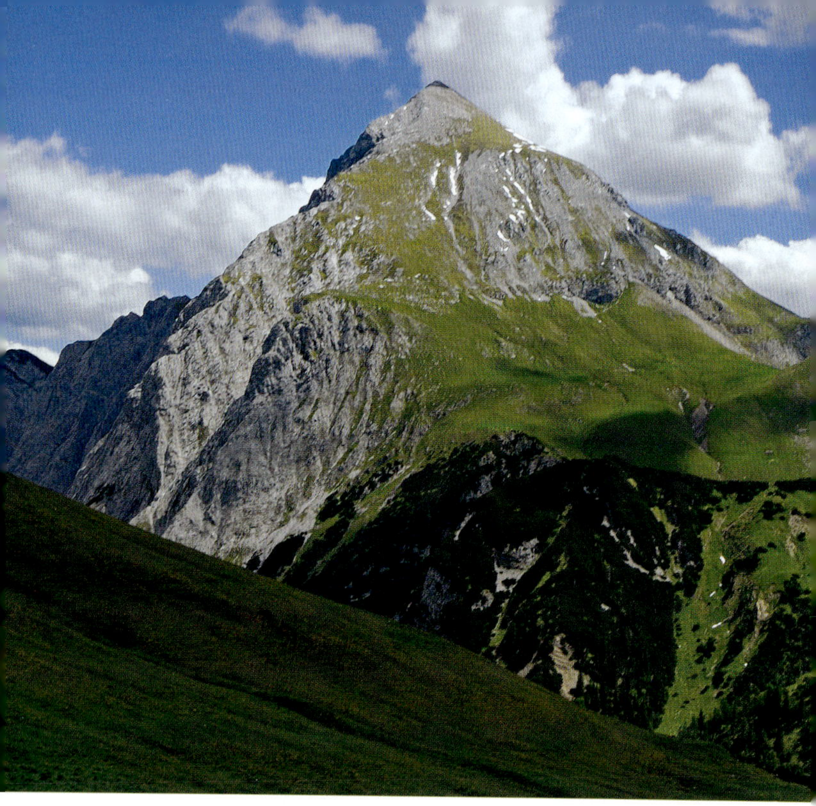

Das Gamsjoch aus südwestlicher Richtung, rechts die Gumpenspitze, dazwischen befindet sich das Gumpenjöchl, über das wir zum oberen Teil des Anstiegs gelangen, dieser führt im Wesentlichen über den hier im Profil sichtbaren und teilweise begrünten Rücken.

Vom **Alpengasthof Eng** ❶ wandern wir fast eben zur **Engalm** ❷, an dessen Ende, kurz vor einer Brücke über den Bach, nach rechts der hervorragend markierte Wanderweg Nr. 201 zur Falkenhütte abzweigt. Zunächst sanft ansteigend über Wiesen, dann etwas steiler durch lichten Wald und abschließend wieder über freie Wiesen gelangen wir zum **Hohljoch** ❸ und erreichen so die Almstraße zum Hochleger der **Lalidersalmen** ❹ – die Kühe der Lalidersalmen kürzen den Schlenker über das Hohljoch allerdings auf direktem Wege durch das Almgelände ab! Und siehe da, kaum haben wir den Falkenhütten-Zubringer verlassen, schon wird's ruhiger. Haben wir dann erst das sehenswerte Almdorf durchschritten, dann wird uns kaum mehr jemand auf

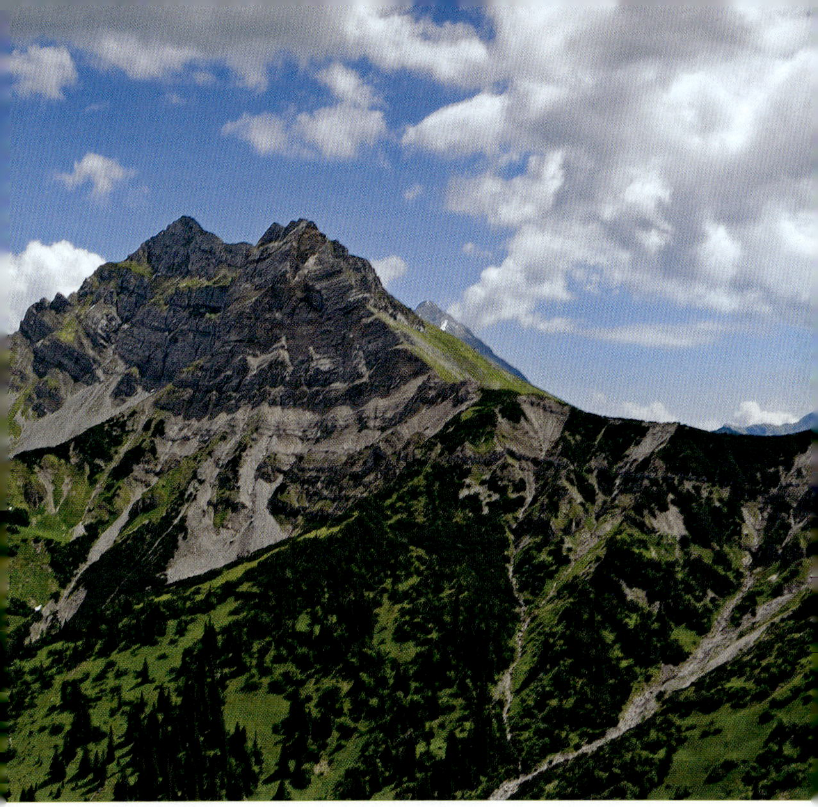

den Fersen bleiben. Anfangs scheint dies auch kaum verwunderlich, denn während am Beginn der meist sumpfigen Almwiesen noch ein rot-weiß bepinselter Markierungsstab den rechten Weg verheißt, verliert sich dieser bereits in kürzester Zeit zwischen einer Unmenge von Viehspuren im morastigen Boden. Trotz Sumpf und fehlendem Weg fällt die Orientierung aber recht leicht: Wir queren in annähernd gleichbleibender Höhe, zuletzt leicht fallend südlich um die Gumpenspitze herum auf eine erst zum Schluss auffallende Geländekante zu. Dahinter, in nunmehr trockenem Gelände, quert ein rasch auszumachendes Steiglein die steilen Hänge zum **Gumpenjöchl** 5. Dort wenden wir uns nach rechts, um an dem vom Gamsjoch in grob südlicher Richtung abstreichenden Rücken ein nur sanft ansteigendes Hochplateau und über dieses den Südwestgipfel des **Gamsjoch** 6 zu erreichen. Hier können wir getrost auf den nur wenig höheren Hauptgipfel verzichten, steht uns doch noch ein anstrengender Abstieg bevor.

↗ 860 m | ↘ 860 m | 14.0 km

29 Falkenhütte, 1848 m

4.30 h

Beliebte Wanderung unter alpinistisch bedeutenden Felswänden

Wer die Gebirgsgruppe sucht, die dieser Berghütte ihren Namen gab, findet sie meist in entgegengesetzter Richtung von dem, was üblicherweise durch den Kamerasucher angepeilt wird. Bergwärts angegangen wird von hier aus eher die weniger häufig fotografierte Richtung. Leicht erreichbar ist dabei der »Vorfalke« Mahnkopf, der Steinfalk ist schon deutlich anspruchsvoller, danach geben sich die edlen Raubvögel aber zunehmend widerborstig. Alles in allem betrachtet befindet sich die Falkenhütte aber in einer solch exklusiven Lage im Herzen des Karwendel, dass sie auch das oberste Ziel unserer Wanderung sein darf.

Talort: Hinterriß, 931 m. Von Juni bis September Busverbindung mit Lenggries (Bahnstation) und in die Eng (Info: www.rvo-bus.de).
Ausgangspunkt: Alpengasthof Eng, 1203 m; am Ende der Mautstraße von Hinterriß.
Anforderungen: Leichte Wanderung auf bestens markierten und gut gepflegten Wegen. Einzig der Übergang vom Hohljoch zur Falkenhütte führt durch Geröll.

Einkehr und Unterkunft: Falkenhütte, 1848 m, bewirtschaftet Anfang Juli bis Ende Oktober.
Variante: Wer Einsamkeit sucht, der steigt ins Laliderer Tal ab und gleich jenseits wieder hinauf zum Gumpenjöchl. Die ersehnte Ruhe wird er dort finden. Der Rückweg führt südlich um die Gumpenspitze herum zum Hohljoch, insgesamt rund 3 Std. von der Falkenhütte zum Hohljoch.

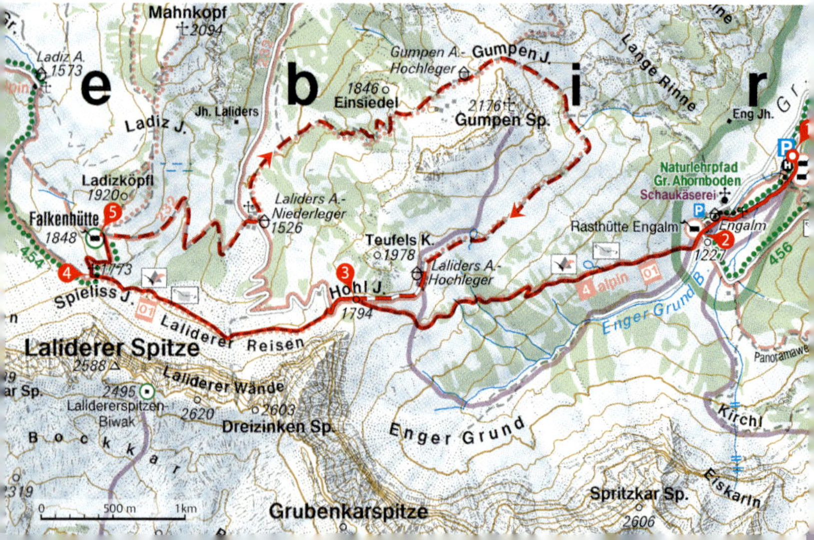

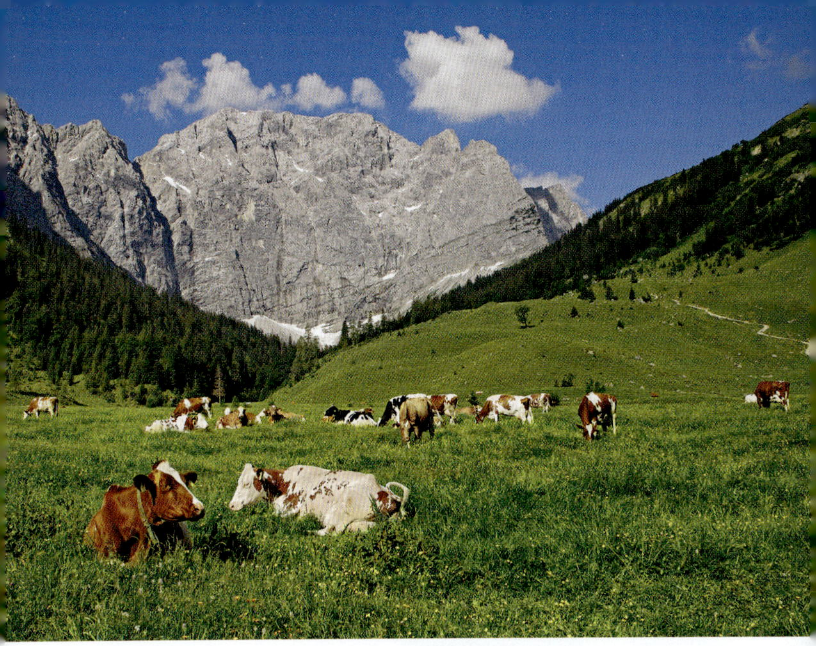

»Glückliche Kühe« bei der Engalm. Hinten die mächtige Nordwand der Grubenkarspitze. Rechts der Weg in Richtung Hohljoch und Falkenhütte.

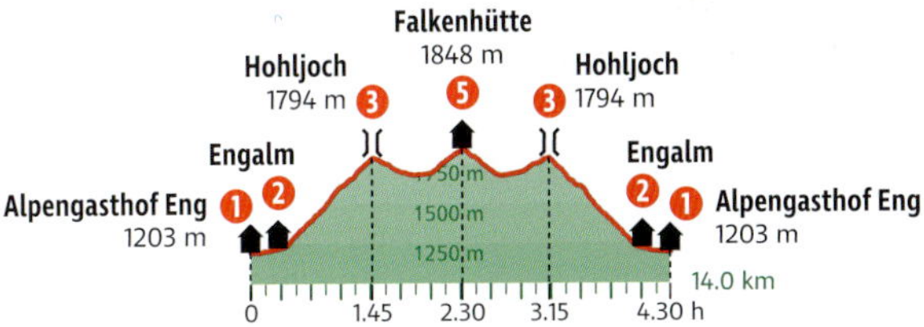

Vom **Alpengasthof Eng** ❶ wandern wir auf einem Fahrweg fast eben das Tal hinein zur **Engalm** ❷. An dessen Ende, kurz vor einer Brücke über den Bach, zweigt nach rechts der hervorragend markierte und beschilderte Wanderweg Nr. 201 zur Falkenhütte ab. Zunächst sanft ansteigend über Wiesen, dann etwas steiler durch lichten Wald und abschließend wieder über freie Wiesen nähern wir uns dem **Hohljoch** ❸. War unsere Tour bislang von den kontrastreichen Nahblicken über grüne Matten und Wälder hin zu den himmelstrebenden, 1000 m hohen Nordwänden zwischen Dreizinken-

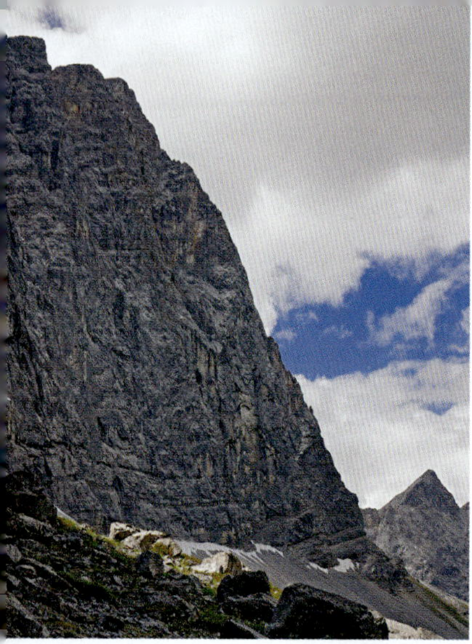

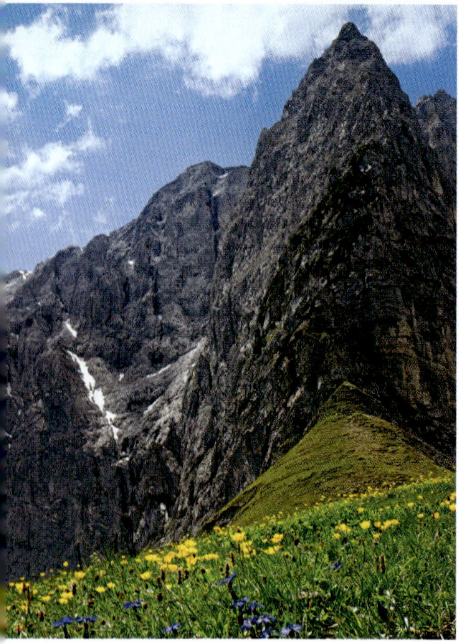

und Spritzkarspitze geprägt, steigern sich die Eindrücke hier oben immer mehr: Links des begrünten Hohljochs zieht, einem umgedrehten Schiffsbug nicht unähnlich, der gewaltige Grubenkarpfeiler empor. Mit jedem Schritt dem nahen Joch entgegen wachsen aus dem grünen Horizont die jenseitigen Laliderer Wände höher empor, bis wir oben angekommen in die gesamte Arena dieses felsigen Amphitheaters schauen können.

Am Weiterweg, erst leicht fallend und dann wieder sanft ansteigend, über die Laliderer Schuttreisen hinüber zum **Spielissjoch** ❹ und zur nahen **Falkenhütte** ❺ sollten wir uns Zeit lassen, um immer wieder aufzublicken in diese wilden Felsgemäuer, in denen Klettergeschichte geschrieben wurde: Seit den 30er-Jahren haben sich hier immer die besten Kletterer der verschiedenen Generationen versucht und verewigt mit Routen, deren klingende Namen einen hohen Stellenwert bei der kletternden Zunft haben. Heute jedoch hört man selten Seilkommandos aus den Laliderer Wänden und sensationslüsterne Beobachter müssen häufig unverrichteter Dinge wieder abziehen, denn in Zeiten des Sportkletterns ist es still geworden um die abenteuerlichen Fahrten im Karwendelfels.

Links oben: Die Herzogkante an der Laliderer Spitze im Profil.
Links unten: Der Grubenkarpfeiler über dem Hohljoch.
Rechts: Die Falkenhütte, darüber die Kaltwasserkarspitze (links) und die Birkkarspitze (rechts).

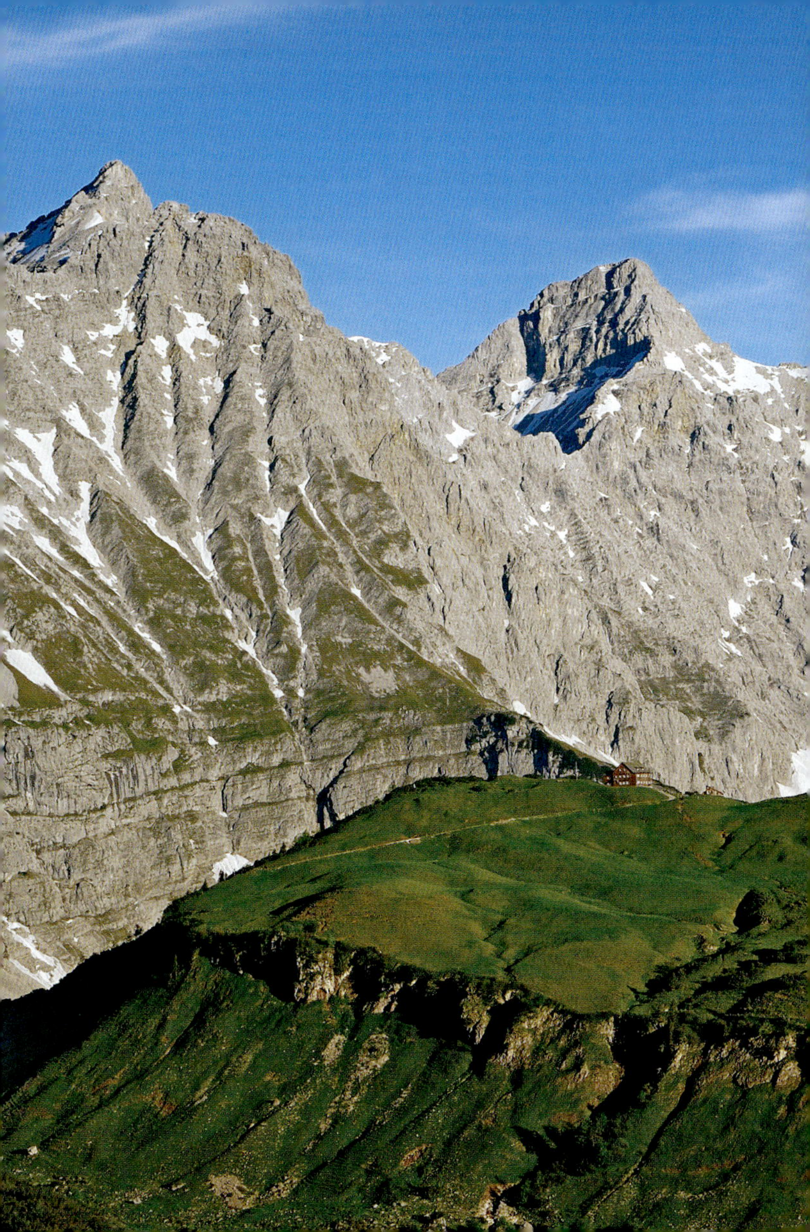

TOP

30 Mahnkopf, 2094 m

↗ 1270 m | ↘ 1270 m | 22.2 km

8.00 h

Aussichtskanzel zur Felsbastion der »Laliderer«

Der Mahnkopf ist der ideale Aussichtspunkt auf die mächtige Wandflucht der »Laliderer«. In der kompromisslosen Steilheit dieser Gemäuer wurde Klettergeschichte geschrieben. Auch wenn die Abenteuerlichkeit solch alpiner Routen heutzutage etwas aus der Mode gekommen ist, die Eindrücklichkeit dieser Felsbarriere bleibt ungebrochen, und der können sich auch die Wanderer auf dem ungleich leichter erreichbaren Mahnkopf nicht entziehen.

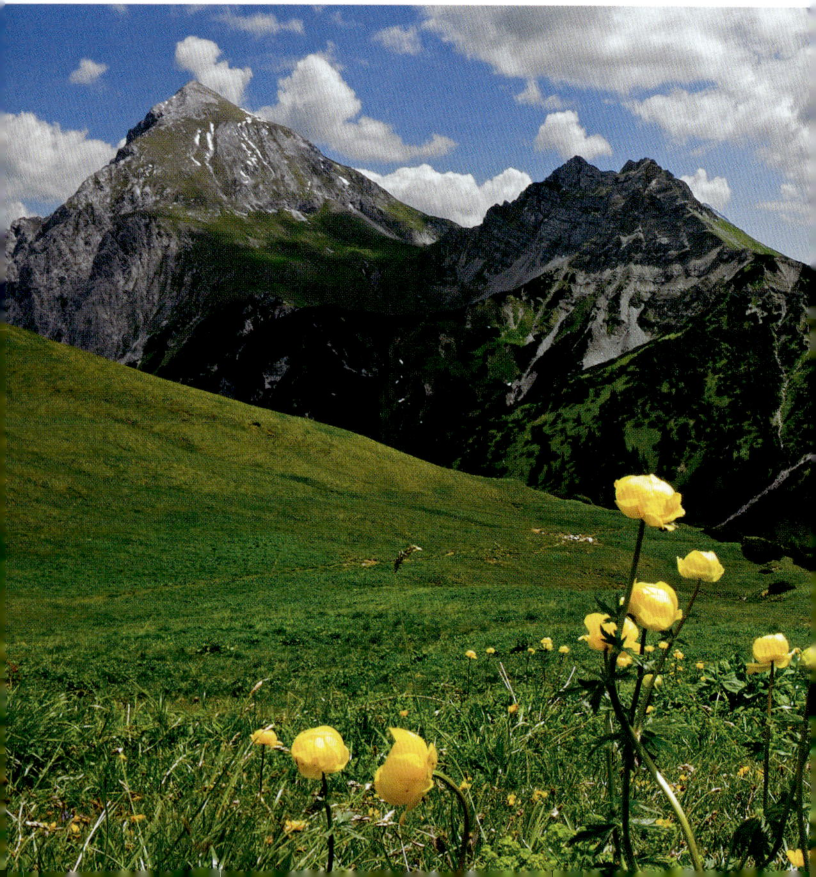

Talort: Hinterriß, 931 m. Von Juni bis September Busverbindung mit Lenggries (Bahnstation) und in die Eng (Info: www.rvo-bus.de).
Ausgangspunkt: Parkplatz Laliderer Tal, etwa 9 km nach Hinterriß an der Mautstraße in die Eng gelegen.
Anforderungen: An sich wenig schwierige Tour, die aber infolge ihrer Länge etwas Kondition verlangt.
Einkehr und Unterkunft: Falkenhütte, 1848 m, bewirtschaftet Anfang Juli bis Ende Oktober.
Hinweis: Alternativ kann man die Tour auch von der Eng aus angehen (ca. 45 Minuten kürzer), siehe Tour 29.

Blick über das Laliderer Tal, das wir in voller Länge durchwandern, zu Gamsjoch, Gumpenspitze und Teufelsköpfl. Rechts das Hohljoch und der Ansatz des Grubenkarpfeilers. Im Hintergrund die Schafkarspitze und die Barthspitze.

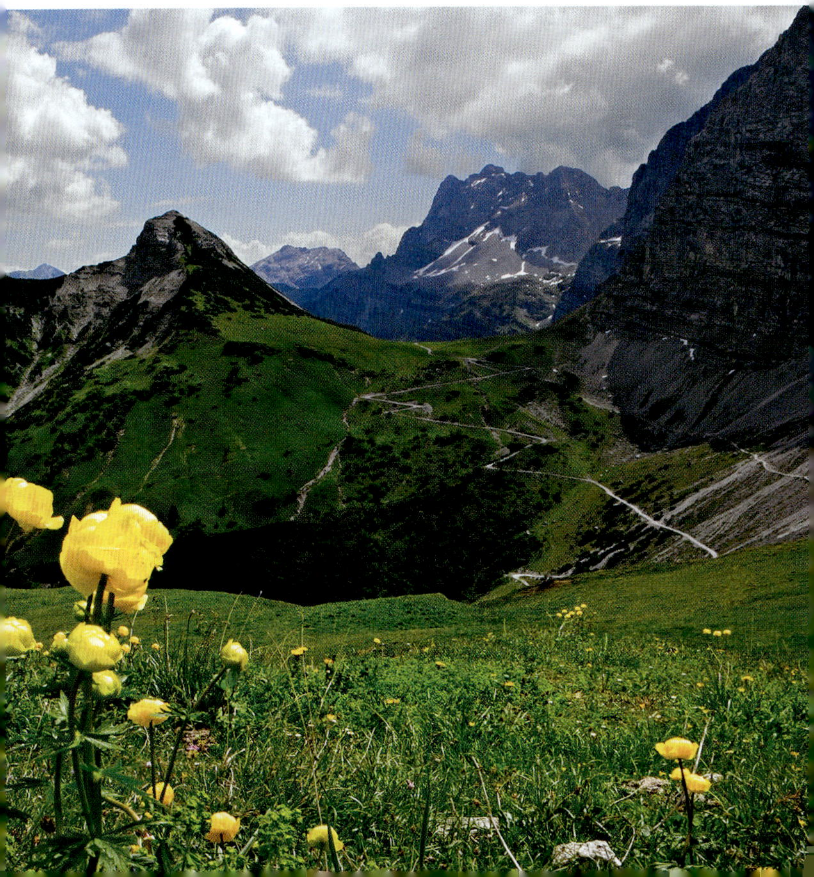

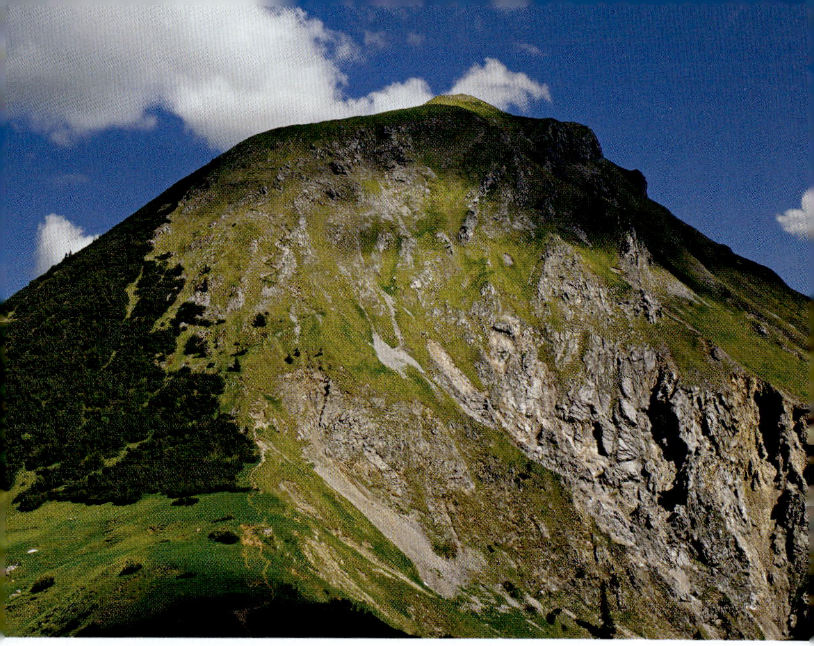

Mahnkopf: Vom Ladizköpfel hat man einen schönen Ausblick auf den weiteren Verlauf des Anstiegs.

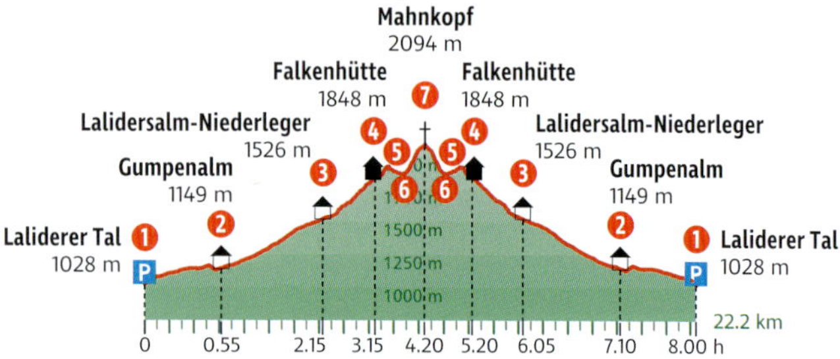

Vom **Parkplatz Laliderer Tal** ❶ wandern wir also auf der einzigen Forststraße in südlicher Richtung in das eng und tief zwischen Falken- und Gamsjochgruppe eingeschnittene Tal hinein. Im Vergleich zum Johannes- oder Enger Tal ist es hier noch ziemlich ruhig geblieben. Nach etwa 40 Minuten überqueren wir den Laliderer Bach auf einer Brücke zum jenseitigen Ufer, wo wir bald auf die verfallene **Gumpenalm** ❷ treffen. In gleichmäßig

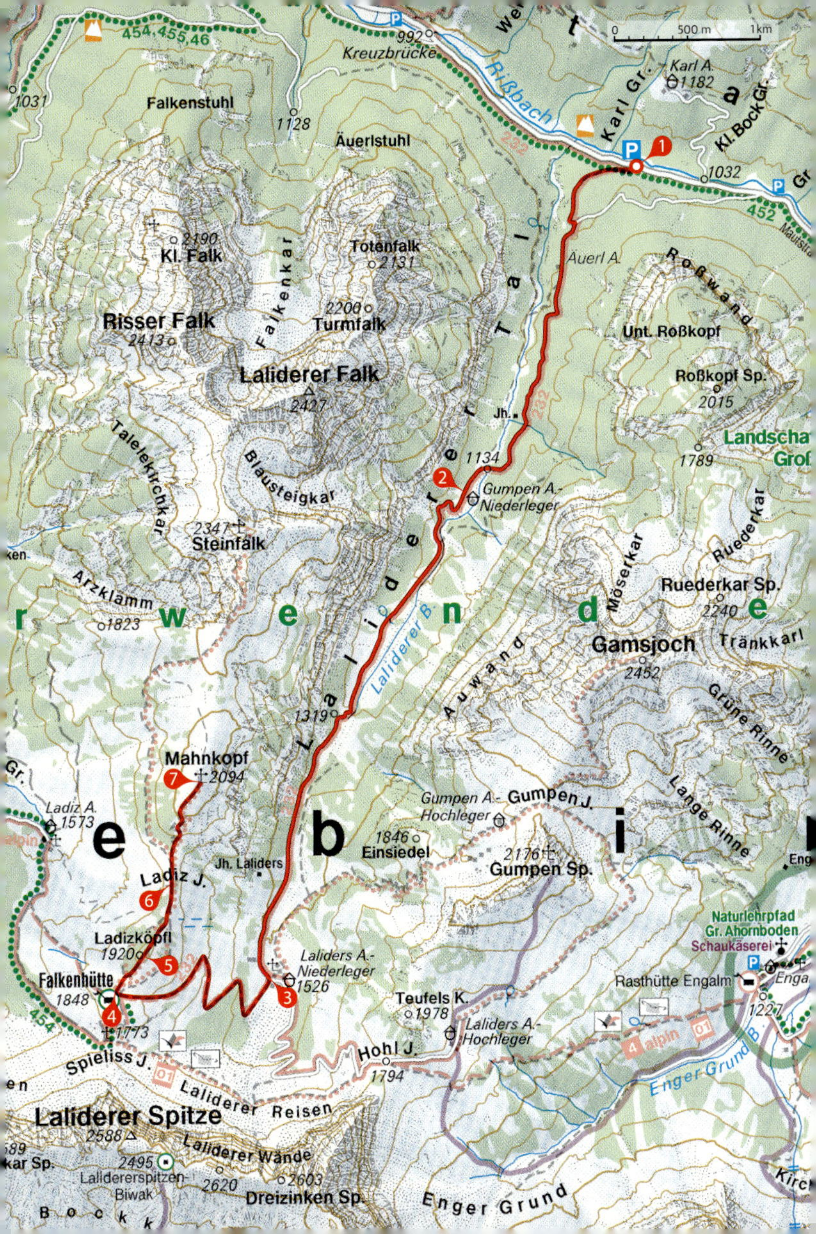

0 500 m 1km
Kreuzbrücke
Rißbach
Karl Gr.
Karl A.
Kl. Bock Gr.
Falkenstuhl
Äuerlstuhl
Kl. Falk
Totenfalk
Turmfalk
Risser Falk
Falkenkar
Laliderer Falk
Blausteigkar
Talelekirchkar
Steinfalk
Arzklamm
Roßwand
Unt. Roßkopf
Roßkopf Sp.
Äuerl A.
Laliderer Tal
Gumpen A.-Niederleger
Möserkar
Ruederkar
Ruederkar Sp.
Gamsjoch
Tränkkarl
Laliderer B.
Auwand
Grüne Rinne
Lange Rinne
Mahnkopf
Ladiz A.
Ladiz J.
Jh. Laliders
Einsiedel
Gumpen A.-Hochleger
Gumpen J.
Gumpen Sp.
Ladizköpfl
Falkenhütte
Laliders A.-Niederleger
Teufels K.
Laliders A.-Hochleger
Naturlehrpfad Gr. Ahornboden
Schaukäserei
Rasthütte Engalm
Enger Grund B.
Spieliss J.
Hohl J.
Laliderer Reisen
Laliderer Spitze
Laliderer Wände
Laliderspitzen-Biwak
Dreizinken Sp.
Enger Grund

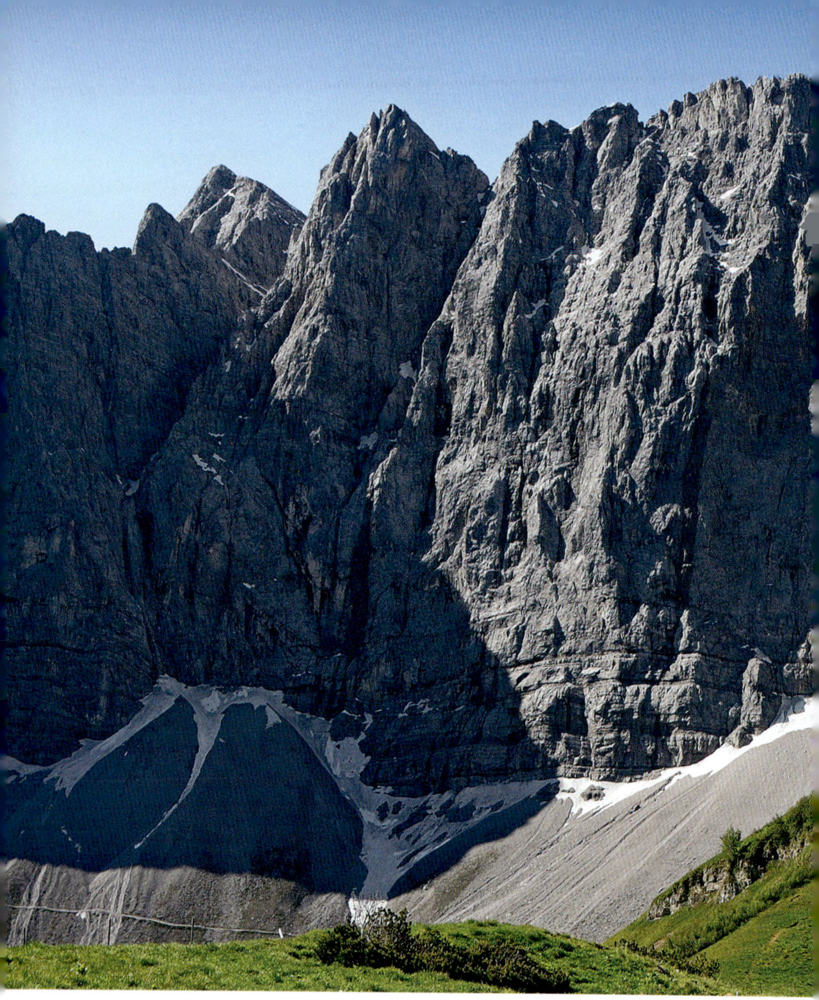

Ganz links spitzt noch die Grubenkarspitze hervor, es folgen Dreizinkenspitze, die Laliderer Wand und die Laliderer Spitze mit der berühmten Herzogkante.

sanfter Steigung ziehen wir nun immer auf der rechten Talseite längs der Forststraße hinein zum idyllisch unter den Laliderer Wänden gelegenen **Almdorf Laliders** 3. Noch vor den ersten Hütten zweigt rechts ein mar-

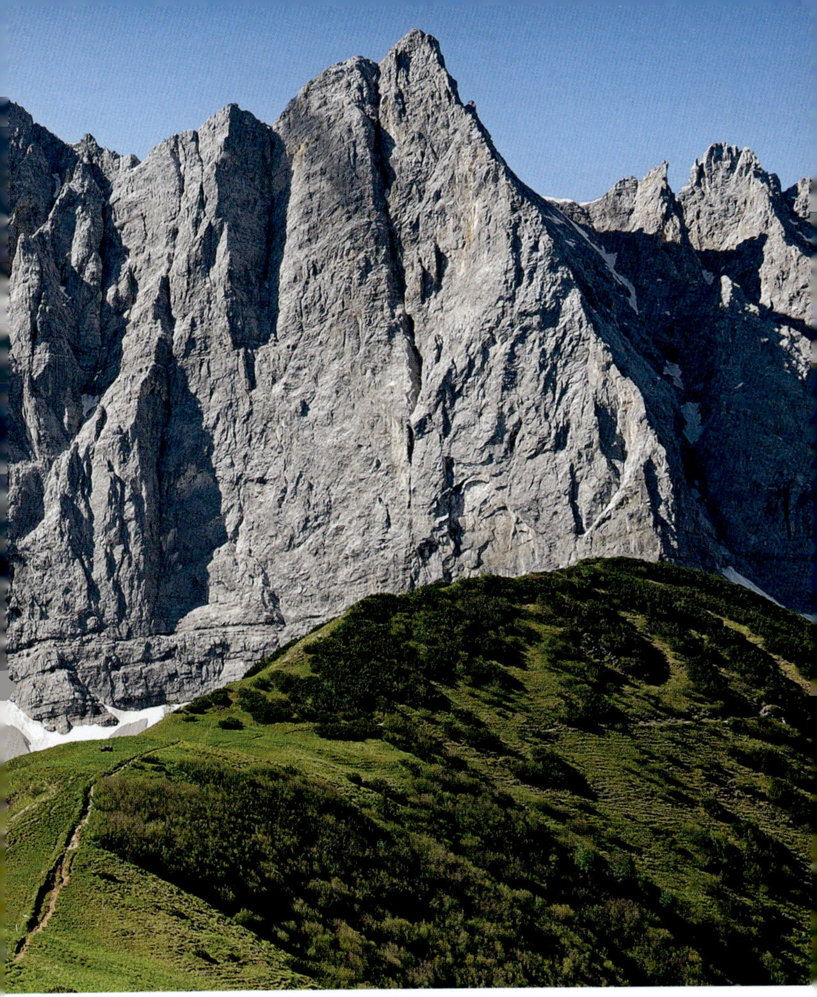

kierter Pfad ab, den wir zur **Falkenhütte** ❹ hinauf verfolgen. Rechts an der Hütte vorbei halten wir nun auf die latschenbestandene Mini-Erhebung des **Ladizköpfels** ❺ zu, die wir beidseitig umgehen können. Nach einem kurzen Abstieg ins **Ladizjöchl** ❻ geht es für heute eindeutig das letzte Mal merklich bergauf: sehr steil zwischen Latschen hindurch und zuletzt über Gras auf die großartige Aussichtskuppe des **Mahnkopf** ❼.

↗ 1040 m | ↘ 1040 m | 24.1 km

31 Karwendelhaus, 1765 m

6.45 h

Je nach Wunsch auch Auftakt zu einer zwei- bis dreitägigen Tour

Das Karwendelhaus liegt mitten im Herzen unseres Gebirges, zu Füßen des höchsten Karwendelberges, der Birkkarspitze. Obgleich Hin- und Rückweg problemlos an einem Tag zu bewältigen sind, sollten wir lieber in der gastlichen Hütte nächtigen, um anderntags vielleicht die Birkkarspitze zu besteigen oder auch, ganz Auge und Ohr, gemütlich zur Falkenhütte zu schlendern.

Talort: Hinterriß, 931 m. Von Juni bis September Busverbindung mit Lenggries (Bahnstation) und in die Eng (Info: www.rvo-bus.de).
Ausgangspunkt: Herzoglicher Alpenhof, 942 m (seit längerer Zeit geschlossen); wenige Hundert Meter östlich von Hinterriß an der Mautstelle der Straße in die Eng gelegen. Parkplatz.
Anforderungen: Bei der Querung des Luchseck- und Talelegrabens noch vor der Johannestalalm etwas Gewandtheit erforderlich, ansonsten leichte Bergwanderung.
Einkehr und Unterkunft: Karwendelhaus, 1806 m, Alpenvereinshütte, bewirtschaftet von Anfang Juni bis Mitte Oktober; außerhalb der Öffnungszeit steht den Besuchern ein neuer Winterraum mit sehr gepflegten Lagern, Decken, reichlich Holz und Getränken zur Verfügung.

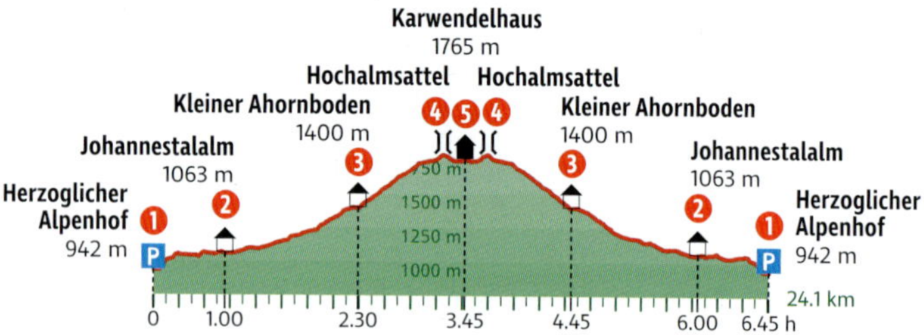

Vom **Herzoglichen Alpenhof** ❶ queren wir zum Rißbach, den wir auf einer Brücke überqueren. Jenseits leitet der markierte Pfad rasch in den Wald und führt steil empor zu einem Wirtschaftsweg. Diesem folgen wir nach links bis zu seinem Ende und in der Folge wieder dem markierten Steig, dabei einige etwas abschüssige Gräben querend, bis zur verfallenen **Johannestalalm** ❷, von der man einen herrlichen Blick auf die jenseits des Tales steil emporragenden Gipfel der Falkengruppe hat. In leichtem Abstieg ist bald die Fahrstraße im Johannestal erreicht, auf der wir nur kurz taleinwärts gehen, um dann einen abwechslungsreichen Pfad nahe der Straße zu benützen. So gelangen wir recht mühelos, zuletzt doch auf der Fahrstraße, zu den idyllischen Jagdhütten am **Kleinen Ahornboden** ❸. Hier wen-

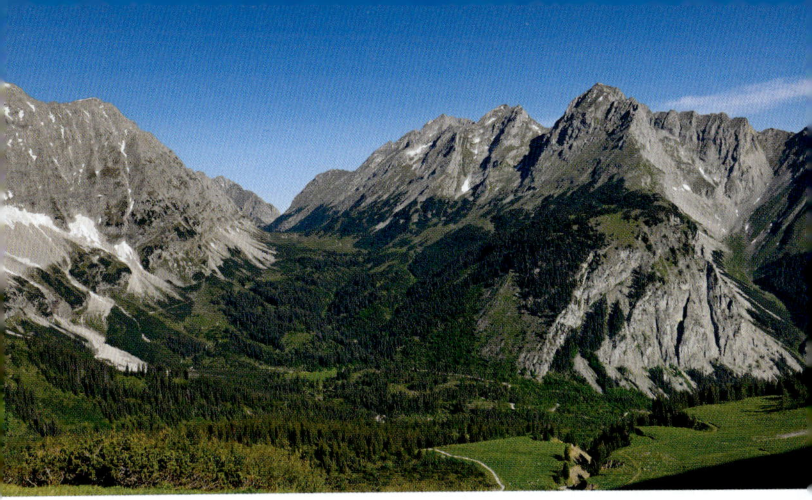

Blick in den Kleinen Ahornboden. Der felsige Aufschwung links zeigt noch die Trabanten der Birkkarspitze, den Schlauchkarkopf und das Hochalmkreuz, unterhalb befindet sich das Karwendelhaus. Rechts unter dem Kuhkopf das obere Johannestal, durch das wir heraufwandern.

den wir uns westwärts, um durch das schwach ausgeprägte Filztal – den wuchtigen Aufbau der Birkkarspitze vor Augen – den breiten **Hochalmsattel** 4 zu gewinnen. In wenigen Minuten steigen wir nun jenseits zum **Karwendelhaus** 5 ab.

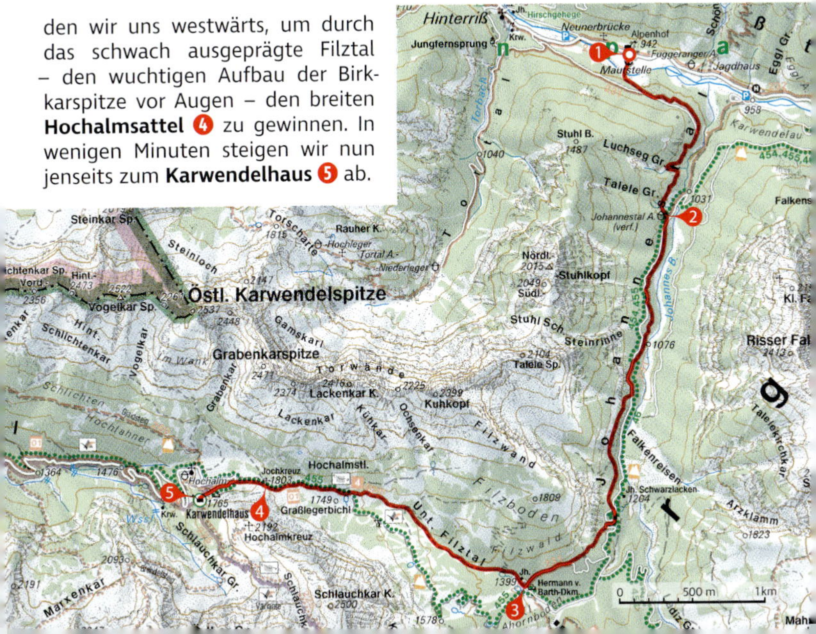

↗ 980 m | ↘ 980 m | 6.8 km

32 Birkkarspitze, 2749 m

4.45 h

Auf den höchsten Karwendelgipfel

Eine große Herausforderung und mit einer Übernachtung auf dem Karwendelhaus für geübte Bergwanderer sehr empfehlenswert. Aber auch gut gerüstet und ausgeruht wird der Gang durch das Schlauchkar ein beschwerlicher Weg durch mühsames Geröll werden, zwei Schritte vor, einer zurück.

Talort: Hinterriß, 931 m. Von Juni bis September Busverbindung mit Lenggries (Bahnstation) und in die Eng (Info: www.rvo-bus.de).
Ausgangspunkt: Karwendelhaus, 1765 m; Von Hinterriß/Herzoglicher Alpenhof zu Fuß in 3 – 4 Std. erreichbar.
Anforderungen: Die Besteigung der Birkkarspitze ist ein hochalpines Unterfangen mit allen damit verbundenen Risiken. Da das Schlauchkar oft bis in den Sommer hinein steile Altschneefelder aufweist, können Leichtsteigeisen von großem Nutzen sein, ein Sturz auf hartem Firnschnee kann fatale Folgen haben.
Einkehr und Unterkunft: Karwendelhaus, 1765 m, Alpenvereinshaus, bewirtschaftet Anfang Juni bis Mitte Oktober.

Wir verlassen das **Karwendelhaus** ❶ Richtung Hochalmsattel, um gleich hinter einem Nebengebäude nach rechts (beschildert und markiert) die steilen Hänge in engen Kehren hinaufzusteigen. Es folgt eine Querung zwischen Lawinenschutzbauten hindurch in die Südwest- und Südhänge des Hochalmkreuzes. Immer in grob südöstlicher Richtung gelangen wir so allmählich in das Schlauchkar hinein. Zunächst erweist sich der Weg zwischen groben Blöcken hindurch auch noch als relativ angenehm, wenngleich nicht sonderlich genussreich. Erst bei einer leichten Biegung unterhalb des Schlauchkarkopfes geht es dann zur Sache: Die Hänge steilen nun bis zum Schlauchkarsattel kontinuierlich auf, das Geröll wird immer feiner und das Schlauchkar macht seinem Namen alle Ehre. In der Einsattelung angelangt fallen dann aber alle Mühen von uns ab, scheinbar grenzenlos reicht das Panorama von den Hohen Tauern bis zu den Ötztaler Alpen und im Norden bis in das Bayerische Voralpenland hinaus. Wir wenden uns nach links, um an einigen nicht sonderlich vertrauenerweckenden Sicherungen, vorbei an der kleinen **Birkkarhütte** ❷, den höchsten Gipfel des Karwendel, die **Birkkarspitze** ❸, in leichter Kraxelei zu erreichen.

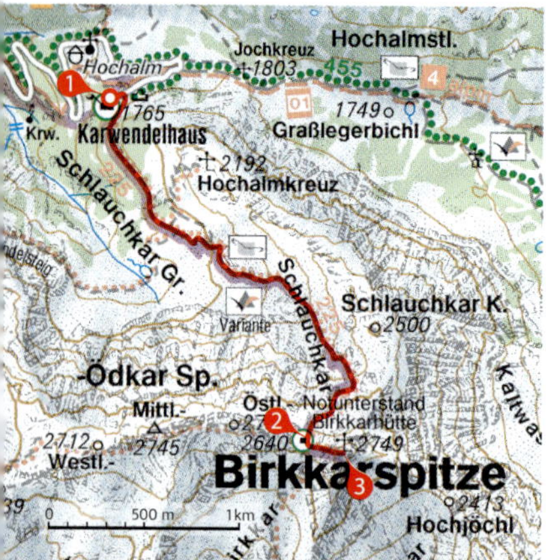

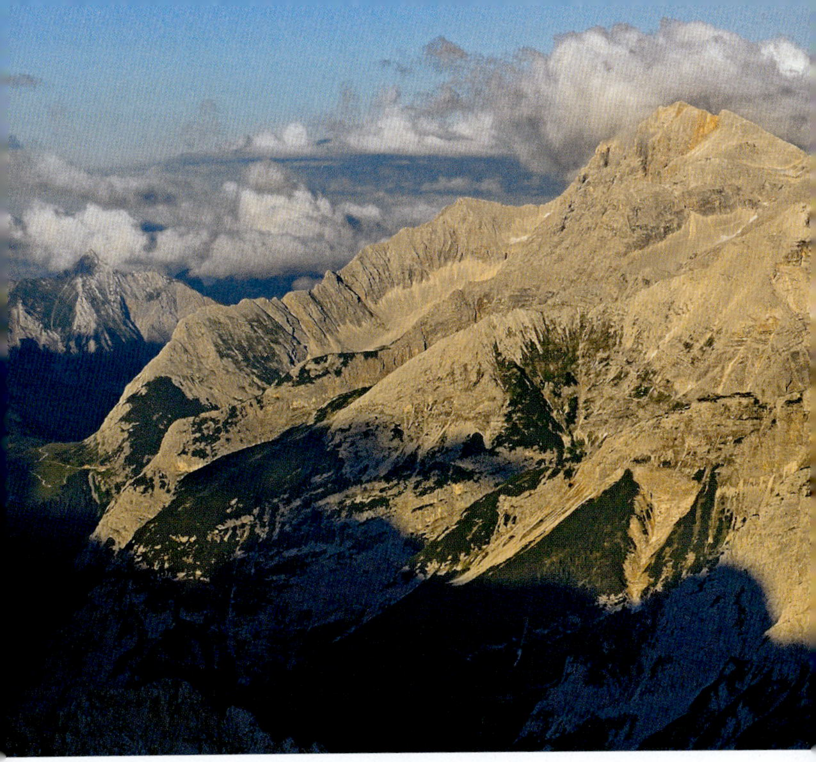

Birkkar- und Ödkarspitzen von Westen, links unten ist das Karwendelhaus zu erkennen. In Bildmitte das Schlauchkar, darüber der Schlauchkarkopf.

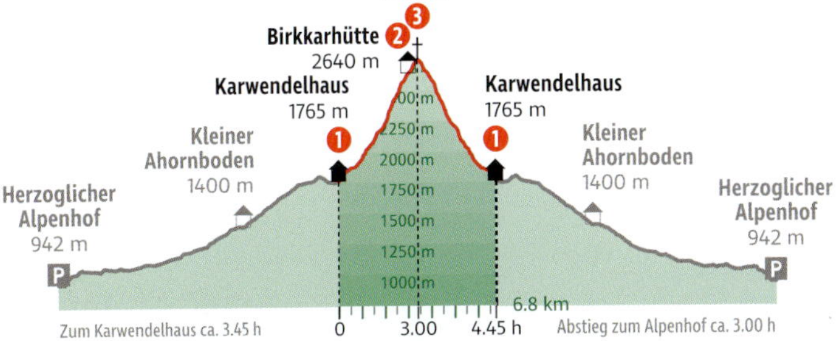

↗ 570 m | ↘ 1390 m | 22.0 km

33 Karwendelhaus – Kleiner Ahornboden – Falkenhütte

6.00 h

Idyllisch und grandios zugleich

Vom Karwendelhaus durch den Kleinen Ahornboden zur Falkenhütte und dabei den Kontrast zwischen den uralten, erstaunlicherweise immer noch grünenden Ahornbäumen, den abweisend grauen Felswänden und dem verwitterten Braun der Holzhäuser auf sich wirken lassen. Die Route empfiehlt sich besonders nach einer Übernachtung auf dem Karwendelhaus – vielleicht als Ausgleich nach der doch etwas fordernden Birkkarspitze.

Talort: Hinterriß, 931 m. Von Juni bis September Busverbindung mit Lenggries (Bahnstation) und in die Eng.
Ausgangspunkt: Karwendelhaus, 1765 m, bewirtschaftet von Pfingsten bis Mitte Oktober. Von Hinterriß/Herzoglicher Alpenhof zu Fuß in 3 – 4 Std. erreichbar.

Anforderungen: Leichte und genussreiche Wanderung.
Einkehr und Unterkunft: Karwendelhaus; bewirtschaftet von Anfang Juni bis Mitte Oktober. Falkenhütte, 1848 m, bewirtschaftet Anfang Juli bis Ende Oktober.

Vom **Karwendelhaus** ①, s. Tour 30, steigen wir auf dem Fahrweg zum Hochalmsattel auf. Ab hier verfolgen wir die Straße noch über die ersten Almmatten in östlicher Richtung hinab, bis linker Hand der Fußweg durch das Filztal zu den malerischen Jagdhäusern am Kleinen Ahornboden abzweigt. Danach halten wir uns an einen Fahrweg, vorbei am **Hermann-von-Barth-Denkmal** ②, und durchschreiten, immer der Markierung 201 folgend, den Kleinen Ahorn-

Rückblick von der Falkenhütte zum Hochalmsattel (ganz rechts). Darüber die Gipfel Moserkar-, Kaltwasserkar- und Birkkarspitze.

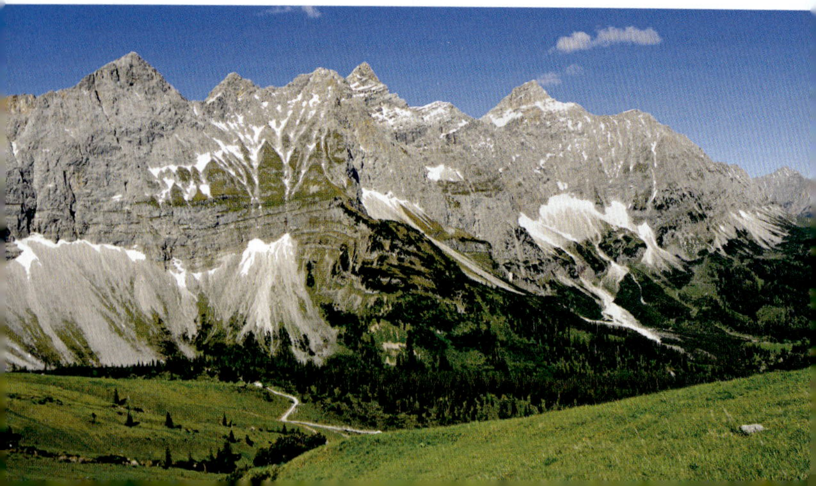

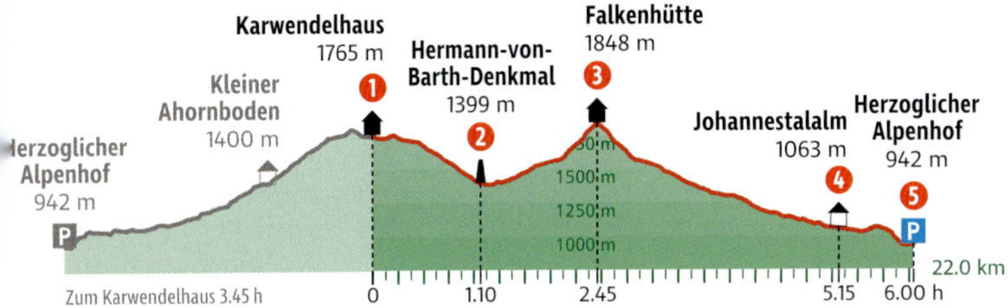

boden. Dabei wechseln wir einmal kurz über die Wiese von einer Almstraße auf die andere. Die zweite quert noch eine Schuttreise, ehe sie in den Sauisswald hineinführt. Wir überschreiten, nun immer auf der Straße, einige bewaldete Rücken, ehe wir auf der anderen Seite nahe der Ladizalm wieder in offenes Almgelände treten. Kurz nach der Alm verlassen wir den Fahrweg und folgen dem Wanderweg über die blumenreichen Wiesen hinauf zur **Falkenhütte** ❸.

Beim Abstieg kehren wir zunächst an den Ladizalmen vorbei in den Sauisswald zurück. Dort zweigt rechter Hand eine Fahrstraße ins Johannestal ab, durch das wir über die **Johannestalalm** ❹ schließlich zum **Herzoglichen Alpenhof** ❺ wandern.

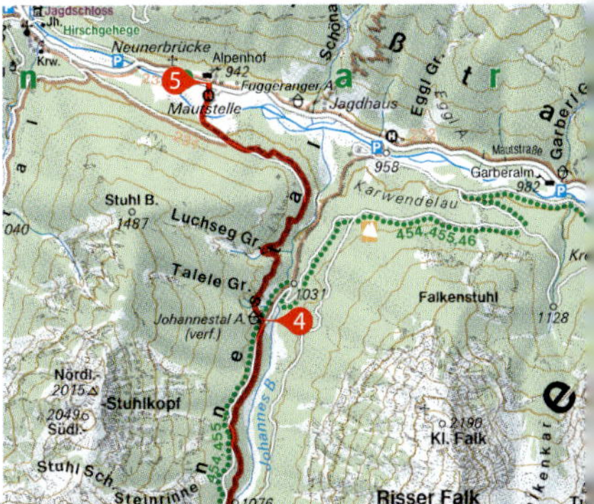

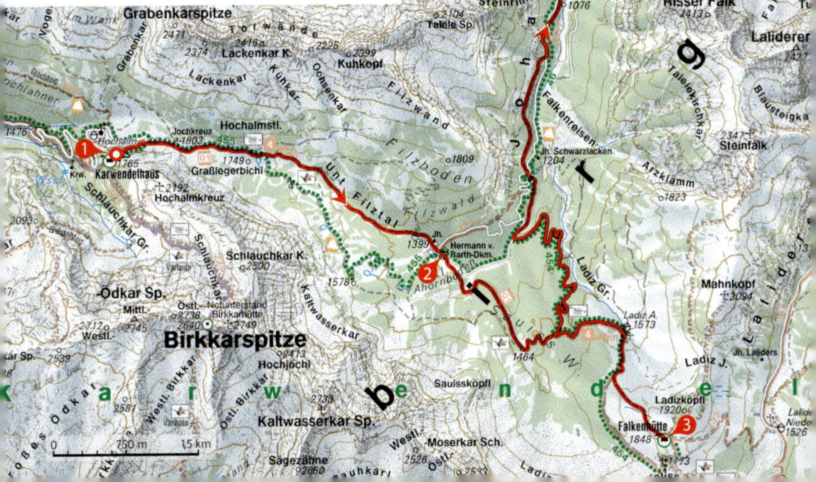

↗ 890 m | ↘ 890 m | 14.1 km

34 Hochplatte, 1815 m

5.15 h

Leichte Almwanderung mit Gipfeleinlage

Entsprechend dem voralpinen Charakter der umliegenden Berge werden wir bei dieser Wanderung nach einem nicht allzu langen Aufstieg unbeschwert von einer Alm zur anderen bummeln, wobei aber durchaus Abstecher zu verschiedenen Gipfeln möglich sind. Am Ende bummeln wir auf dem Tiroler Steinölerlebnisweg hinab ins Tal.

Talort: Achenkirch, 922 m; im Sommer wie im Winter beliebter Ferienort. Busverbindung mit Tegernsee und Jenbach.
Ausgangspunkt: Talstation der Christlumbahnen, etwa 940 m; ein wenig außerhalb, etwas westlich des Ortes. Bushaltestelle und Parkplatz.

Anforderungen: Genussreiche Almwanderung, fast nur auf befestigten Wegen.
Einkehr: Seewaldhütte, einfache Bewartung an Wochenenden von Juni bis Oktober, während der Sommerferien von Juli bis September durchgehend, Getränke.

Der letzte Abschnitt zum Gipfelkreuz der Hochplatte.

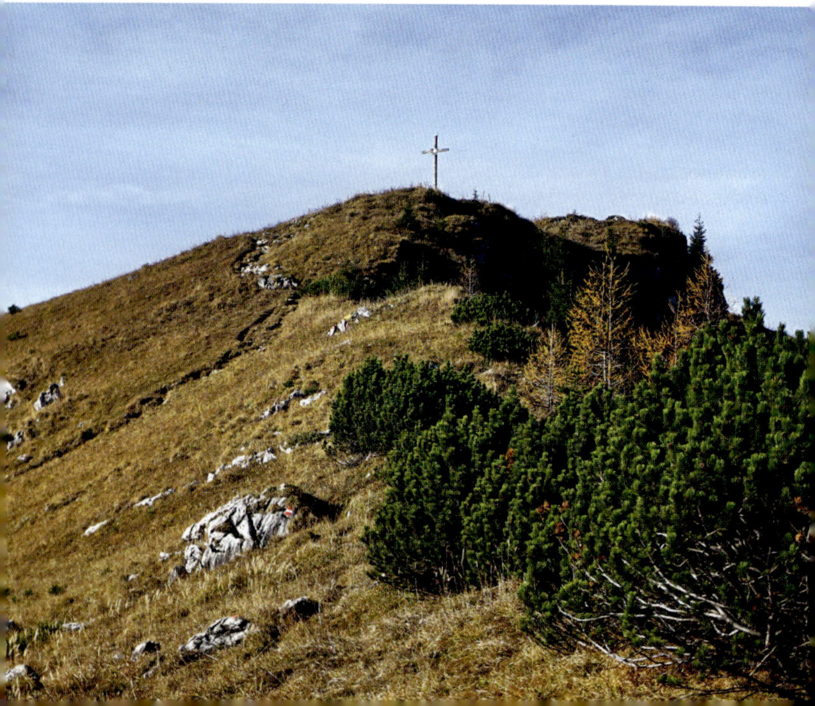

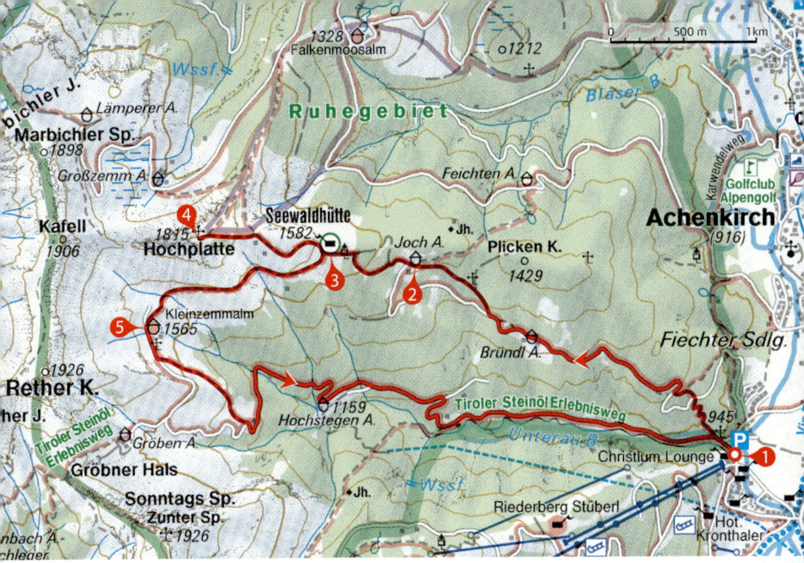

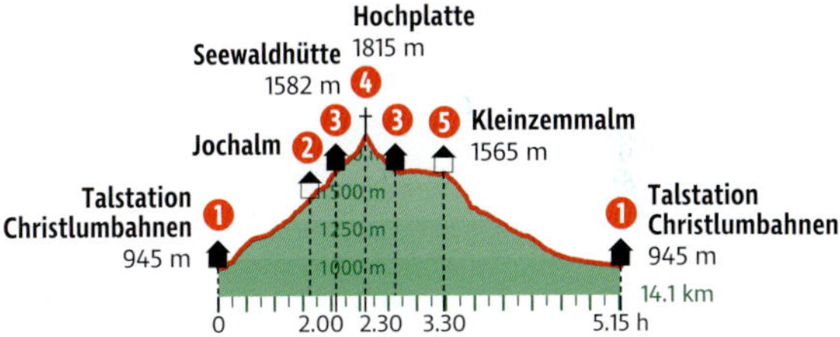

An den ausgedehnten Parkplätzen der **Christlumbahnen** ❶ überqueren wir auf einer Brücke den Unteraubach und halten uns jenseits auf dem Forstweg nur ganz kurz in das gleichnamige Tal hinein, ehe ein schmaler, aber gut markierter und beschilderter Wanderweg nach rechts hin in den Wald abzweigt. Ihm folgen wir in einigen Serpentinen hinauf, bis wir auf einem Rücken die Almstraße treffen, die von Achenkirch zur Seewaldhütte führt. Sie bringt

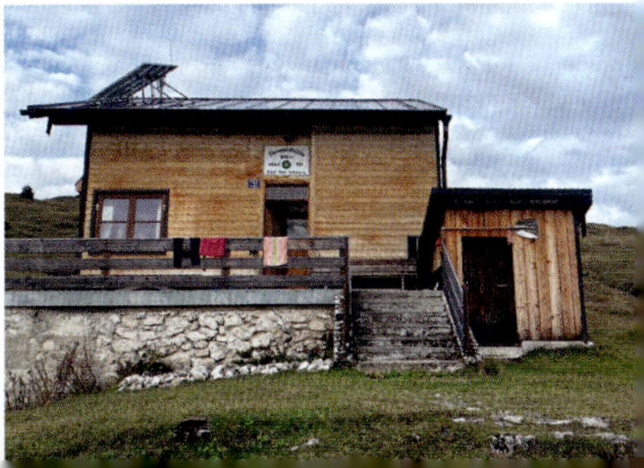

Bei der Seewaldhütte.

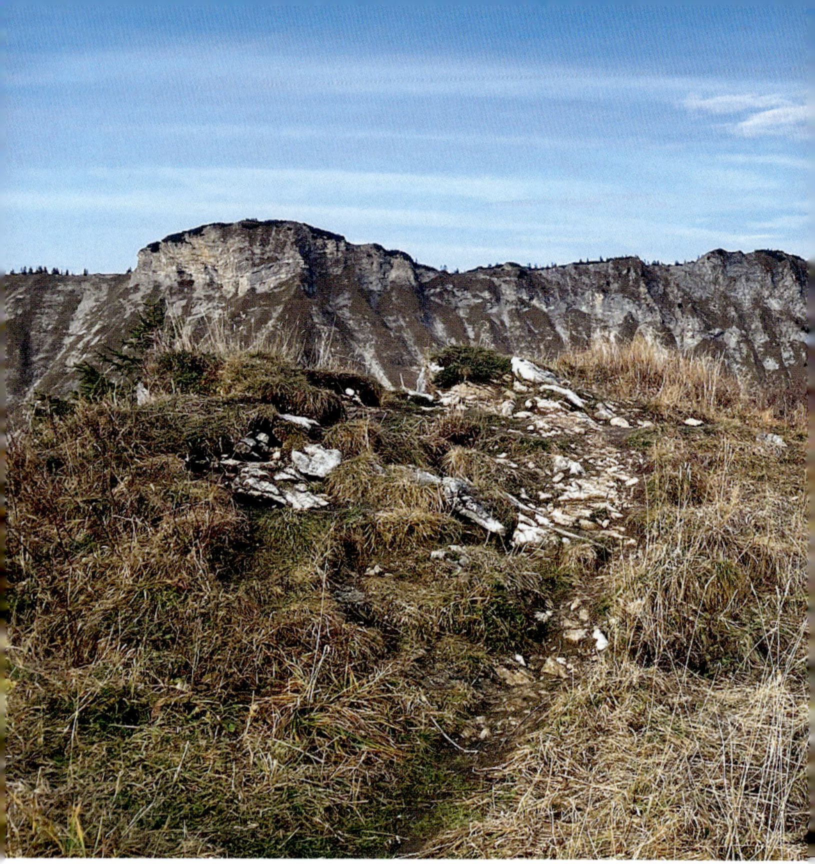

Blick aus dem Bereich der Hochplatte hinüber zum Juifen (rechts im Bild).

uns in mäßiger Steigung durch Mischwald zu den ersten freien Wiesen an der Bründlalm und im weiteren Verlauf an der **Jochalm** ❷ vorbei hinauf zur **Seewaldhütte** ❸. Das kleine Haus gehört der Alpenvereinssektion Achensee und wird in der Wandersaison an Wochenenden (während der Sommerferien durchgehend) bewirtschaftet.

Während die Gipfelsammler unter uns noch auf die Kuppe der **Hochplatte** ❹ steigen (insgesamt gut eine Stunde hin und zurück), schlendern die Genusswanderer gemütlich südlich unter dem kleinen Gipfel hindurch zu den Hütten der **Kleinzemmalm** ❺.

Auf einem markierten Steig verlassen wir nun den Almkessel in süd-

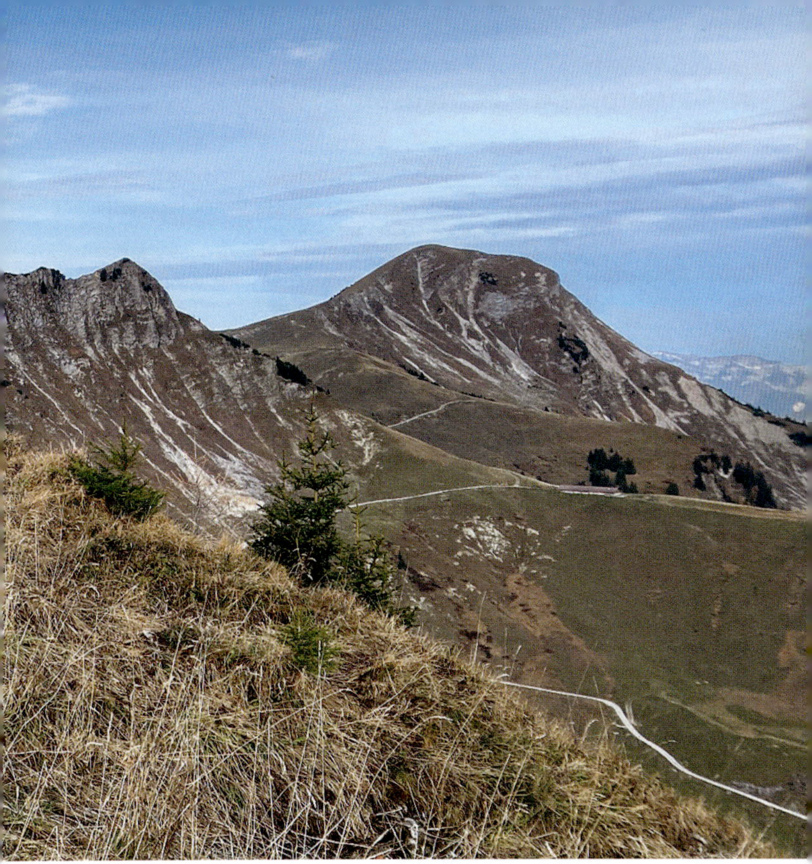

östlicher Richtung und umrunden leicht fallend den vom Rether Kopf nach Osten abstreichenden Rücken. So gelangen wir in das hintere Unteraubachtal, wo wir auf einen Wirtschaftsweg stoßen, der vom Gröbner Hals herunterzieht und vorbei an der Hochstegenalm hinausführt bis nach Achenkirch zu den Talstationen und Parkplätzen der **Christlumbahnen** 1.

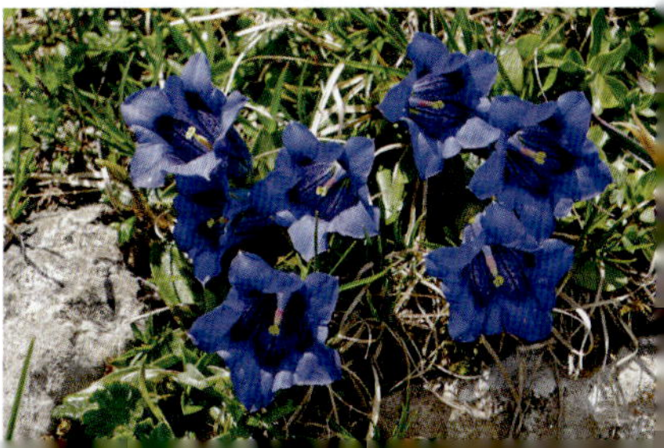

Stängelloser Enzian.

↗ 100 m | ↘ 110 m | 8.1 km

35 Gaisalmsteig – Mariensteig

2.15 h

Wandern und Baden am östlichsten Rand des Karwendel

Es gibt nur wenige Wanderungen im Karwendel, bei denen man unbedingt Badesachen im Rucksack haben sollte. Gerade an sehr heißen Sommertagen ist der Weg entlang dem Westufer des Achensees eine gute Alternative, um schweißtreibenden Gipfelzielen auszuweichen und dennoch in luftigem, alpin angehauchten Gelände unterwegs zu sein. Dabei finden sich immer wieder Möglichkeiten für ein erfrischendes Bad im klaren Wasser des Achensees.

Ob man in Achensee oder Pertisau startet, ist dabei völlig gleichwertig. Die Schifffahrtslinie am Achensee bringt uns während der Saison im Stundenrhythmus zurück zum jeweiligen Ausgangsort (Rundfahrt mit mehreren Anlegestellen). Selbst an der Gaisalm gibt es eine Anlegestelle, und so stehen uns alle denkbaren Optionen offen. Beachten sollte man allerdings, dass der Abschnitt zwischen Achensee und Gaisalm nicht unbedingt für Kinder geeignet ist, und auch Erwachsene sollten sich nicht vor ausgesetzten Wegpassagen fürchten.

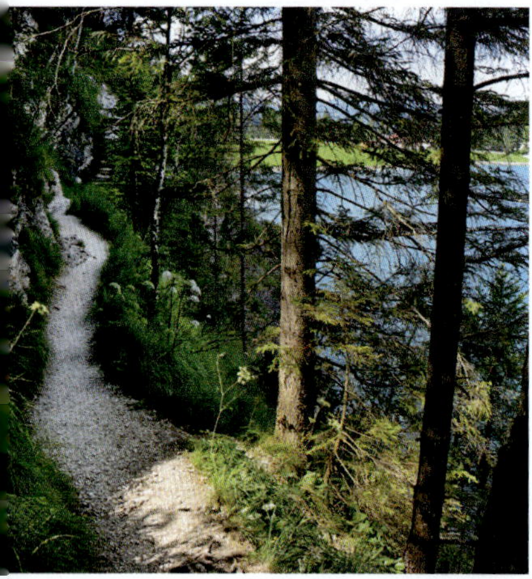

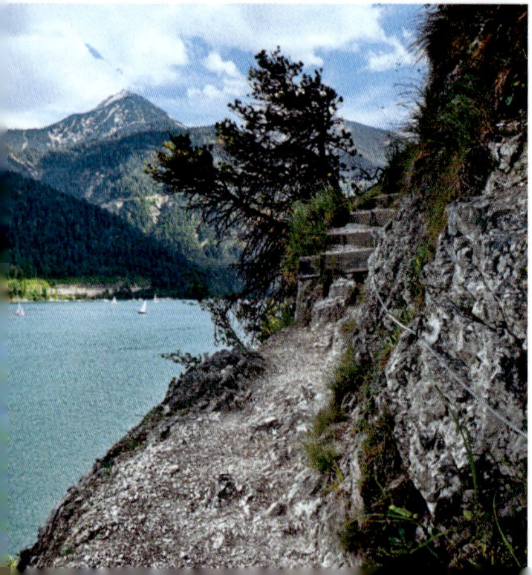

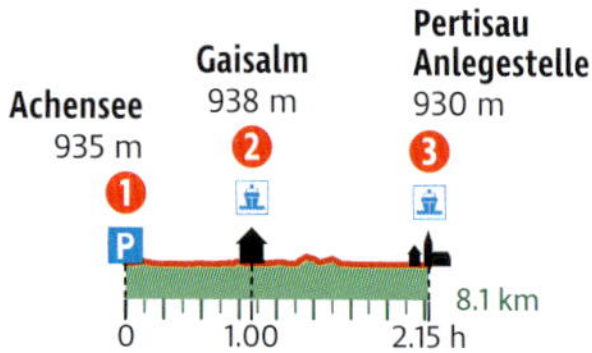

Oben: Am Beginn des Gaisalmsteigs.
Unten: An längeren ausgesetzten Passagen ist der Gaisalmsteig mit Drahtseilen gesichert.

Talort: Achenkirch, 922 m; im Sommer wie im Winter beliebter Ferienort. Busverbindung mit Tegernsee und Jenbach.
Ausgangspunkt: Parkplatz im Ortsteil Achensee, etwa 935 m; wenig außerhalb, westlich des Ortes.
Endpunkt: Bootsanlegestelle in Pertisau, 930 m. Ab hier Rückfahrt mit dem Schiff nach Achensee zur Anlegestelle Scholastika. In der Hauptsaison Abfahrt jede Stunde, in der Nebensaison alle zwei Stunden.
Von der Anlegestelle Scholastika in 10 bis 15 Minuten zurück zum Parkplatz.
Anforderungen: Der Abschnitt von Achensee zur Gaisalm (Gaisalmsteig) ist technisch nicht besonders schwierig, stellenweise aber recht ausgesetzt und erfordert Schwindelfreiheit. Der Abschnitt von der Gaisalm nach Pertisau (Mariensteig) ist problemlos.
Einkehr: Gaisalm.

Vom Parkplatz in **Achensee** ❶ umgehen wir zunächst den eingezäunten Wiesenbereich am Nordufer des Achensees (hier zahlreiche Wegweiser) und erreichen bald das Westufer des Sees. Nach einem deutlichen Hinweisschild (nur für Geübte) wird der Weg schmal und teilweise recht ausgesetzt. Über längere Strecken ist der Steig nun mit Drahtseilen gesichert und führt ohne jede Möglichkeit falsch abzubiegen bis zur **Gaisalm** ❷. Auch der Weiterweg nach Pertisau ist nicht zu verfehlen. Erst ganz zum Ende hin müssen wir uns kurz vom See entfernen, um Freibad und Fürstenhaus zu umgehen, bevor wir zur **Bootsanlegestelle** ❸ gelangen. Mindestens drei Optionen bieten sich nun an: mit dem Schiff, mit dem Bus oder auf demselben Weg per pedes zurück zum Ausgangspunkt in **Achensee** ❶.

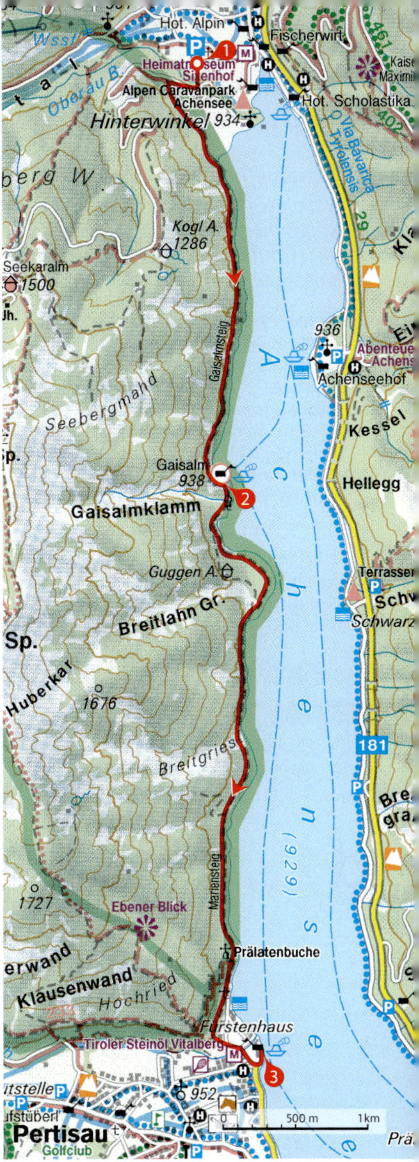

↗ 770 m | ↘ 770 m | 9.4 km

36 Pasillsattel, 1680 m – Schleimssattel, 1556 m

4.30 h

Einsame Rundtour mit weglosem Verbindungsstück

Bei dieser Tour sind es nicht die schroffen Felsgipfel, sondern die kleinen Besonderheiten, die uns auch an den Vorbergen faszinieren. Geologen freuen sich an ungewöhnlichen Felsformationen, Botaniker über die ersten Frühlingsboten – oft ist die Route schon zeitig im Jahr machbar.

Talort: Pertisau, 952 m; am westlichen Ufer des Achensees gelegen. Busverbindung mit Maurach, Jenbach und Tegernsee.
Ausgangspunkt: Gasthaus Pletzachalm, 1040 m, an der Mautstraße ins Gerntal. Parkmöglichkeiten.
Anforderungen: Anspruchsvolle Wanderung mit einem weglosen, teilweise stark verwachsenen Abschnitt zwischen beiden Sätteln. Keine Einkehrmöglichkeiten.
Variante: Gipfelsammler haben nach dem Juchtenkopf noch die Option, die selten besuchte Hohe Gans (treffender wäre Steile Gans) zu erklimmen (sehr anspruchsvolle Graskraxelei und bei Nässe nicht ungefährlich, plus 1 Std.).

Hinter dem **Gasthof Pletzachalm** ❶ führt ein schmaler, doch gut markierter Steig über die Wiesen nördlich in den Wald hinein. Bei kräftiger Steigung gewinnen wir dort rasch an Höhe, wobei wir mehrmals unter einer Materialseilbahn hindurchkreuzen; nach einer Lichtung erreichen wir

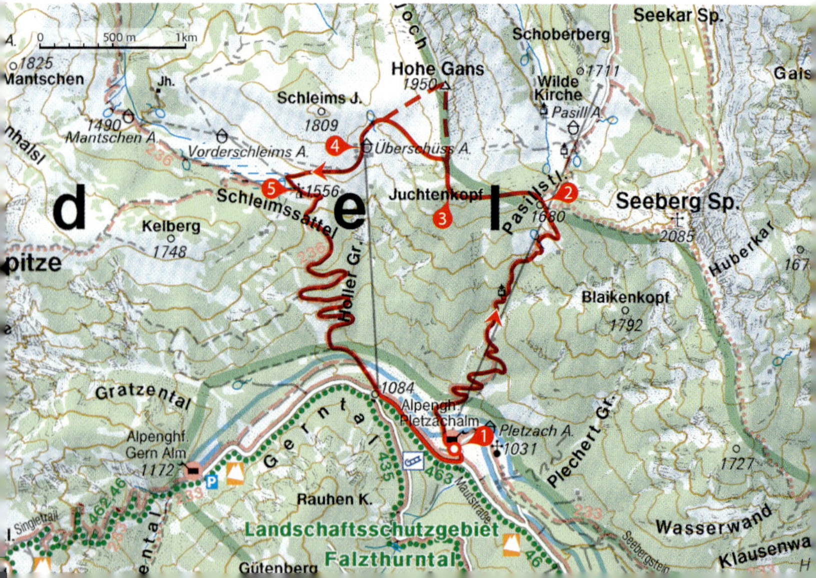

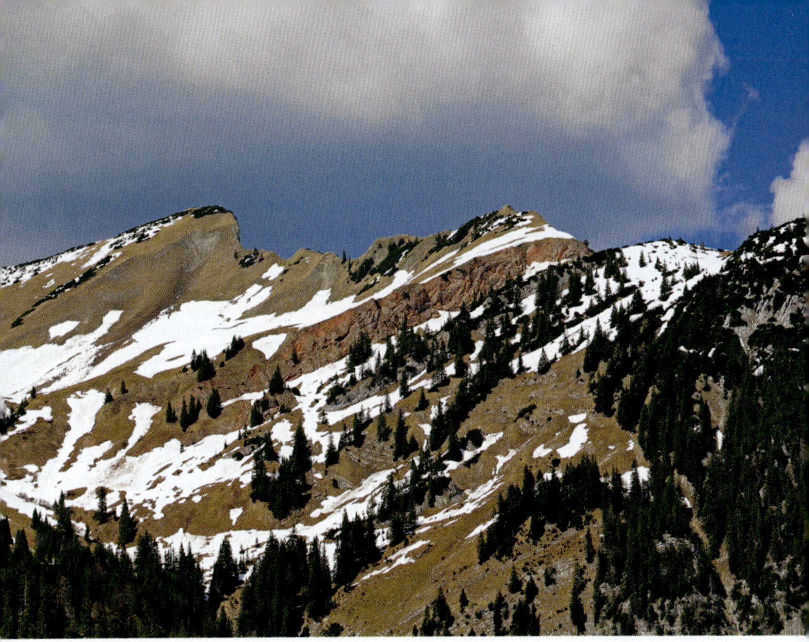

Die Hohe Gans (links) mit dem vorgelagerten markant rötlichen Felsaufschluss.

den **Pasillsattel ❷**. Hier beginnt nun das Pfadfinderspiel: Zunächst weglos nach Westen auf die unbedeutende Erhebung des **Juchtenkopfes ❸**, dann kurz dem markanten Südkamm der Hohen Gans entgegen und nach links einschwenken über Matten und durch eine Rinne hinunter zur **Überschüssalm ❹**. In Grundrichtung Südwest kommen wir nun bald zum **Schleimssattel ❺**, an dem das kleine Abenteuer endet und wir auf einem steilen Karrenweg hinab ins Gerntal und weiter talauswärts zum **Gasthof Pletzachalm ❶** wandern.

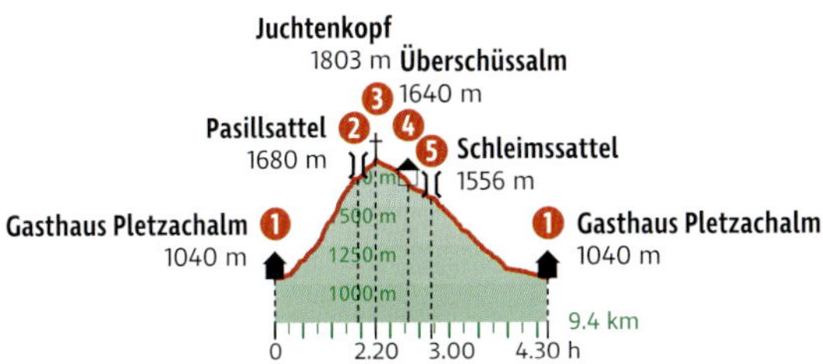

↗ 590 m | ↘ 590 m | 10.6 km

37 Gütenbergalm, 1545 m

3.45 h

Interessante Alm- und Wiesenwanderung mit herrlichen Tiefblicken nach Pertisau und zum Achensee

Die Wanderung zur Gütenberg- und Feilalm ist zwar nicht lang, führt aber teilweise über schmale und steile Pfade. Im Prinzip könnte man sie auch zu einem Wirtshausbummel »verkommen« lassen, da jede der Almen, an der wir vorbeikommen, zumindest einfach bewirtschaftet ist.

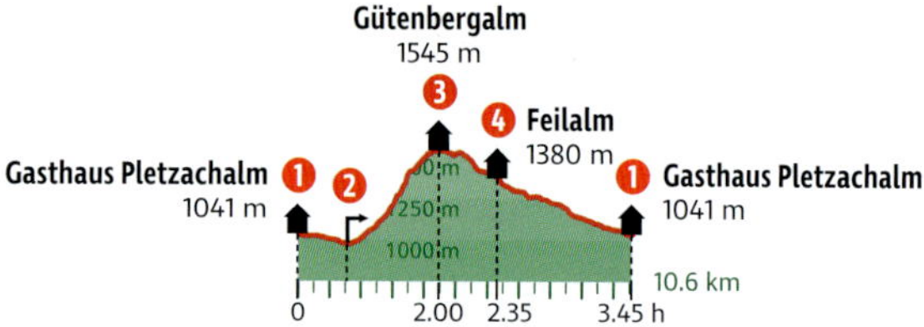

Talort: Pertisau, 952 m; am westlichen Ufer des Achensees. Busverbindung mit Maurach, Jenbach und Tegernsee.
Ausgangspunkt: Gasthaus Pletzachalm, 1041 m, an der Mautstraße ins Gerntal. Parkmöglichkeiten. Alternativ unmittelbar vor der Mautstelle.
Anforderungen: Nicht ganz einfache Almwanderung über steile Wiesen und schmale Pfade.
Einkehr: Gütenbergalm, 1545 m, Feilalm, 1372 m, und Pletzachalm, 1041 m.

Varianten: Statt an der Pletzachalm können wir alternativ (falls die Straße außerhalb der Saison noch bzw. schon gesperrt ist) auch vor der Mautstelle in Pertisau parken, um direkt zum Abzweig Richtung Gütenbergalm zu wandern (ca. 1 km). Von der Gütenbergalm lässt sich in einer knappen halben Stunde weglos der Gütenbergkopf ersteigen. Dies eröffnet den Ausblick in die urweltliche Einöde des Plumskares und auf die dahinter aufragende Bettlerkarspitze.

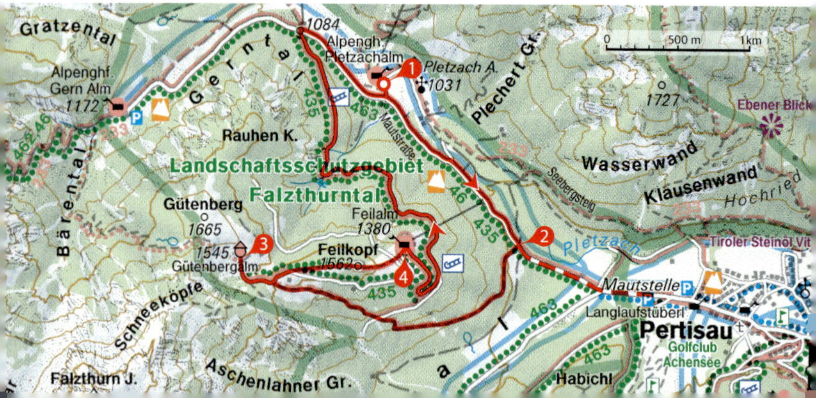

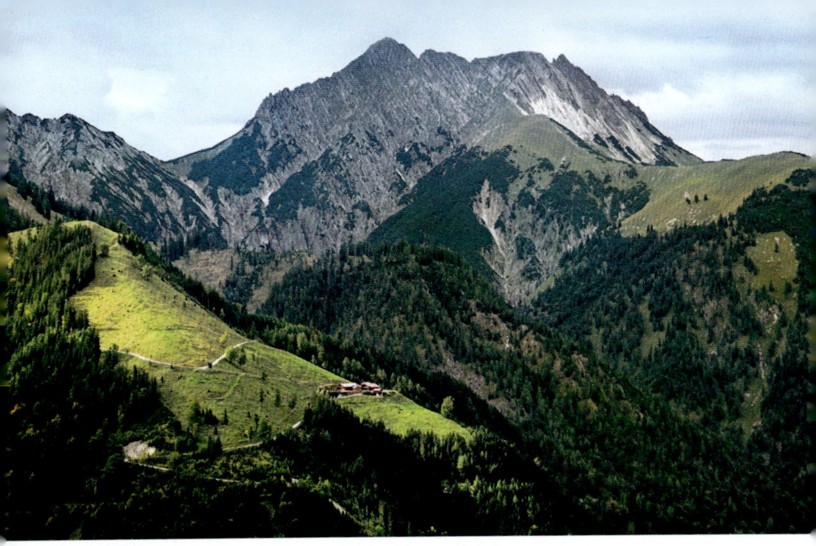

Blick auf die Feilalm, im Hintergrund die Mondscheinspitze.

Vom Parkplatz bei der **Pletzachalm** ❶ wandern wir auf der Mautstraße talauswärts. Nach etwa 1,5 km öffnet sich rechter Hand eine Wiese, die sogenannte Tunigenwiese. Hier ist der **Abzweig** ❷ der Almstraße zur Gütenbergalm. Auf dieser umrunden wir immer leicht ansteigend den gesamten Stock des Feilkopf und gelangen so zu den freien Wiesen der **Gütenbergalm** ❸, die wir schließlich an einer Quelle vorbei erreichen. Bei einer ausgedehnten Rast genießen wir die herrlichen Ausblicke über den glitzernden Achensee hinweg auf das jenseits emporragende Rofangebirge.

Mit geringem Höhenverlust geht es von der Alm östlich hinüber zum wenig ausgeprägten Feilkopf, an dessen baumfreiem Ostrücken wir zur **Feilalm** ❹ absteigen. Hier können wir eine weitere Ruhepause einlegen, oder der aus dem Tal heraufführenden Straße abwärts folgen. An einer Wegverzweigung halten wir uns links, um unter der Materialseilbahn der Alm hindurch in grob nordwestlicher Richtung zwei markante Bachgräben querend ins Gerntal abzusteigen. An der dortigen Mautstraße angelangt, wenden wir uns nach rechts und bummeln zurück zur **Pletzachalm** ❶.

Am Eingang des Gerntales.

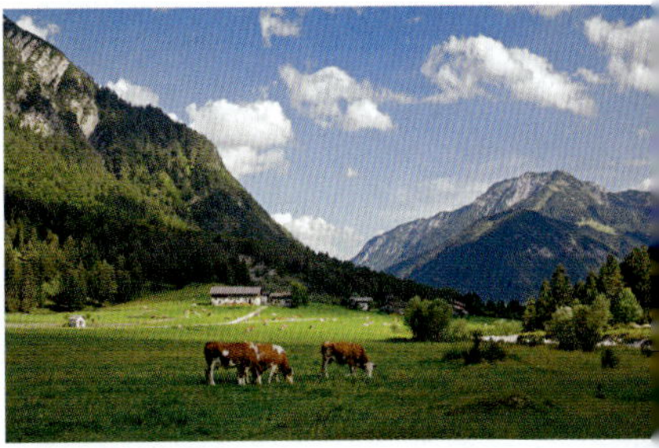

TOP

38 Sonnjoch, 2457 m

↗ 1310 m | ↘ 1310 m | 10.7 km

6.45 h

Wildromantischer Anstieg in beeindruckender Umgebung

Schon während der Fahrt am östlichen Achenseeufer entlang fällt bei einem Blick in die Karwendeltäler im Hintergrund des Falzthurntales das Sonnjoch als beherrschende Berggestalt ins Auge. Kaum vorstellbar, dass der Gipfel, noch dazu von dieser Seite, auf einem luftig ausgesetzten, aber für Geübte gut machbaren Weg erreichbar ist. Wer nicht ganz schwindelfrei ist, wählt aber besser die etwas zugänglichere Seite vom Gramaialm-Hochleger auch für den Aufstieg.

Talort: Pertisau, 952 m. Busverbindung mit Maurach, Jenbach und Tegernsee.
Ausgangspunkt: Falzthurntal. An der Ausmündung des Bärentales, vor einem Weiderost gibt es Parkmöglichkeiten für Frühaufsteher (Wegweiser zum Bärenlahner). Der alltagstaugliche Ausgangspunkt ist aber der große Parkplatz beim Gasthof Gramaialm. In beiden Fällen ändert sich aber an der Weglänge insgesamt nichts.
Anforderungen: Durchwegs steiler und schwieriger Anstieg. Trittsicherheit und Schwindelfreiheit erforderlich, am Kamm zwischen Bärenlahnersattel und Gipfel Stellen I. Gut markierte aber kaum ausgetretene Steige, am Kamm teils weglos. Wem der Aufstieg über den Bärenlahnersattel zu anspruchsvoll ist, besteigt das Sonnjoch im Auf- und Abstieg über den Gramaialm-Hochleger (dann rot).
Einkehr und Unterkunft: Gramaialm Hochleger, 1756 m, Gasthof Gramaialm, 1265 m, beide in den Sommermonaten bewirtschaftet.

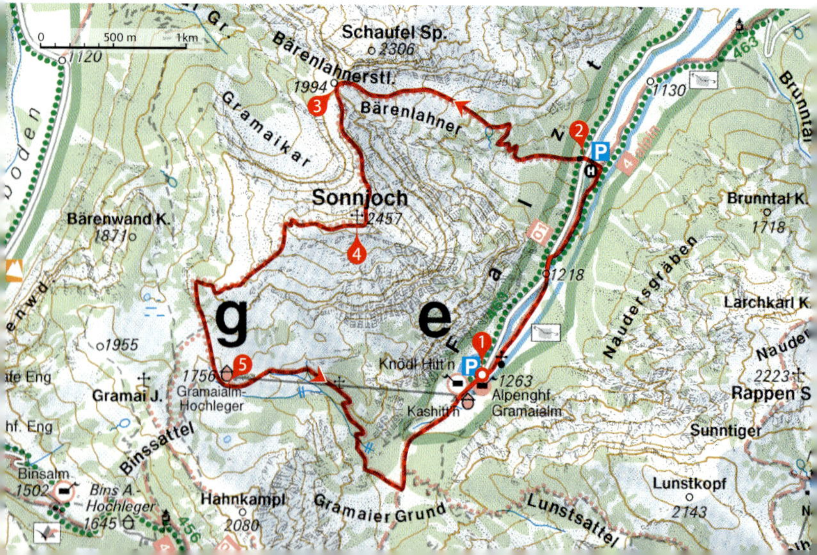

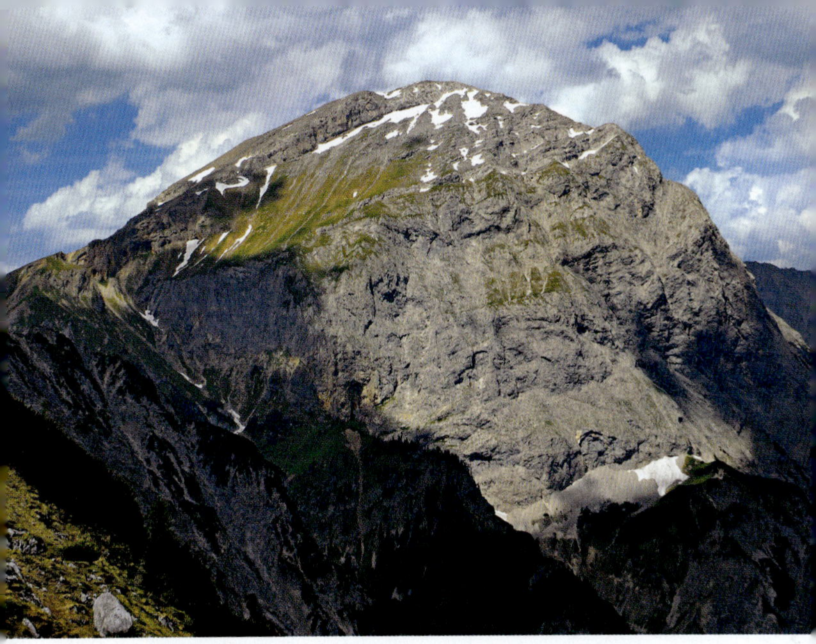

Das Sonnjoch von Süden, fotografiert aus der Nähe des Westlichen Lamsenjoch.

Vom **Gasthof Gramaialm** ❶ folgen wir der Straße talauswärts bis zum **Abzweig** ❷ – hier gibt es auch einen Bushalt und eingeschränkte Parkmöglichkeiten. Nun der Beschilderung folgend ins Bärental hinein. Anfangs noch dem oftmals versiegenden Bach entlang gelangen wir schon bald in steiles Terrain. Hier zweigt der Pfad nach rechts durch hohes Gras in den Mischwald hinein ab und führt in steilen Serpentinen bergan; weiter oben betreten wir dann wieder freie Hänge. Erneut droht stellenweise Gras den

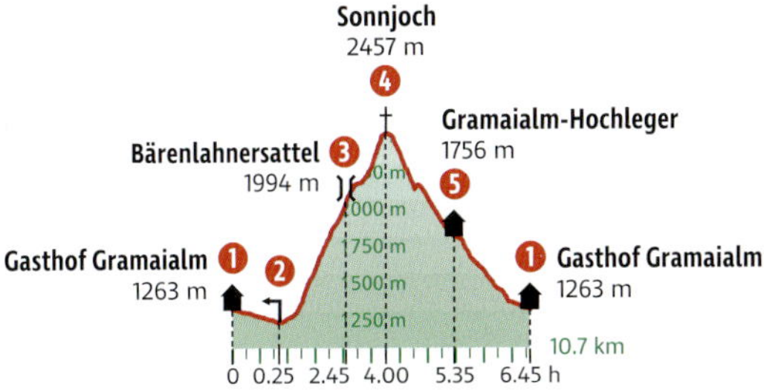

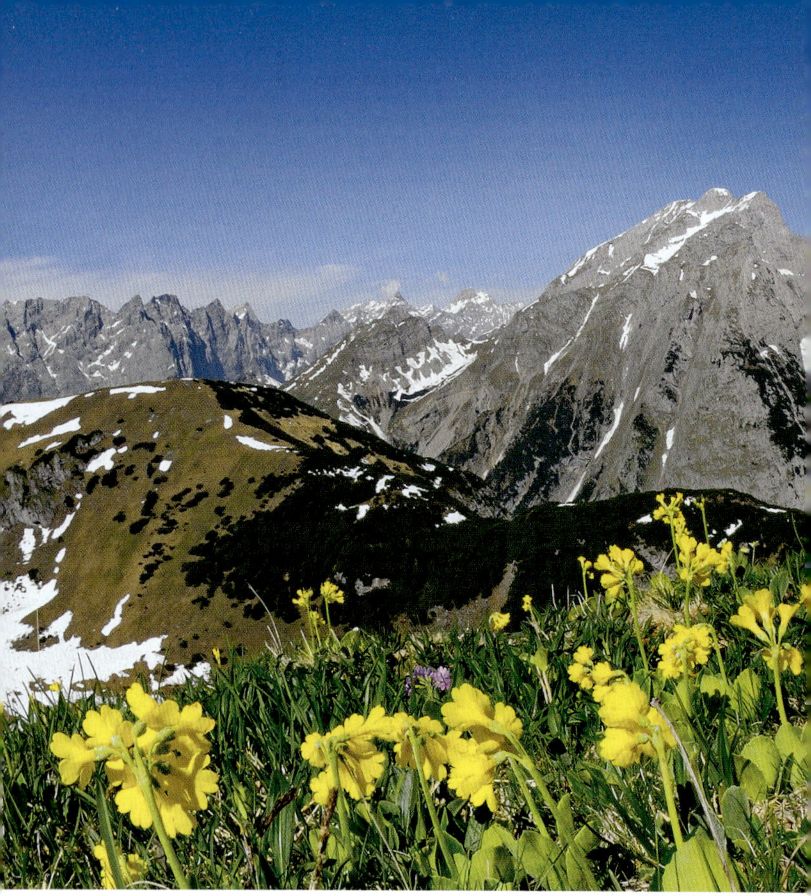

Die Sonnjoch-Tour bietet durchweg grandiose Aus- und Einblicke nach allen Richtungen. Hier der Blick nach Westen, hinüber zum Gamsjoch (Mitte). Links im Hintergrund u.a. Grubenkar-, Dreizinken-, Laliderer-, Kaltwasserkar- und Birkkarspitze. Rechts im Hintergrund Fleischbank und Grasbergsattel.

Steig zu überwuchern, doch entlang der zahlreichen Markierungen können wir nicht fehlgehen. Allmählich setzt sich ohnehin schotteriger Untergrund durch, bis wir den zwischen den wilden Felsburgen der Schaufelspitze und des Sonnjoch tief eingeschnittenen **Bärenlahnersattel** ❸ erreichen.
Hier wenden wir uns nach Süden über den begrünten Rücken auf das Sonnjoch zu. Teilweise verlieren sich die Markierungen, doch eine gut

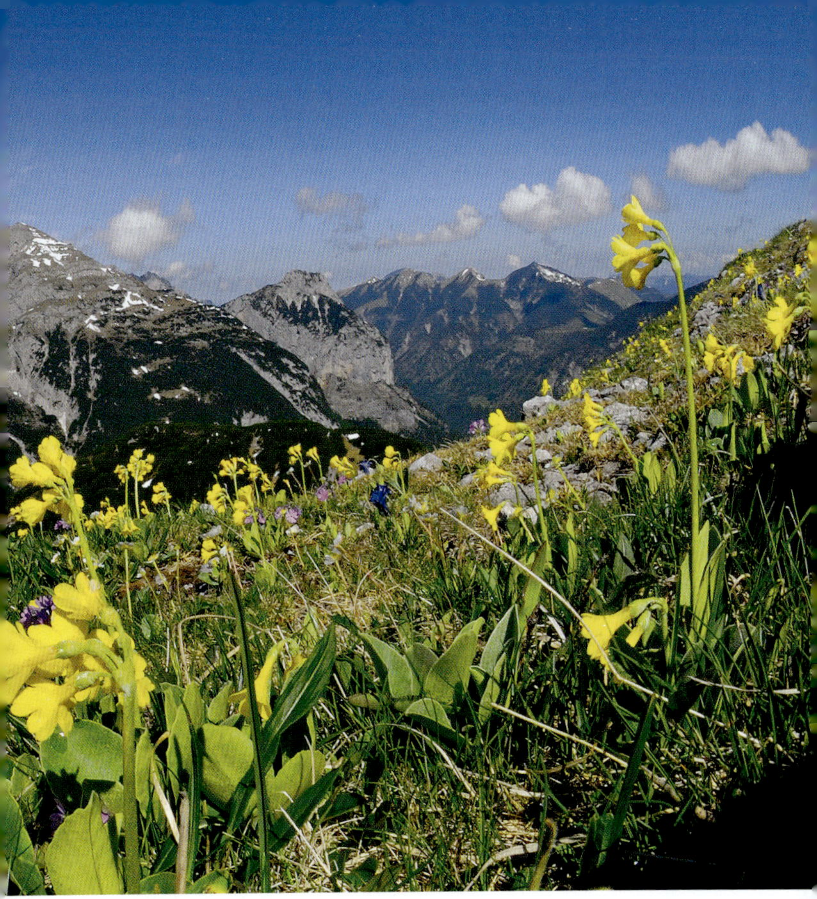

auszumachende Steigspur führt weiter durch Schutt, kurz in die westliche Flanke absteigend, dann wieder hinauf zum Kamm. Zuletzt queren wir durch die linksseitige Flanke zum Ostgrat und gelangen über ihn auf das **Sonnjoch** ❹. Alles in allem ein Weg für Geübte und nichts für schwache Nerven.

Der Abstieg gestaltet sich etwas weniger problematisch: Ein gut ausgetretener Steig leitet über die steilen Westhänge hinunter zum **Gramaialm-Hochleger** ❺. Hier erreichen wir den Wirtschaftsweg, auf dem wir hinunter zum **Gasthof Gramaialm** ❶ und ggf. weiter zum kleinen Parkplatz im Falzthurntal schlendern.

↗ 1250 m | ↘ 1250 m | 12.0 km

39 Lamsenspitze, 2508 m

6.15 h

Familienarrangement möglich

Bis zur Lamsenjochhütte eignet sich diese Tour auch als Unternehmung für die ganze Familie. Während »man« sich mit den Kindern im schönen Umfeld der Hütte vergnügt, kann »frau« währenddessen noch einen zünftigen Gipfel besteigen. Die bekannte Lamsenspitze bietet sich als herausragender Aussichtspunkt natürlich an. Und, damit dabei jeder auf seine Kosten kommt, muss man vielleicht zweimal an diesen schönen Ort, mit Rollentausch nach Belieben.

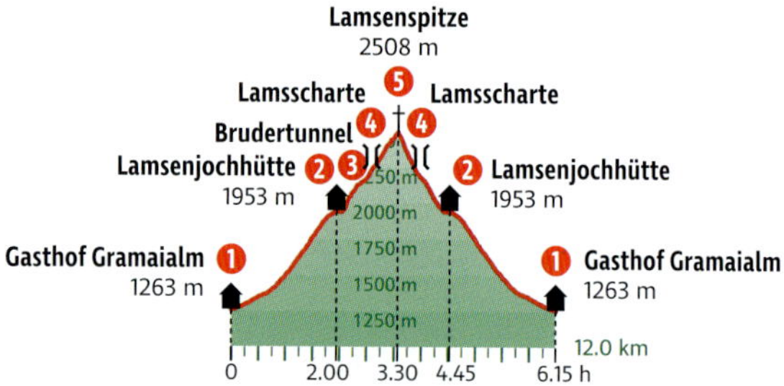

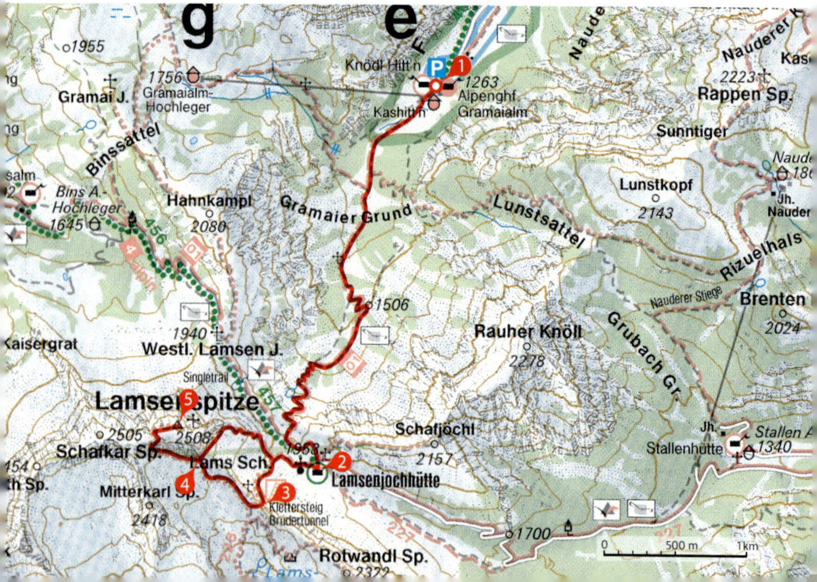

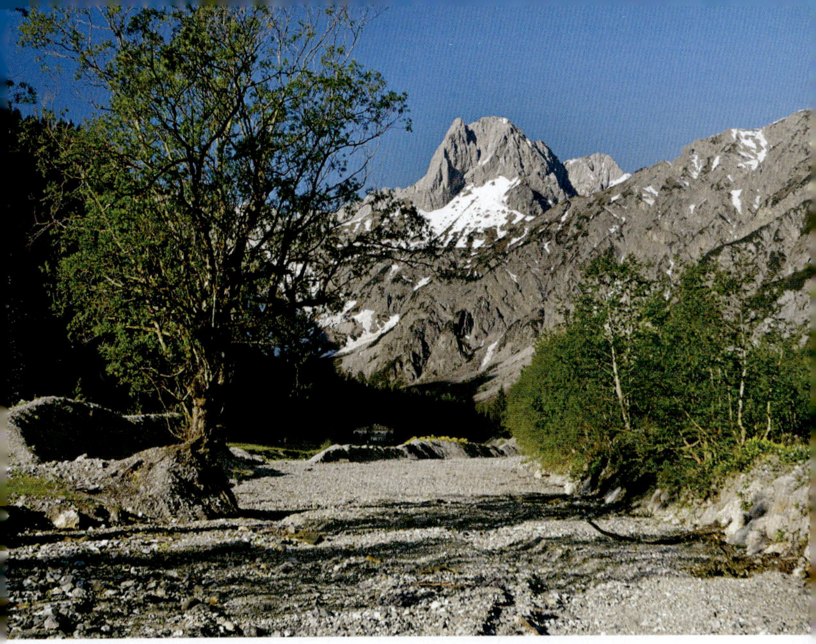

Vom Gramaier Grund ist die Lamsenspitze die alles beherrschende Berggestalt.

Talort: Pertisau, 952 m. Busverbindung mit Maurach, Jenbach und Tegernsee.
Ausgangspunkt: Falzthurntal. Parkplatz beim Gasthof Gramaialm.
Anforderungen: Zur Hütte bestens markierter, mitunter schmaler, aber unproblematischer Pfad. Der Gipfel der Lamsenspitze bleibt geübten und schwindelfreien Bergwanderern vorbehalten.
Einkehr und Unterkunft: Lamsenjochhütte, 1953 m, Alpenvereinshaus, bew. von Anfang Juni bis Mitte Oktober.
Hinweis: Früher galt der Steig zum Hochnissl (Abzweig am Ausgang des Brudertunnels) als schöne und ruhige Alternative zum Weiterweg auf die Lamsenspitze. Heute ist von diesem Weg wegen Bergsturzgefahr im Bereich der Steinkarlspitze dringend abzuraten – das Gelände im Gratbereich ist dort bereits sehr instabil.

Vom **Gasthof Gramaialm** ❶ in südlicher Richtung zunächst in den Talgrund, die Lamsenspitze haben wir dabei stets vor Augen. Den Abzweig zum Gramaialm-Hochleger lassen wir rechts liegen und folgen stets den zahlreichen Wegweisern und Markierungen. Zuletzt in Kehren hinauf zur schön gelegenen **Lamsenjochhütte** ❷.
Ab der Hütte folgen wir kurz dem Weg, der direkt in Richtung Lamsenspitze zielt. Bald darauf zweigen wir nach links ab, um dem markierten Pfad Richtung Klettersteig zu folgen. Der kurze Klettersteig führt uns in anregender Kraxelei über die Felsen zum **Brudertunnel** ❸. Über eine kurze, fast senkrechte Leiter

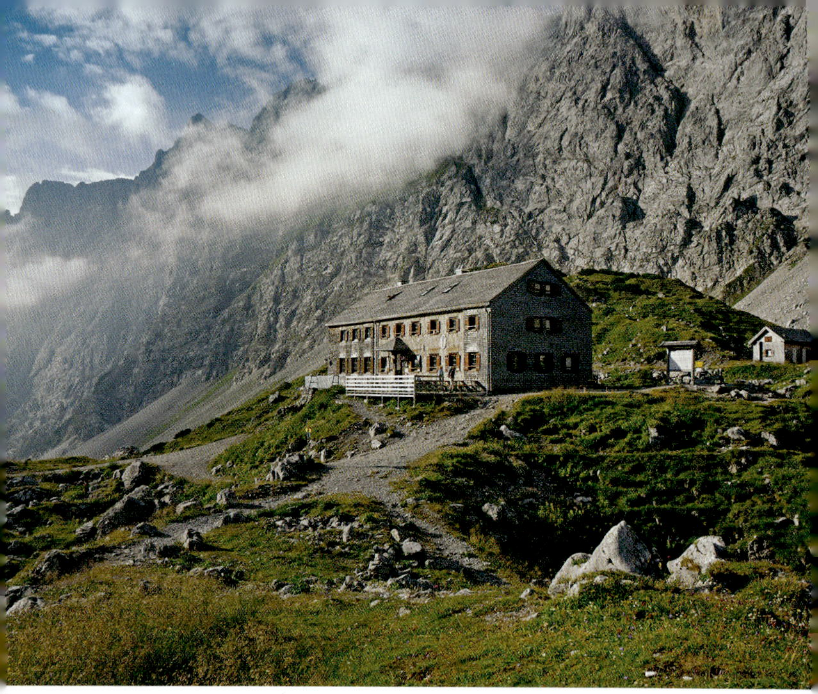

Oben: Die Lamsenjochhütte.
Rechts: Die Lamsenspitze von Osten, unterhalb die Schuttreise, über die man recht rasant hinunterkommen kann, rechts der begrünte Rücken, über den der »normale« Abstieg erfolgt. Die Lamsscharte befindet sich am Grat in etwa an der Sonne-Nebel-Grenze.

entlässt uns dieser beeindruckende Durchbruch jenseitig ins Freie. Dort halten wir uns rechts und erreichen so die **Lamsscharte** ❹. Hier zweigt der Weg ab, den wir später für den Abstieg benutzen. Diesen lassen wir nun rechts liegen und folgen den Markierungen, die uns in weitem Bogen und über schrofiges Kraxelgelände zum Gipfel der **Lamsenspitze** ❺ leiten. Vom Gipfel steigen wir am selben Weg zurück zur **Lamsscharte** ❹. Hier halten wir uns nun links und kommen so zur steilen Schuttreise, die Richtung Lamsenjochhütte hinunterzieht. Der Weg führt am oberen Rand der Schuttreise zu einem begrünten Rücken, über den wir auf markiertem Weg zur **Lamsenjochhütte** ❷ absteigen können. Geübte Berggänger werden es aber vorziehen, in bewährter Technik den direkten Weg über die Schuttreise zu nehmen. Ab der Lamsenjochhütte geht es auf dem vom Aufstieg bekannten Weg hinab zum **Gasthof Gramaialm** ❶.

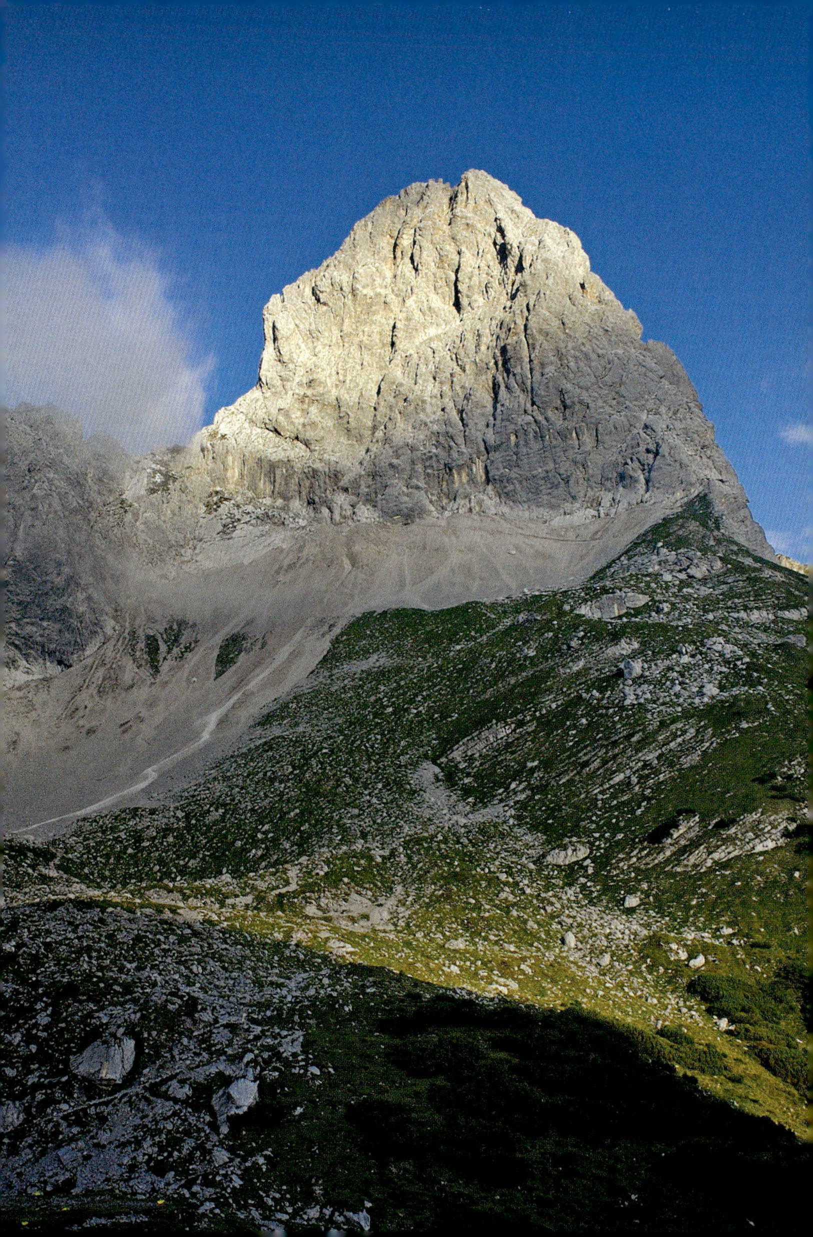

↗ 1290 m | ↘ 1290 m | 14.5 km

40 Rappenspitze, 2223 m

7.00 h

Großzügige Rundtour überm Falzthurntal

Abwechslungsreich geht es über einen Teil des eher selten begangenen Karwendelkammes mit dem sonderbaren Namen Rauhe-Knöll-Verzweigung. Bevor wir allerdings diesen wahrhaft rauen Gesellen erreichen, »verzweigen« wir nach rechts und wählen einen rasanten Abstieg über eine Schuttreise.

Talort: Pertisau, 952 m; am westlichen Ufer des Achensees gelegener Fremdenverkehrsort. Busverbindung mit Maurach, Jenbach und Tegernsee.
Ausgangspunkt: Alpengasthof Falzthurn, 1089 m; etwa 5 km südwestlich von Pertisau an der Mautstraße ins gleichnamige Tal.

Anforderungen: Mäßig schwierige Wanderung, allerdings mit steilen und nicht zu unterschätzenden Stellen (I) am Gipfelaufbau. Insgesamt lang und anstrengend.
Einkehr: Gasthöfe Gramaialm und Falzthurnalm, beide während der Öffnungszeiten der Mautstraße bewirtschaftet. Oberhalb der Talsohle keine Einkehr.

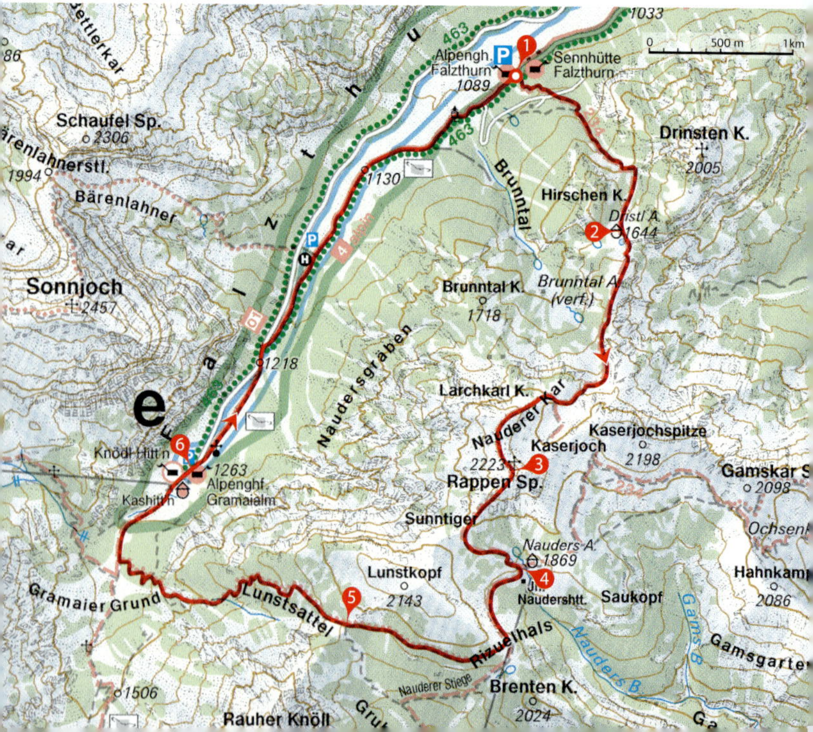

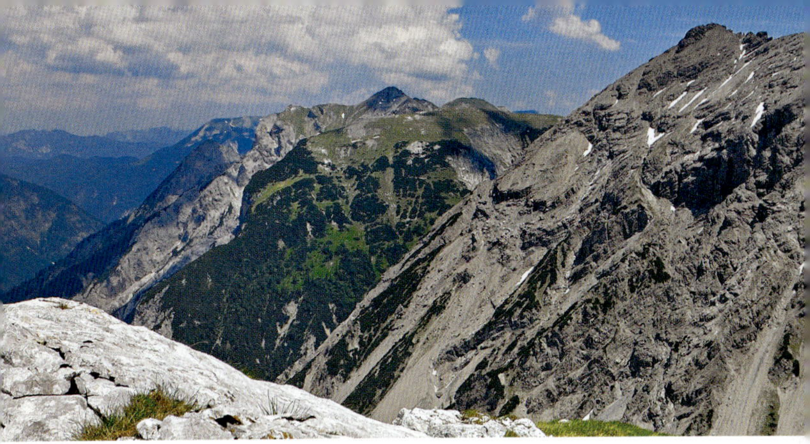

Die Rappenspitze (Bildmitte), rechts der Rauhe Knöll.

Ab dem **Alpengasthof Falzthurn** ❶ führt der markierte Weg 234 nach Süden hinein in den Wald und dort in Kehren aufwärts. Wir gewinnen somit rasch an Höhe und gelangen schon bald nach Osten hin in das zwischen Dristenkopf und Hirschenkopf eingeschnittene Legertal. Durch dieses hinauf und an der **Dristlalm** ❷ vorbei in eine seichte Einschartung südöstlich unter dem Dristlköpfl. Von hier nun queren wir zuerst leicht fallend, dann wieder stetig ansteigend oberhalb felsiger Abbrüche in das Nauderer Kar. Aus den oberen Karböden nach Westen auf den Larchkarlkopf und weiter zum Gipfel der **Rappenspitze** ❸. Der Abstieg folgt zunächst längs verblasster Markierungen dem Südwestgrat, dann geht es nach Südosten hinab zur **Naudersalm** ❹. Durch einen ausgeprägten Graben nehmen wir den Gegenanstieg zum Rizuelhals in Angriff. Hier zweigen wir rechts vom breiten Weg ab und wandern beinahe eben hinüber zum **Lunstsattel** ❺. Der weitere Abstieg über die ausgedehnten Schuttreisen in den Gramaier Grund lässt sich (abfahrend) recht schnell bewältigen. Vorbei am **Gasthof Gramaialm** ❻ marschieren wir über Wiesen (markierter Weg 201) zum **Alpengasthof Falzthurn** ❶.

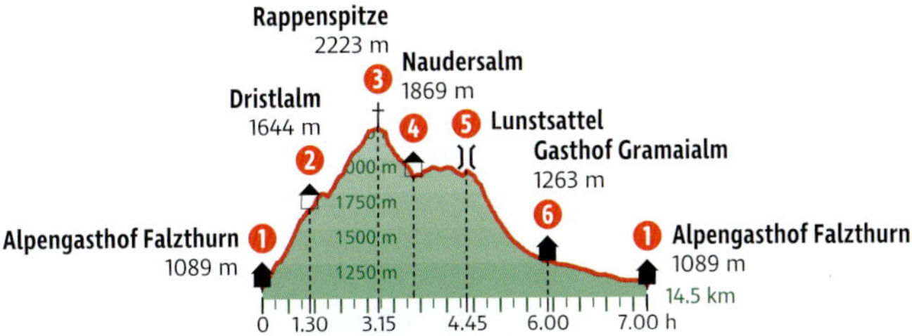

↗ 570 m | ↘ 570 m | 8.0 km

41 Bärenkopf, 1991 m

4.00 h

Beliebter Aussichtsgipfel über dem Achensee

Der Achensee ist nur das blaue Juwel im umfassenden Panorama, das sich vom Bärenkopf bietet. Es gibt Leute, die an seinem Gipfel gerne viel Zeit »vertrödeln«! Keine verlorene Zeit, schließlich gibt es aufgrund der moderaten Tourenlänge, wenn das Wetter passt, auch keinen Grund zur Eile.

Talort: Pertisau, 952 m; am westlichen Ufer des Achensees gelegen. Busverbindung mit Maurach, Jenbach und Tegernsee. Parkplätze an der Karwendelbahn.
Ausgangspunkt: Bergstation der Karwendelbahn am Zwölferkopf, 1490 m.
Anforderungen: Kurze felsige, mit Drahtseil gesicherte Passage beim Aufstieg oberhalb der Bärenbadalm.
Einkehr: Bärenbadalm. Mit kurzem Ab- und Aufstieg auch die Weißenbachalm.
Variante: Als Alternative zur Seilbahn bietet sich der Abstieg über die Weißenbachhütte zur Haltestelle Seespitz an.

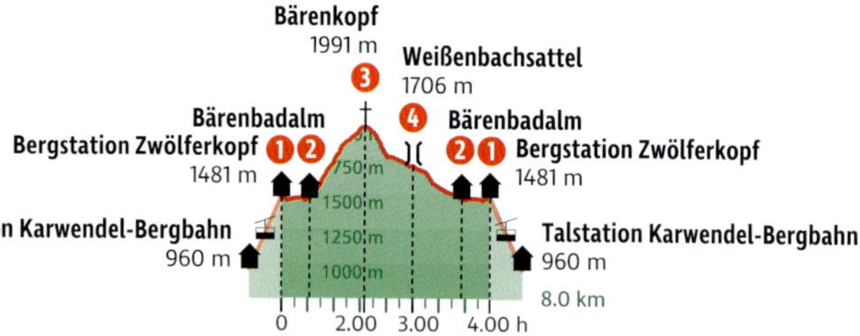

Blick vom Bärenkopf über die Gipfel des Karwendel und hinab zum Achensee.

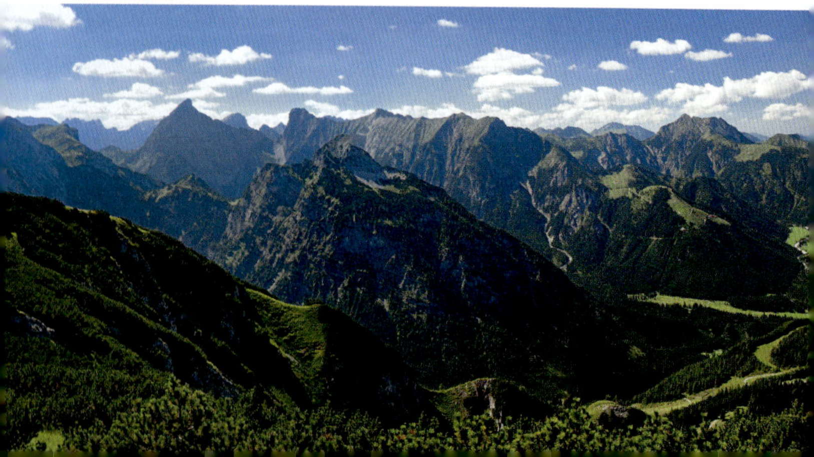

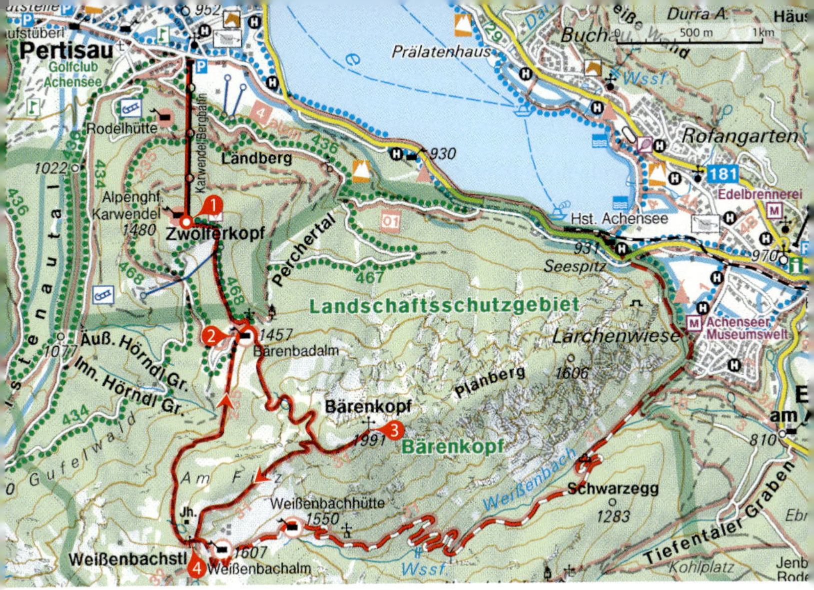

Ab der **Bergstation Zwölferkopf** ❶ erwartet uns ein kurzer Abstieg zur **Bärenbadalm** ❷. Dort folgen wir dem Wegweiser über den Nordwestrücken hinauf zum **Bärenkopf** ❸. Beim Abstieg geht es entlang dem Aufstiegsweg zurück zu einer Wegkreuzung. Dort über den linken Weg hinab zum **Weißenbachsattel** ❹. Vom Sattel in nördlicher Richtung zurück zur **Bärenbadalm** ❷ und wieder hinauf zur **Bergstation Zwölferkopf** ❶.

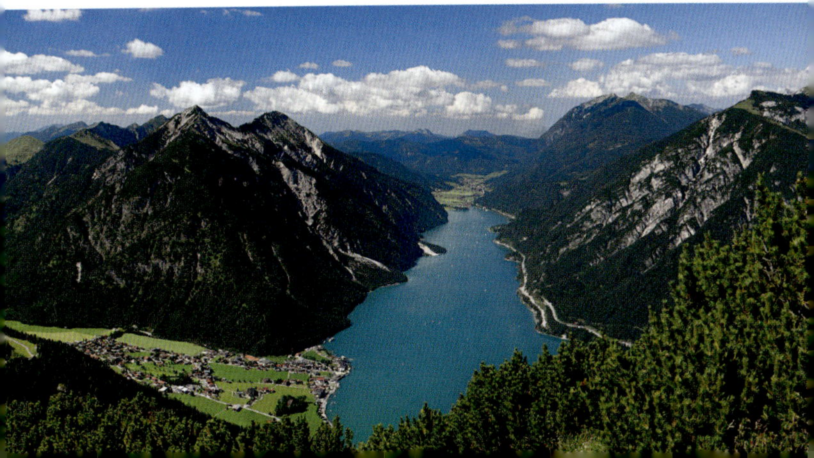

↗ 760 m | ↘ 1310 m | 12.8 km

42 Stanser Joch, 2102 m

5.15 h

»Schauinsland« hoch über dem Inntal

Um aus dem Inntal auf diese Aussichtsloge zu gelangen, sind etwa 1500 schweißtreibende Höhenmeter zu überwinden. Wir hingegen nähern uns dem Stanser Joch genussreich von einem höher gelegenen Ausgangspunkt. Von Pertisau surren wir mit der Gondel auf den Zwölferkopf.

Talort: Pertisau, 952 m; am westlichen Ufer des Achensees gelegen. Busverbindung mit Maurach, Jenbach und Tegernsee. Parkplätze an der Karwendelbahn.
Ausgangspunkt: Bergstation der Karwendelbahn am Zwölferkopf, 1490 m.
Anforderungen: Wenig schwierige Tour.

Einkehr: Bärenbadalm, Weißenbachalm (kurzer Abstecher vom Weißenbachsattel, wenige Minuten).
Variante: Von der Bärenbadalm zusätzlich noch auf den Bärenkopf. Anschließend zum Weißenbachsattel absteigen und weiter auf dem beschriebenen Weg.

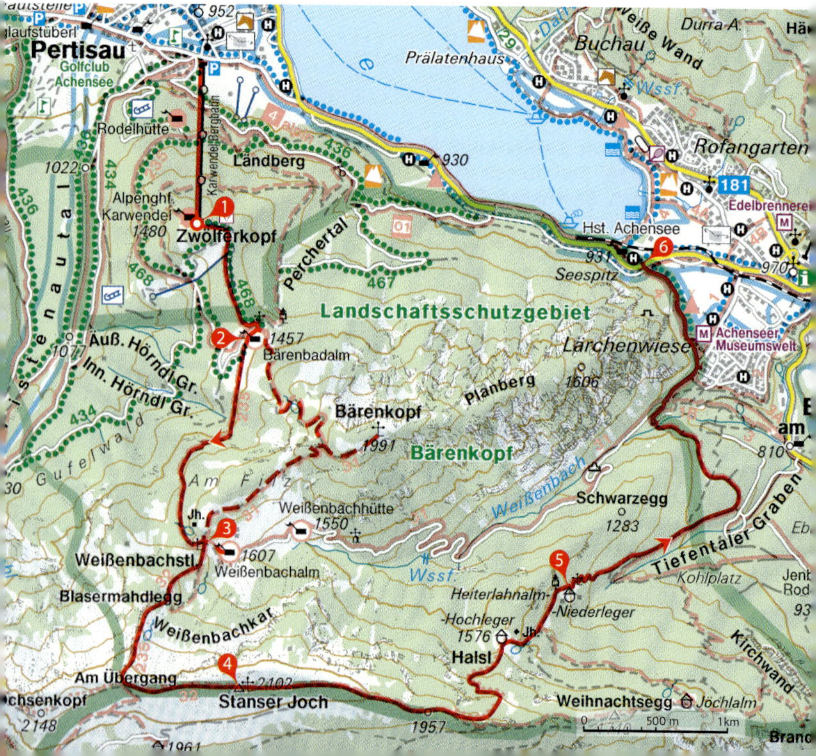

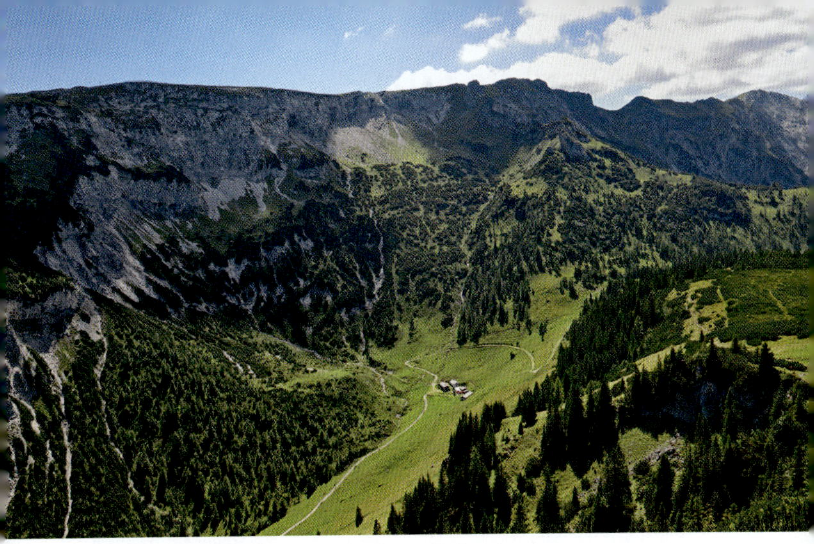

Blick auf die Weißenbachalm und zum Stanser Joch (links).

Ab der Bergstation **Zwölferkopf** ❶ erwartet uns ein kurzer Abstieg zur **Bärenbadalm** ❷. Dort angelangt, beginnt der nordseitige Anstieg über einen ausreichend markierten Pfad durch den **Weißenbachsattel** ❸ und über den rechten Begrenzungsrücken des gleichnamigen Kares hinauf zum flachen Gipfelkamm, über den wir nach Osten hin das **Stanser Joch** ❹ erreichen. Hier kann man stundenlang sitzen und hinunterschauen auf den glitzernden Achensee oder auf das ameisengleiche »Wuseln« tief unten im Inntal.
Zunächst enthebt uns der Abstieg nicht der herrlichen Ausblicke, bleiben wir doch noch einige Zeit an dem ostwärts abstreichenden Gipfelkamm. Erst bei einer Weggabelung zweigen wir links ab und steigen steil in zahlreichen Kehren über die **Heiterlahnalmen** ❺ ins Tiefental ab, wo wir einem Fahrweg hinüber ins Weißenbachtal und hinaus zum **Seespitz** ❻ am Achensee folgen.

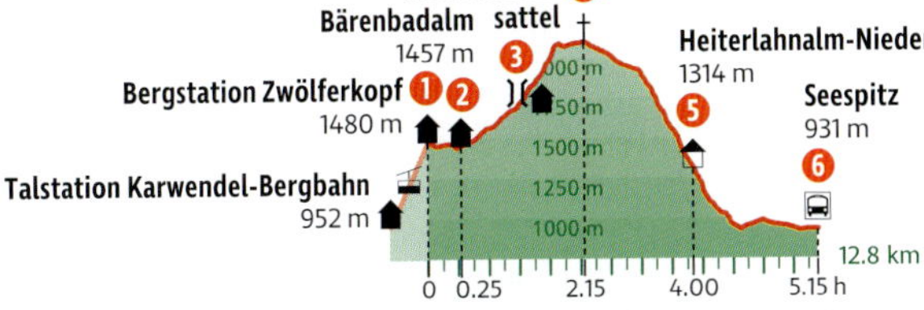

↗ 660 m | ↘ 660 m | 13.1 km

43 Schloss Tratzberg, 631 m – Sankt Georgenberg, 898 m

3.30 h

Kulturwanderung zu einer ehrwürdigen Benediktinerabtei

Das gut erhaltene Schloss Tratzberg, bereits im 13. Jahrhundert errichtet und im 16. Jahrhundert großzügig umgebaut, ist in jedem Fall einen Besuch wert. Zahlreiche Führungen zeigen verschiedene Kunstsammlungen in den mit Renaissance-Interieur eingerichteten, prunkvollen Räumen.
Das Highlight ist aber der tausendjährige Wallfahrtsort Sankt Georgenberg, der im 10. Jahrhundert als Einsiedelei gegründet wurde. Ein wahrhaft malerischer Ort, besonders wenn im Herbst die Laubfärbung der Wälder rings um die Felsen das Szenario bunt untermalt.

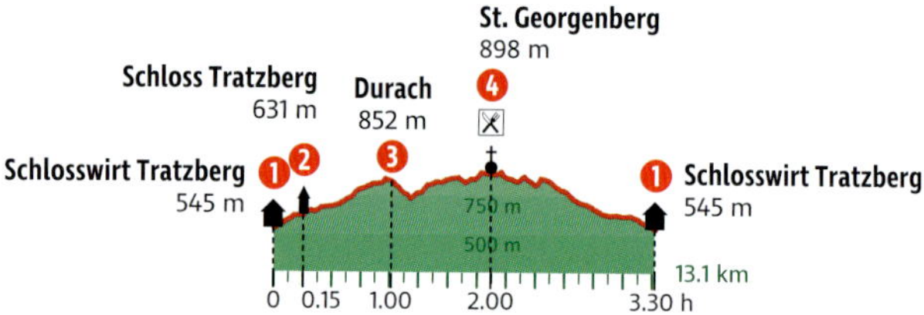

Talort: Stans, 563 m, Busverbindung mit Schwaz, Eisenbahnverbindung mit Innsbruck und Kufstein.
Ausgangspunkt: Schlossgaststätte Tratzberg, 545 m; etwa zwei Kilometer nordöstlich von Stans am Berghang knapp oberhalb des Talbodens.
Anforderungen: Leichte Wanderung auf gut beschilderten Wegen.
Einkehr: Schlossgaststätte Tratzberg am Beginn und Ende der Tour, Gasthaus St. Georgenberg am Wendepunkt.

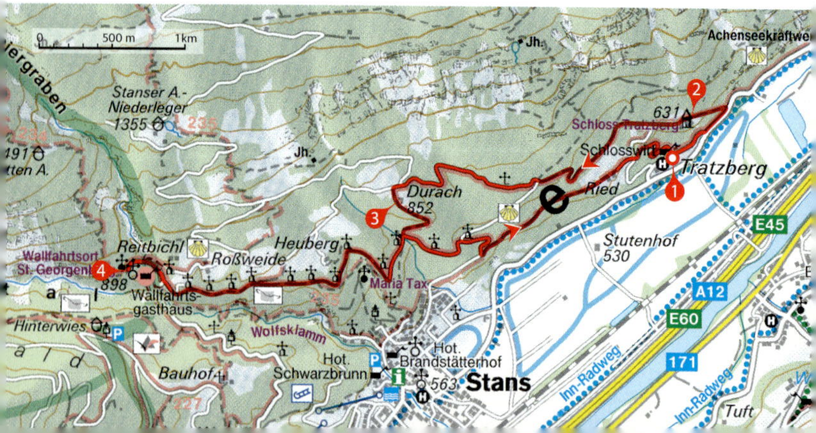

Obwohl ab der Gaststätte **Schlosswirt Tratzberg** ❶ ein breiter Fahrweg den Zugang zum Schloss erleichtert, wählen wir doch lieber einen schmalen Pfad, der gleich hinter dem Wirtshaus durch den Wald in mehreren Kehren zum **Schloss Tratzberg** ❷ emporführt.
Nach kulturbeflissenem Staunen machen wir uns anschließend wieder auf den Weg und gehen zunächst ein kurzes Stück auf der vom Gasthaus heraufführenden Straße zurück, um noch vor den Wiesen des Hofes Ried rechts auf einen Waldweg abzuzweigen. Dieser führt oberhalb am Waldrand nach Südwesten und gabelt sich später in einen beinahe eben verlaufenden und einen leicht ansteigenden Ast. Wir wählen die »alpinere« Variante und wandern hinauf zu den freien Wiesen von **Durach** ❸.

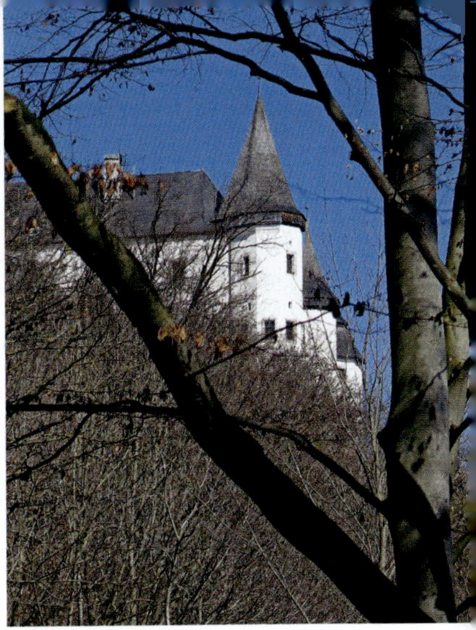

Schloss Tratzberg.

Am Hof beginnt erneut eine etwas breitere Straße, die uns hinableitet in einen markanten Bachgraben und jenseits wieder hinaus. Um einen bewaldeten Rücken herum mündet von links herauf ein markierter Wanderweg (auf ihm kann in langem, höhenmeterreichem Anstieg der hervorragende Aussichtsgipfel des Stanser Joch erreicht werden). Für uns kann dieser Weg heute insofern von Bedeutung sein, als wir auf ihm ganz kurz hinuntersteigen und dann gleich wieder rechts einbiegen können zum idyllisch im Wald versteckten Wallfahrtskirchlein Maria Tax. Zurück am Weg folgen wir dann zunächst der Markierung 235, allerdings nur über zwei Wegkehren hinweg bis auf die Wiesen von Heuberg.
Der Straße folgend wandern wir weiter nach Westen, den Blick in das einsame Stallental und auf die darüber wild aufragenden Felszinnen von Fiechter- und Mittagspitze gerichtet. So nähern wir uns mittlerweile dem Ziel unserer Tour: Bevor sich der Weg wieder ins Tal senkt, erblicken wir jenseits eines Bachgrabens **Sankt Georgenberg** ❹; also nochmals kurz hinab, über die Brücke und hinauf zum tausendjährigen Wallfahrtsort Sankt Georgenberg,
Um beim Rückweg den lästigen Gegenanstieg nach Durach zu vermeiden, werden wir noch vor dem markanten Bacheinschnitt (nach Maria Tax) rechts abzweigen und über Ried zum **Schlosswirt Tratzberg** ❶ zurückkehren. Auf diesem Weg haben wir dann noch einmal hübsche Ausblicke auf das Schloss.

↗ 950 m | ↘ 950 m | 16.5 km

44 Lamsenjochhütte, 1953 m

5.45 h

Genussreiche Wanderung in ein wildes Felsenrund

Lange, aber wenig anstrengende Tour, die sich auch gut für Familien eignet. Selbst die Versorgung auf halbem Weg ist durch die bewirtschaftete Stallenalm sichergestellt und sogar Gipfelhunger kann gestillt werden.

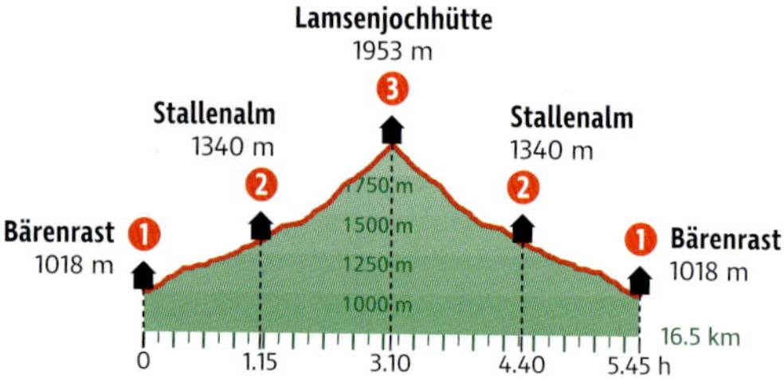

Talort: Schwaz, 545 m; alte Bergbaustadt am rechtsseitigen Innufer; Zugverbindung mit Innsbruck und Kufstein, Autobahnanschluss.
Ausgangspunkt: Parkplatz Bärenrast, 1018 m, zu erreichen über Fiecht in Richtung Stallental.
Anforderungen: Leichte Wanderung. Wer bereits in Fiecht oder Schwaz startet, wird einen ausgefüllten Tag erleben.

Einkehr und Unterkunft: Lamsenjochhütte, 1953 m, in aussichtsreicher Lage unter der Lamsenspitze; Alpenvereinshütte, bewirtschaftet von Anfang Juni bis Mitte Oktober.
Variante: Von der Hütte nach Osten über den Kamm auf das Schafjöchl, einen hübschen Aussichtsberg mit interessanten Nahblicken auf die Felsmauern zwischen Hochnissl und Lamsenspitze.

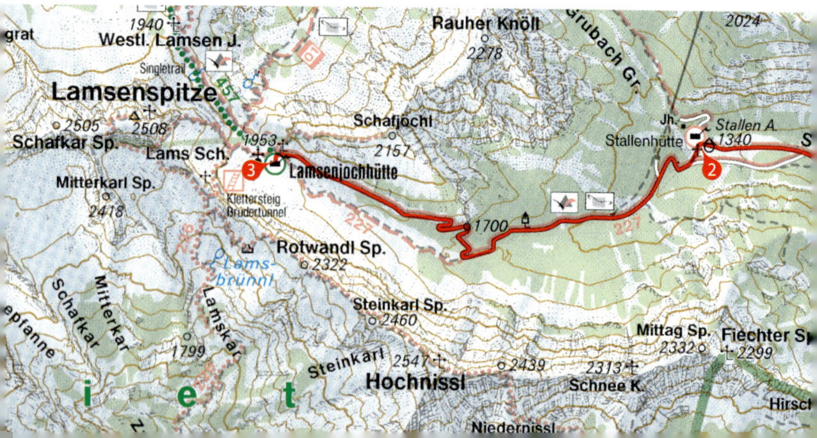

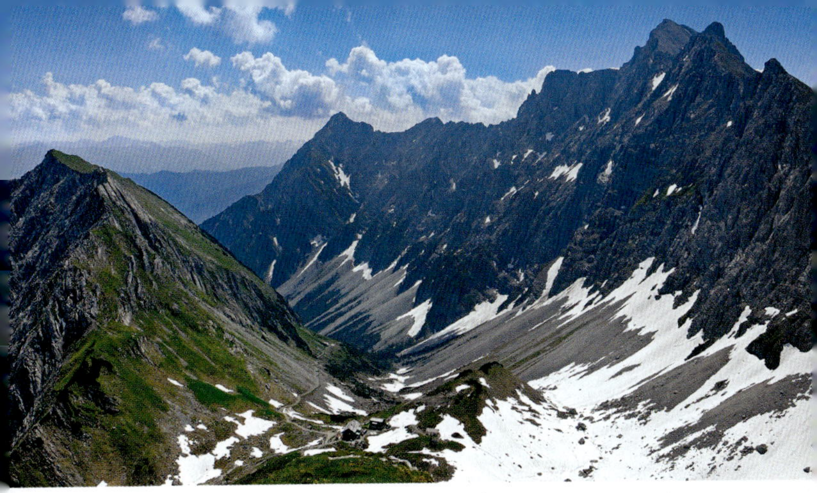

Die Lamsenjochhütte, eingerahmt von Schafjöchl (links) und den Felswänden des Hochnissl (rechts) die das Stallental begrenzen.

Vom Parkplatz **Bärenrast** ❶ folgen wir der Ausschilderung und gelangen so hinein in den mit Geröll gefüllten und mit Latschen bestandenen Stallenboden. Dort hindurch erreichen wir in westlicher Richtung schon die **Stallenalm** ❷. In der Folge nimmt die Neigung des Fahrweges ein wenig zu, wird aber niemals steil und anstrengend. Unter dem linksseitig mittlerweile recht bedrohlich aufragenden Hochnissl wendet sich der Fahrweg dann etwas auf die nördliche Talseite unter dem Schafjöchl zu. Der hier abzweigende Fußweg ist wegen Bergsturzgefahr im Bereich der Steinkarlspitze gesperrt und so folgen wir dem Fahrweg bis zur **Lamsenjochhütte** ❸.

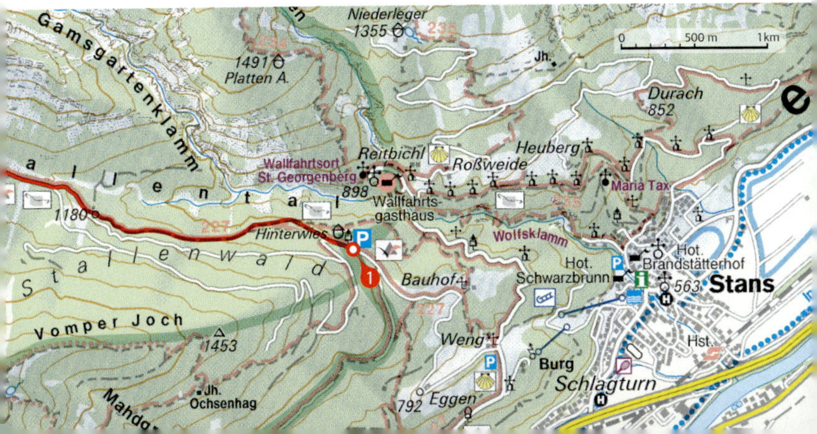

↗ 780 m | ↘ 780 m | 14.4 km

45 Über dem Vomper Loch zur Walderalm

5.45 h

Mit Blick auf »zwei Welten«

Das Vomper Loch hat einen einsamen und rauen Charakter. Nur wenige, anspruchsvolle, mehr und mehr der Erosion zum Opfer fallende Pfade führen in sein wildes Herz. Dennoch dürfen wir Einblick nehmen in diesen eindrucksvollen Winkel des Karwendel. Am Walder Kamm, hoch über der Talsohle mit dem Vomper Bach und gegenüber den Gipfeln der Hinterautal-Vomper-Kette führt ein einfacher Weg über die Ganalm zur Walderalm. Von hier gesehen baut sich ein grandioses, fast zweitausend Meter in die Vertikale erstreckendes Landschaftsbild vor uns auf. Nach der Walderalm bildet dann das Inntal quasi das zivilisatorische Gegenstück. Bei der Ruhebank auf dem Walder Joch können wir den Kopf nach Belieben wenden und dabei beides erleben.
Die Ganalm, vielfach als eine der urigsten Almen im Karwendel bezeichnet, hat die gastronomische Bewirtschaftung seit 2021 bis auf Weiteres eingestellt. Es gibt allerdings Bestrebungen (Spendenaktion 2024) dies wieder zu ändern.

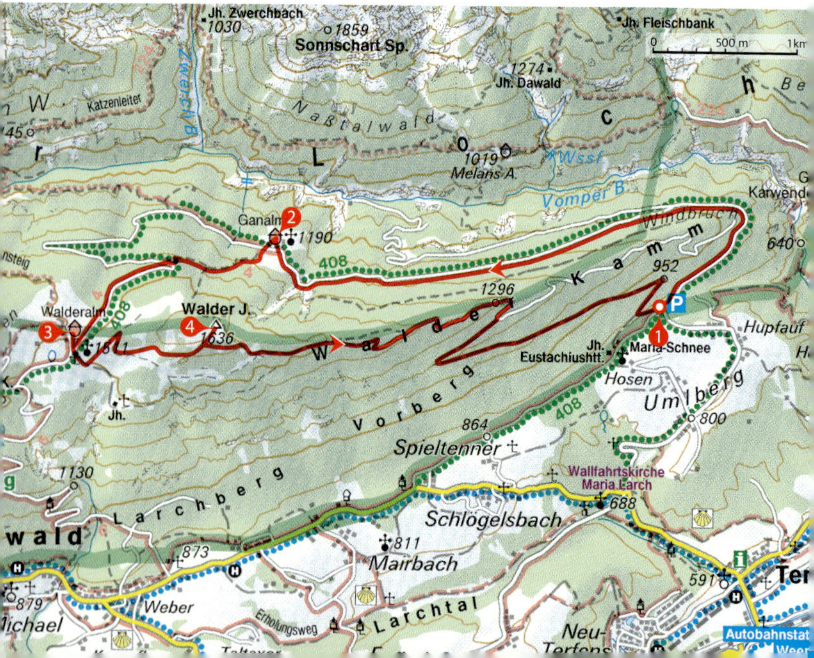

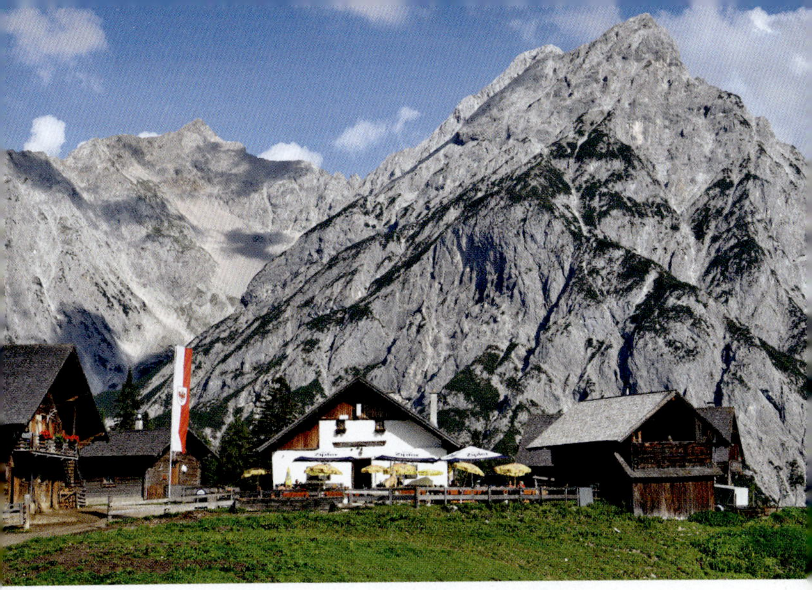

Die aussichtsreich gelegene Walderalm. Rechts dahinter die Huderbankspitze, 2318 m.

Talort: Terfens im Inntal, 591 m.
Ausgangspunkt: Parkplatz am Waldrand nördlich von Umlberg bzw. nordöstlich von Maria Schnee.
Anforderungen: Technisch einfache Wanderung, teilweise auf Forstwegen.
Einkehr: Walderalm, die Ganalm ist seit einiger Zeit geschlossen.

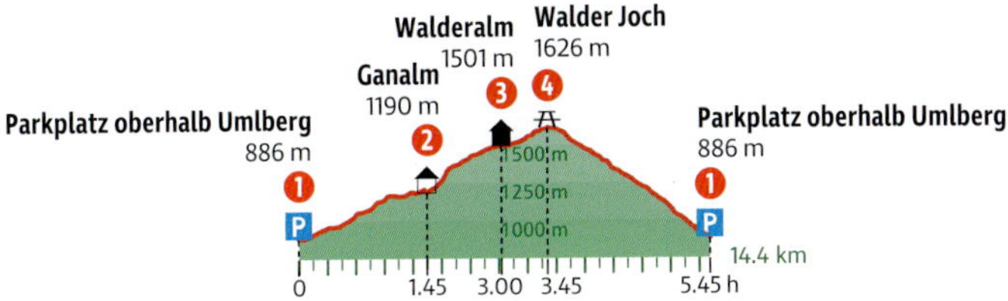

Vom **Parkplatz oberhalb Umlberg** ❶, 886 m, folgen wir der Beschilderung Ganalm. Dabei wandern wir auf einem bequemen Forstweg der zunächst in nordöstliche Richtung führt, sich aber bald in westliche Richtung wendet. Kurz nach dem Erreichen der **Ganalm** ❷, 1190 m, verlassen wir den Forstweg (der ebenfalls zur Walderalm führt) nach links, um den hier weit ausholenden Forstweg auf gutem Weg durch den Wald abzu-

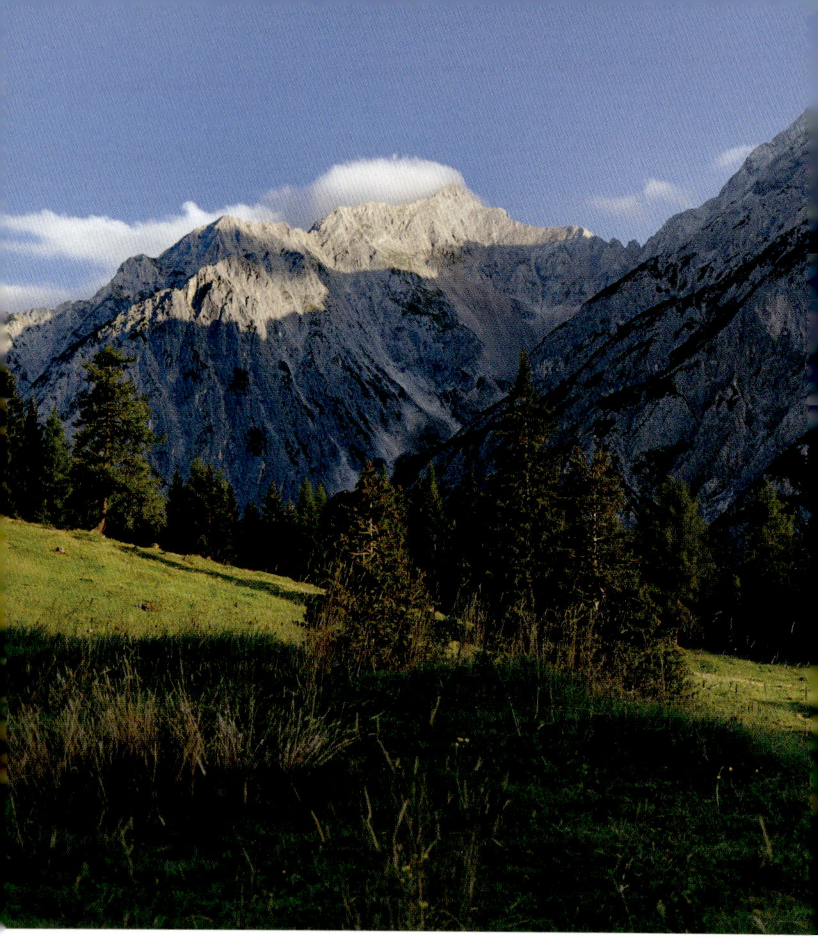

kürzen. Oberhalb treffen wir allerdings wieder auf diesen und erreichen schließlich die **Walderalm** ❸, 1502 m.

Von der Walderalm der Zufahrtsstraße in südliche Richtung folgen, bis links der ausgeschilderte Weg in Richtung Walder Joch abzweigt. Zum **Walder Joch** ❹, 1626 m, bringt uns dann ein kurzer Abstecher nach links (schöne aussichtsreiche Rastbank).

Kurz am selben Weg zurück und auf dem Weg etwas unterhalb des Walder Kamm in östlicher Richtung, bis wir einen Forstweg erreichen, in

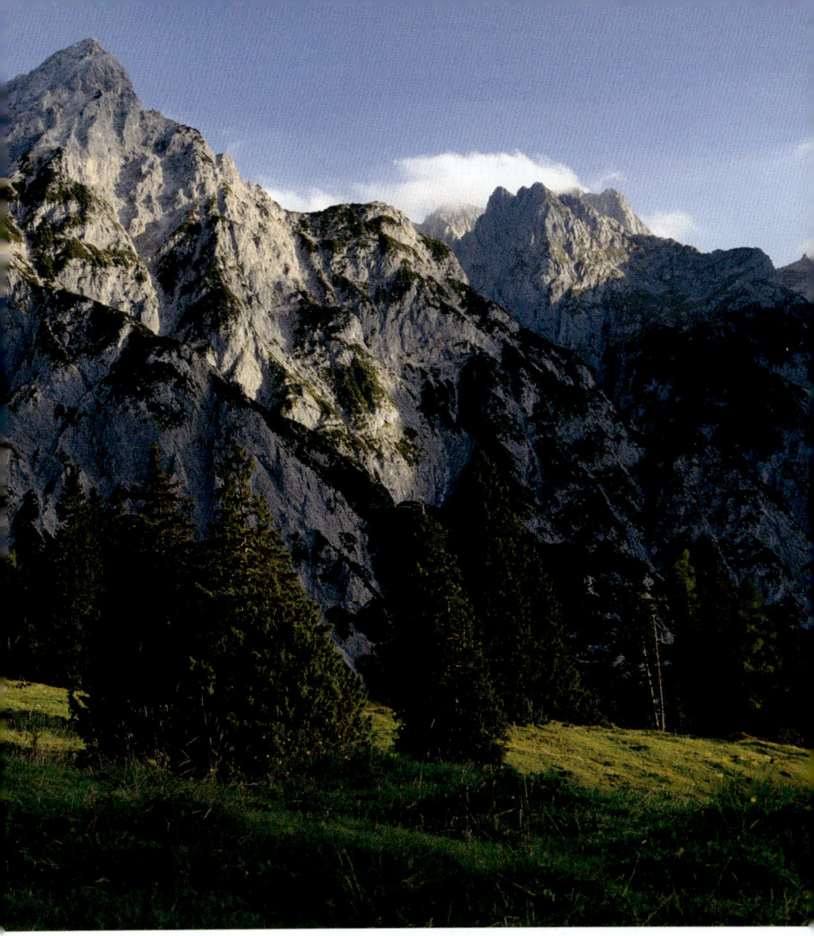

Blick aus dem Bereich der Walderalm über das tief eingeschnittene Tal des Vomper Lochs hinweg zur Huderbankspitze, 2318 m. Links im Hintergrund Spitzkarkopf (auch Spitzkarlspitze), 2374 m, und Eiskarlspitze, 2613 m. Rechts im Hintergrund Schafkarspitze, 2505 m, Mitterkarlspitze, 2418 m, und Lamsenspitze, 2508 m. Das Vomper Loch vermittelt einen wildromantischen Zugang via Überschalljoch zu Hallerangeralm und Hallerangerhaus.

den wir nach rechts einbiegen. In wenigen Kehren bringt uns dieser zum Ausgangspunkt beim **Parkplatz oberhalb Umlberg** ❶.

↗ 720 m | ↘ 720 m | 4.3 km

46 Hundskopf, 2243 m

3.45 h

Der Felix-Kuen-Weg hoch über dem Vomper Loch

Gäbe es nicht die Mautstraße zur Hinterhornalm, so wäre die Besteigung des Hundskopf ein recht langes Unternehmen. So erlaubt die kurze aber eindrucksvolle Route entweder ein ausgedehntes Sonntagsfrühstück oder die Badefreuden an irgendeinem See bereits zur frühen Mittagsstunde. Eine andere Überlegung wäre, der bewirtschafteten Walderalm noch einen Besuch abzustatten, um so den Nachmittag in angenehmer Atmosphäre zu verbummeln.
Was dem Weg aufgrund der Kürze fehlt, macht er durch Würze allemal wieder wett. Der Tiefblick hinab ins Vomper Loch ist atemberaubend und die Ausgesetztheit am kurzen Klettersteig reine Nervensache.

Im Aufstieg zum Hundskopf (links), rechts blicken wir hinab in die Tiefen des Vomper Loch, darüber im Hintergrund ein markantes Schaustück, das wir von der Eng her kennen, hier allerdings von Südosten, die Grubenkarspitze.

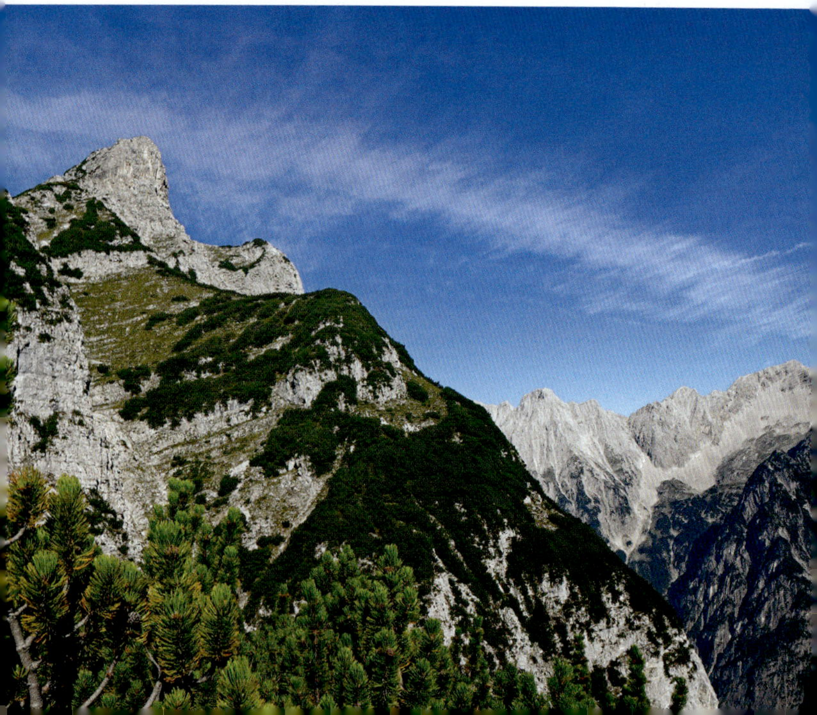

Talort: Gnadenwald, 880 m, im Inntal gelegen, nordwestlich von Wattens (Autobahnanschluss).
Ausgangspunkt: Alpengasthof Hinterhornalm, 1522 m, über Mautstraße von Gnadenwald/St. Martin zu erreichen.
Anforderungen: Unter der Rubrik Klettersteige gehört der Felix-Kuen-Weg zur leichteren Kategorie. Dennoch ist es ein echter, noch dazu recht luftiger Klettersteig, der eine komplette Klettersteigausrüstung erfordert.
Einkehr: Unterwegs keine Einkehr.
Variante: Mit einem kurzen Abstecher kann man der bewirtschafteten Walderalm einen Besuch abstatten

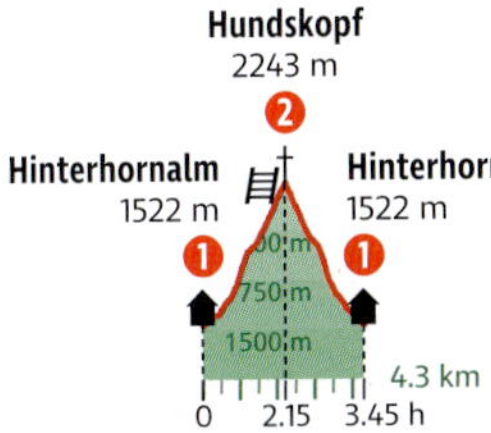

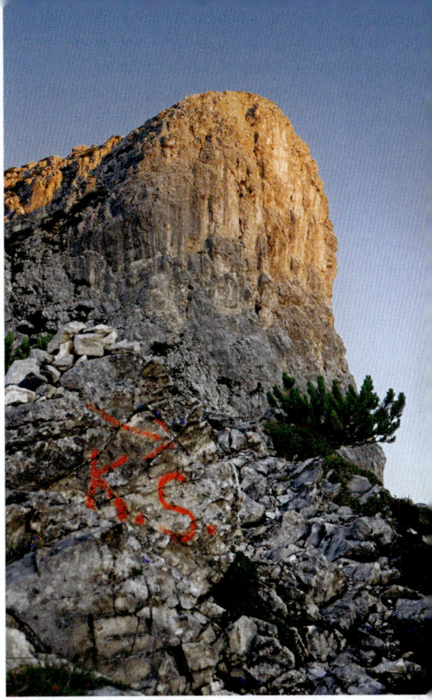

Der Hundskopf im frühen Morgenlicht, wie man sieht, ist der Weg zum Klettersteig bestens bezeichnet und kaum zu verfehlen.

Vom Parkplatz bei der **Hinterhornalm** ❶ folgen wir zunächst dem ausgeschilderten Weg Richtung Walderalm. Bald zweigt linker Hand ein gut markierter Pfad ab (Wegweiser), der uns auf den aussichtsreichen Bergrücken bringt. Nun über den latschenbestandenen Rücken aufwärts zum bestens markierten Klettersteig. Dieser führt zunächst ein Stück unter der Nordwand hindurch, dann helfen zahlreiche Tritthilfen und eine Leiter (mit Buch) zum Gipfel des **Hundskopf** ❷. Der Abstieg erfolgt über den etwas leichteren, aber ausgesetzten und weniger gesicherten Ostgrat zurück zum Aufstiegsweg. Über diesen zurück zur **Hinterhornalm** ❶.

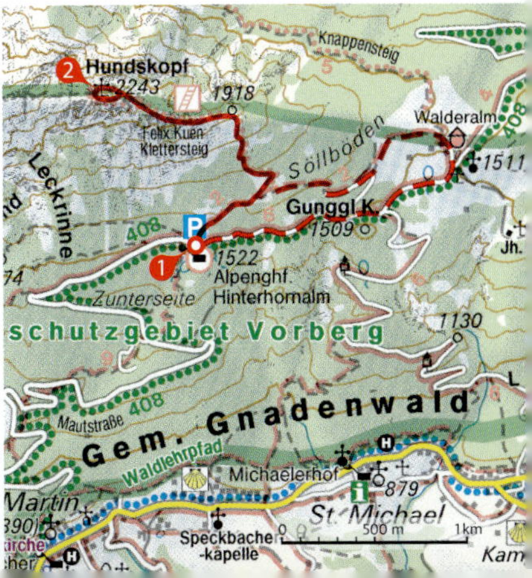

↗ 510 m | ↘ 510 m | 7.3 km

47 St. Magdalena im Halltal, 1287 m

3.00 h

Zum Saisonbeginn gemütlich ins Halltal

Oft wird St. Magdalena als »Kraftort« genannt. Wie man das verstehen will, spirituell religiös, esoterisch oder im künstlerischen Sinne, ist natürlich eine ganz persönliche Sache und soll hier auch keineswegs herabgewürdigt werden. Die Kraft, die dort in der zugehörigen Gaststube von der Speisekarte ausgeht, ist in jedem Fall verlockend und kurze Zeit nach einer Bestellung auch handfest greifbar und verschafft auch neue Energie. Inspirierend schön ist es im Halltal aber auch ohne diesen Luxus.

Seitdem die ehemalige Mautstraße für den öffentlichen Verkehr gesperrt wurde, ist der Weg hierher nun auch für Ruhe suchende Wanderer interessant, noch dazu kann man hier den Frühsommer genießen, wenn die »richtigen« Bergwandertouren noch unter einer Firndecke im Winterschlaf verharren. Die Wanderung startet und endet am großen Parkplatz am Eingang des Halltal. Dort befindet sich ein Besucherzentrum, wo man sich nicht nur informieren, sondern auch nach der Wanderung die Füße in der zugehörigen Kneippanlage kühlen kann. Auch Kinder finden im dortigen Spielplatz noch eine Stätte, um verbliebene Restenergie abzubauen.

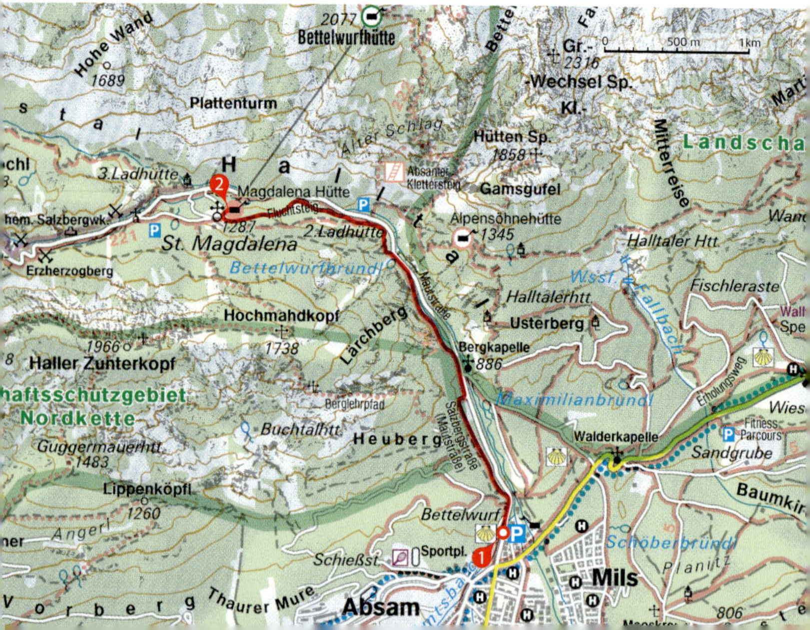

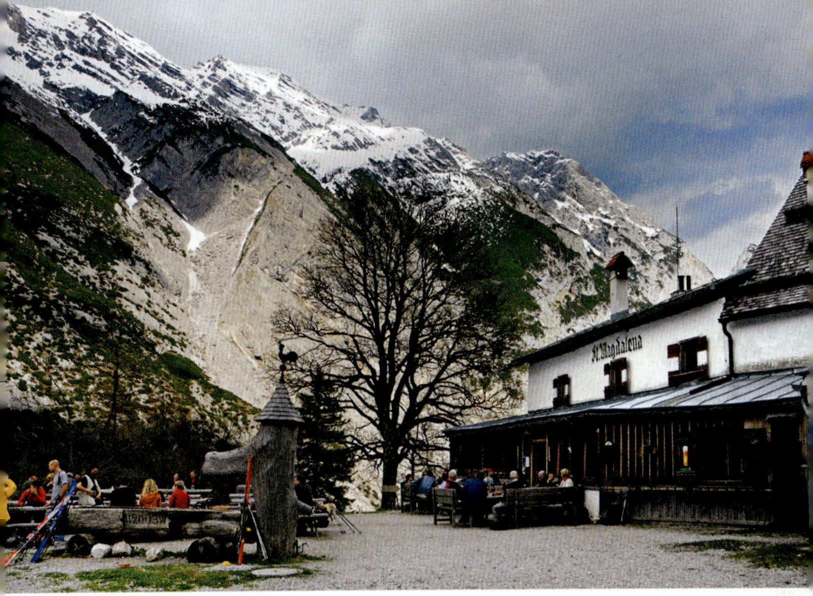

St. Magdalena, je nach Jahreszeit ein Ort, an dem sich Wanderer und Skitourengeher zum Einkehren treffen. Im Hintergrund der Große Bettelwurf.

Talort: Hall, 574 m; Bahnstation, Autobahnanschluss, hervorragende Busverbindungen nach Innsbruck.
Ausgangspunkt: Großer Parkplatz am Eingang des Halltal, 780 m.

Anforderungen: Leichte Wanderung mit mäßiger Steigung. Am Fluchtsteig wenige, etwas ausgesetzte, aber touristentauglich hergerichtete Stellen.
Einkehr: Gasthaus St. Magdalena, 1287 m.

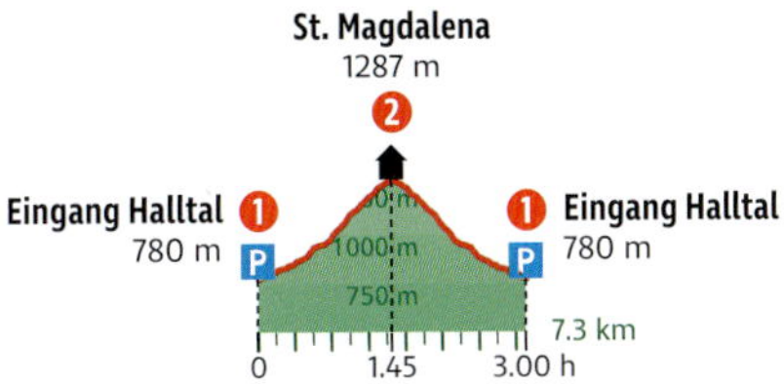

Vom Parkplatz am Eingang des **Halltal** ❶ folgen wir dem Wegweiser Richtung St. Magdalena. Der Weg führt meist parallel der »stillgelegten« Mautstraße ins Halltal hinein bis zu einer Wasserfassung. Hier weiter über den sogenannten Fluchtsteig bis nach **St. Magdalena** ❷.

↗ 730 m | ↘ 730 m | 7.9 km

48 Haller Zunterkopf, 1966 m

4.30 h

Rundtour hoch über Inntal und Halltal

Ob wir unseren Blick lieber über die urbane Landschaft im Inntal, oder besser über das urige Halltal und die darüber schroff aufragenden Gipfel schweifen lassen, ist reine Geschmackssache. Vielleicht sind sogar die riesigen Ameisenhaufen in der Nähe vom Hochmahdkopf (kein Pausenplatz) mal einen inspizierenden Blick wert. Abwechslung ist also in jedem Fall geboten.

Talort: Hall, 574 m; am nördlichen Innufer östlich von Innsbruck gelegene Kleinstadt mit vielen Sehenswürdigkeiten. Bahnstation, Autobahnanschluss, hervorragende Busverbindungen nach Innsbruck.
Ausgangspunkt: Gasthaus St. Magdalena, 1287 m.
Die ehemalige Mautstraße hierher ist wegen der Gefährdung durch Murenabgänge für den öffentlichen Verkehr gesperrt. Während der Wandersaison gibt es (wetterabhängig) einen Taxidienst, samstags und sonntags zusätzlich einen Shuttlebus vom großen Parkplatz am Eingang des Halltal. Info: www.hall-wattens.at/de/halltal-taxi-shuttle-service.html
Anforderungen: Wenig schwierige Wanderung mit allerdings einer etwas heiklen, weil abschüssigen Stelle am Übergang vom Hochmahd- zum Haller Zunterkopf.
Einkehr: Gasthaus St. Magdalena, 1283 m. Knappenhäusl bei den Herrenhäusern (nur zeitweise).
Variante: Beim Abstieg vom Zunterkopf kann man mit einem kurzen Abstecher die Kaisersäule besuchen.

Der Blick aus der Nähe des Hochmahdkopf hinab zu den Städten im Inntal und hinauf zum Haller Zunterkopf.

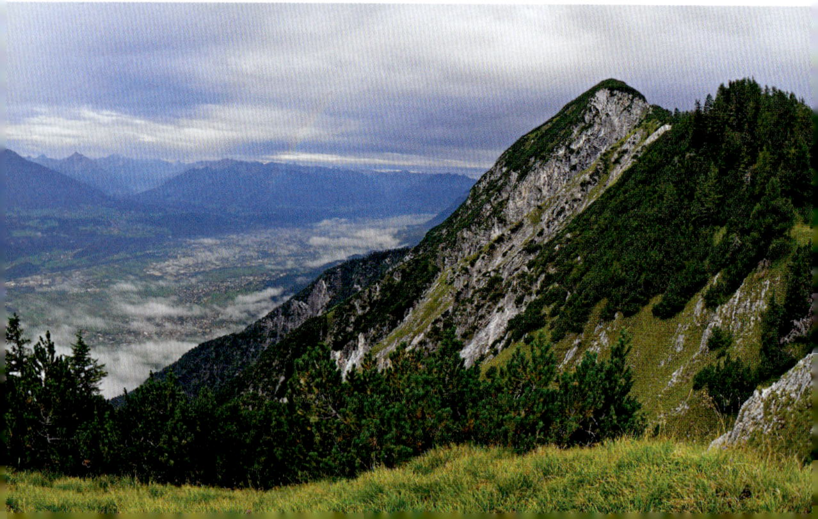

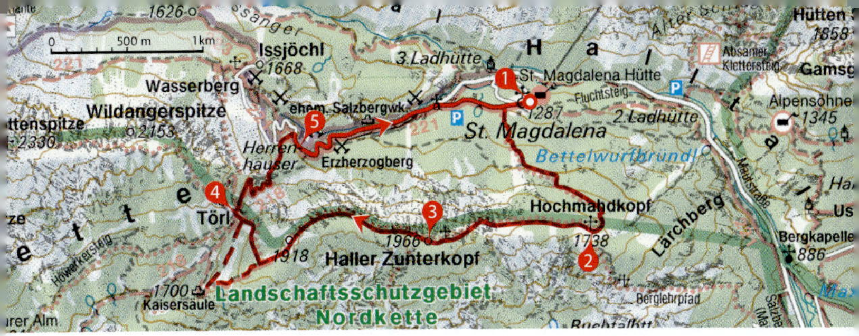

Ab **St. Magdalena** ❶ führt uns in südlicher Richtung ein schmaler, aber hinreichend markierter Jagdsteig in den Hochwald. Das anfangs noch recht wenig geneigte Terrain steilt in der Folge immer mehr auf, bis sich der Weg in zahllosen Kehren über enorm steilen Waldboden in Grundrichtung Südost zum Kamm hinaufschlängelt, den wir bei einer Aussichtsbank in unmittelbarer Nähe des unscheinbaren **Hochmahdkopf** ❷ erreichen. Vorbei an ungewöhnlich großen Ameisenhaufen sind wir nun in freierem Gelände angelangt und wenden uns nach Westen, um den Grat entlang hinüberzuwandern zum deutlich höheren Zunterkopf. Der Übergang erweist sich als problemlos – bis auf eine einzige Stelle, wo der Pfad unmittelbar neben dem rechtsseitigen Steilabbruch des Grates verläuft; aber alles in allem sieht diese Passage grimmiger aus, als sie letztendlich zu begehen ist. Zwischen Latschenfeldern hindurch gelangen wir schon bald auf den **Haller Zunterkopf** ❸.

Von nun an gehts bergab, zunächst Richtung Südwesten längs eines Kammes und dann nordwestlich hinüber zum Törl. Vor der Querung zum Törl bietet sich ein kurzer, aber lohnender Abstecher an, indem wir an dem südwestgerichteten Kamm weiter absteigen bis zur Kaisersäule, 1700 m, einem pyramidenförmigen Steinmonument, 1815 zu Ehren von Kaiser Franz I. errichtet, das an dieser Stelle etwas grotesk zwischen weidendem Jungvieh

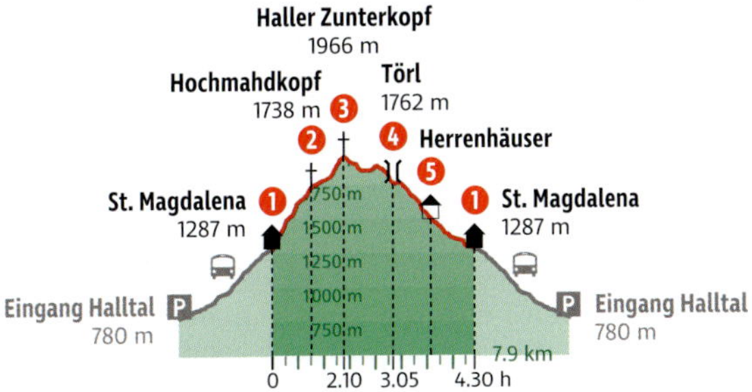

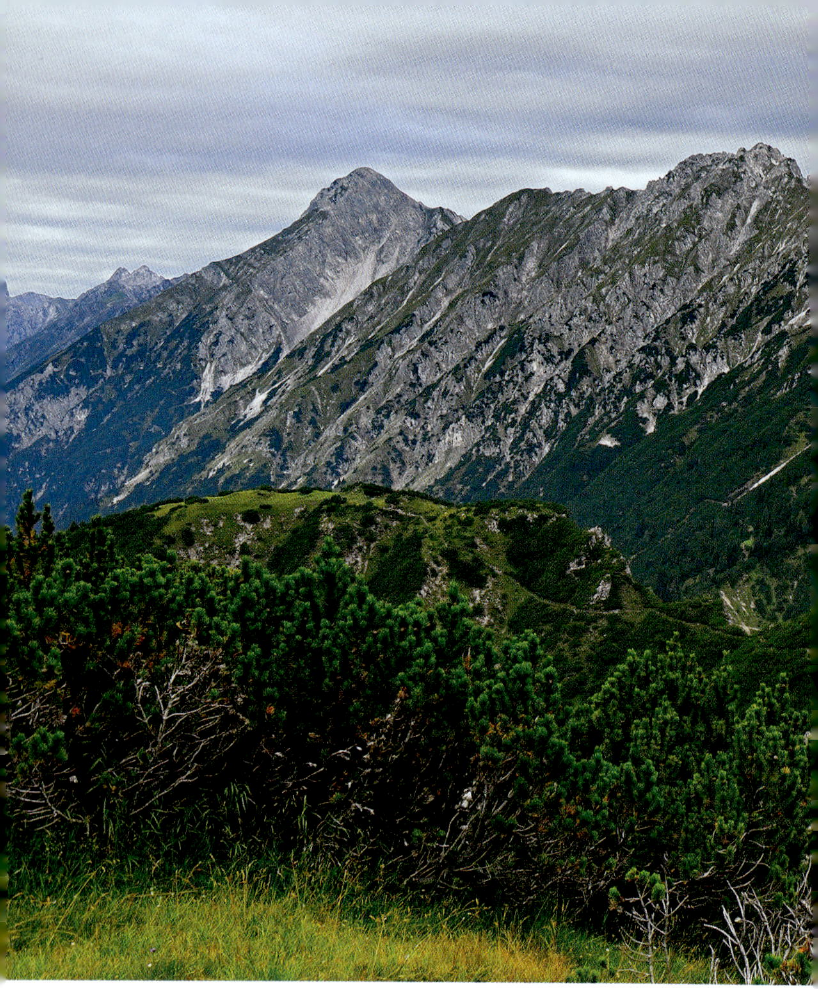

in den Himmel ragt. Darüber hinaus jedoch bietet dieser sonnige Platz eine gute Gelegenheit, um eine Rast einzulegen und den Blick über die Niederungen des Inntal und in die Karwendelberge schweifen zu lassen.
Leicht steigend halten wir oberhalb eines begrünten Tales nach Norden hin auf das **Törl** 4 zu. Der jenseitige Abstieg beginnt nicht direkt in der tiefsten Einschartung, sondern etwas weiter oben am zur Wildangerspit-

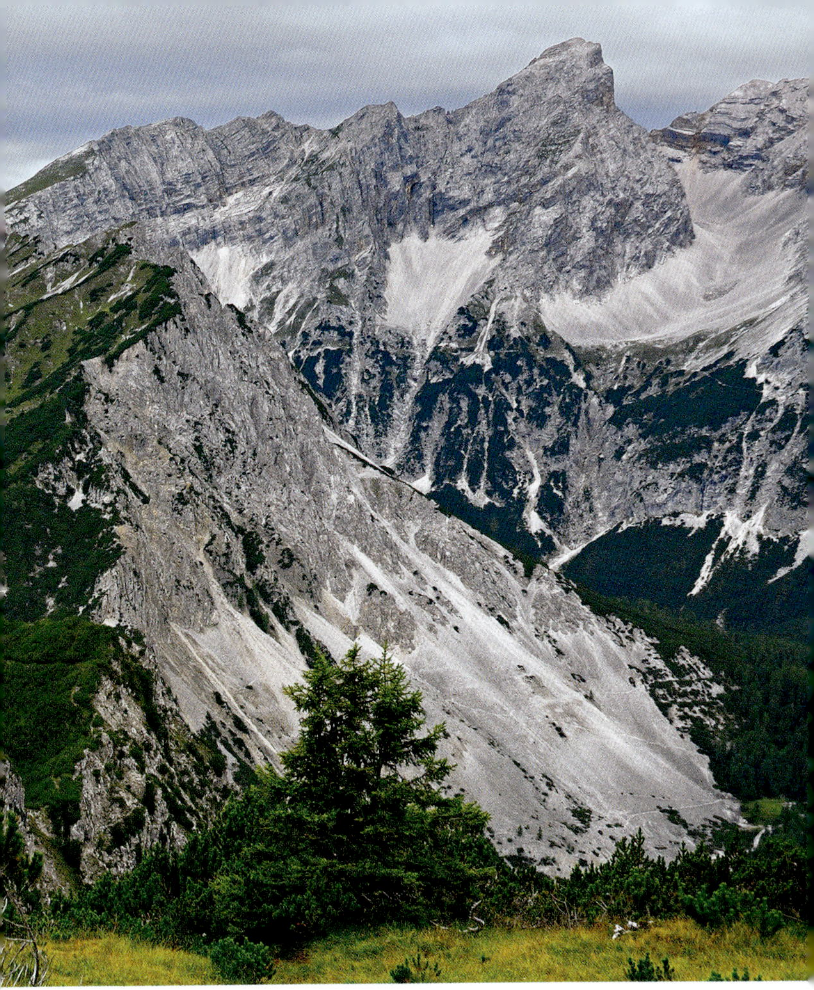

Auf dem Weg hinab zum Törl, im Hintergrund links die Rumerspitze, rechts Stempeljochspitze und Roßkopf, im Mittelgrund die Lattenspitze.

ze hinaufziehenden Kamm, und führt über Schutt und später durch Wald hinab zu den **Herrenhäusern** 5, die leider durch eine Lawine beschädigt wurden und absehbar nicht wieder restauriert werden. Ab hier geht es auf einer Forststraße talauswärts nach **St. Magdalena** 1.

↗ 1040 m | ↘ 1240 m | 12.5 km

49 Bettelwurfhütte, 2077 m

6.00 h

Ungewöhnlicher Hüttenzugang über einen Höhenweg

Zugegeben, die Bettelwurfhütte kann von weiter vorne im Tal erheblich zeitsparender erreicht werden, doch der aussichtsreiche Genusssteig, stets mit Blick zu den Zentralalpen, rechtfertigt den etwas längeren Weg allemal. Auf der Hütte können wir entweder übernachten, um anderntags dem Großen Bettelwurf auf sein steiniges Haupt zu steigen, oder den serpentinenreichen Abstieg über die Bettelwurfreisen hinab ins Halltal anzutreten.

Talort: Hall, 574 m; am nördlichen Innufer östlich von Innsbruck gelegene Kleinstadt mit zahlreichen kulturellen Sehenswürdigkeiten. Bahnstation und Autobahnanschluss, hervorragende Busverbindungen nach Innsbruck.
Ausgangspunkt: St. Magdalena, 1287 m. Die ehemalige Mautstraße hierher ist wegen der Gefährdung durch Murenabgänge für den öffentlichen Verkehr gesperrt. Während der Wandersaison gibt es (wetterabhängig) einen Taxidienst, samstags und sonntags zusätzlich einen Shuttlebus vom großen Parkplatz am Eingang des Halltal. Info: www.hall-wattens.at/de/halltal-taxi-shuttle-service.html
Anforderungen: An sich wenig schwierige, aber sehr genussvolle Wanderung mit herrlichen Ausblicken. Einzig der Steig durch das Hirschbad ist häufig etwas überwuchert und rutschig. In Gegenrichtung ziemlich anstrengend.
Einkehr und Unterkunft: Bettelwurfhütte, 2077 m, Alpenvereinshütte, voll bewirtschaftet von Anfang Juni bis Mitte Oktober. Gasthaus St. Magdalena im Halltal.
Variante: Nach Schlechtwetter kann der Weg durch das Hirschbad leicht in eine Schlammschlacht ausarten. Dann ist der Weg über das Issjöchl vorzuziehen.

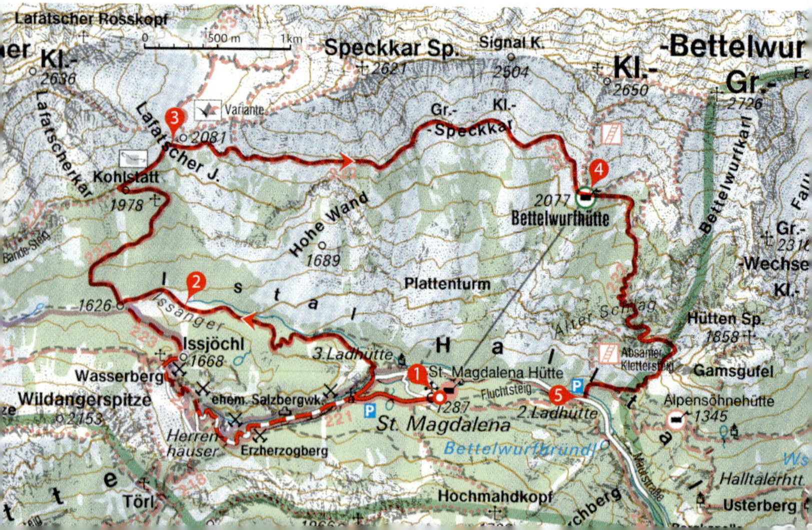

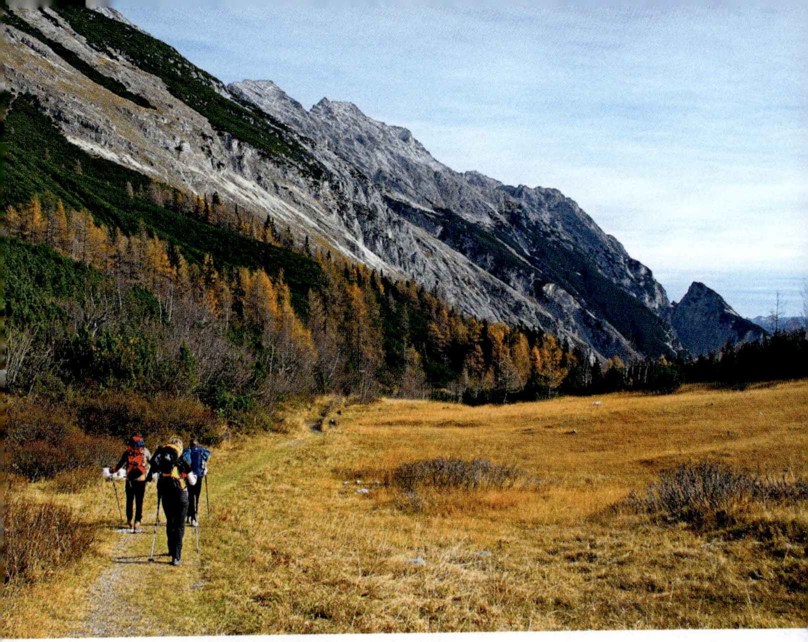

Am Issanger, im Hintergrund Kleiner und Großer Bettelwurf.

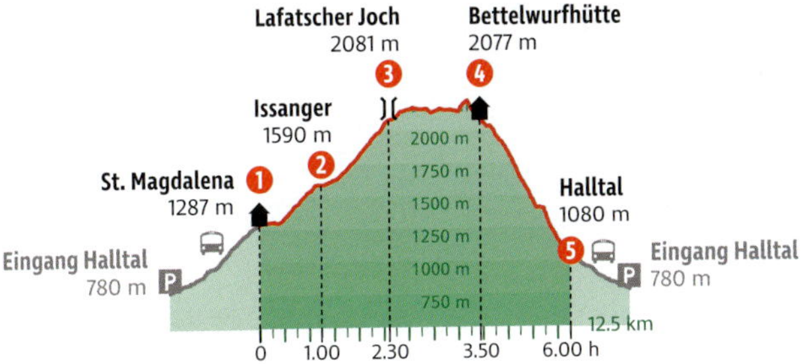

Von **St. Magdalena** ❶ kommend überqueren wir, der Beschilderung »Hirschbad« folgend, zunächst den südlichen Arm des Issbach, um gleich jenseits im Hochwald zu verschwinden. In der Folge umrunden wir immer leicht ansteigend einen waldigen Rücken und kommen so ins Isstal. Der Pfad führt nun über weite Strecken fast direkt am nördlichen Arm des Issbach entlang, ein herrlicher Wegabschnitt, denn immerzu gluckert

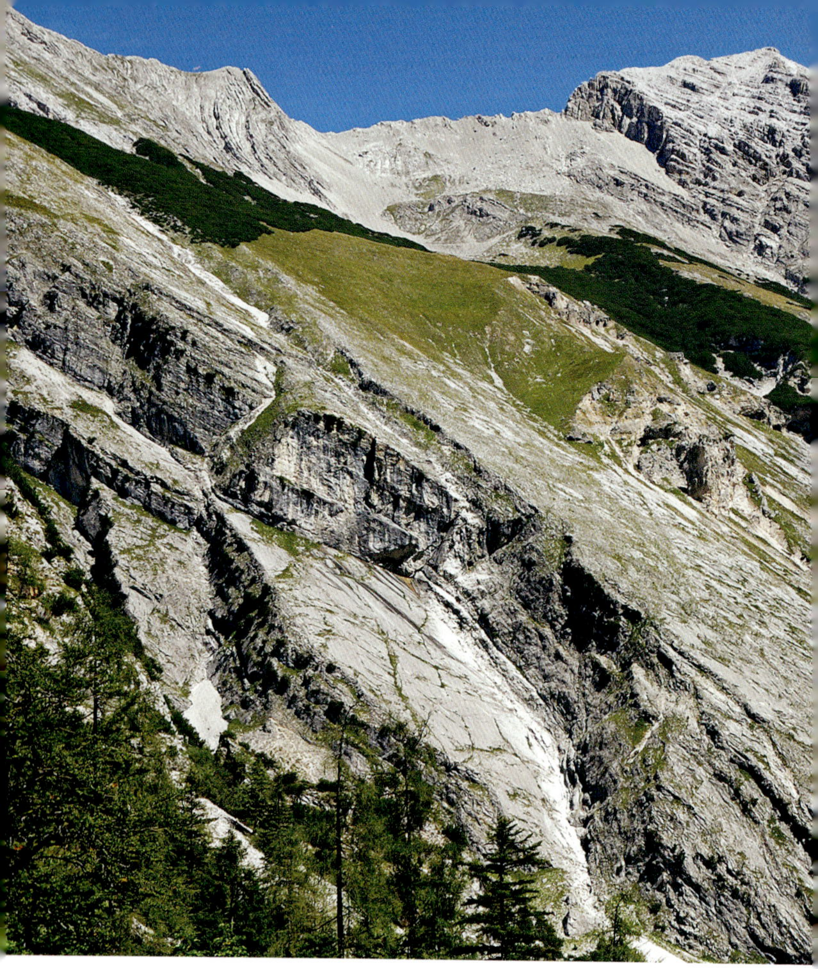

und plätschert der Bach, außer … nach Regen, dann plätschert es zwar noch mehr, aber der Steig wird schlüpfrig und ohnehin morastige Wegstücke gleichen dann eher grundlosen Mooren. Nach Durchquerung dieses Feuchtbiotops erreichen wir den **Issanger** 2 und machen uns auf den schweißtreibenden Anstieg über Geröll und durch Latschenfelder hinauf zum **Lafatscher Joch** 3. Schon knapp unterhalb des Joches erlaubt ein beschilderter Verbindungspfad, horizontal nach Osten hinüberzuqueren

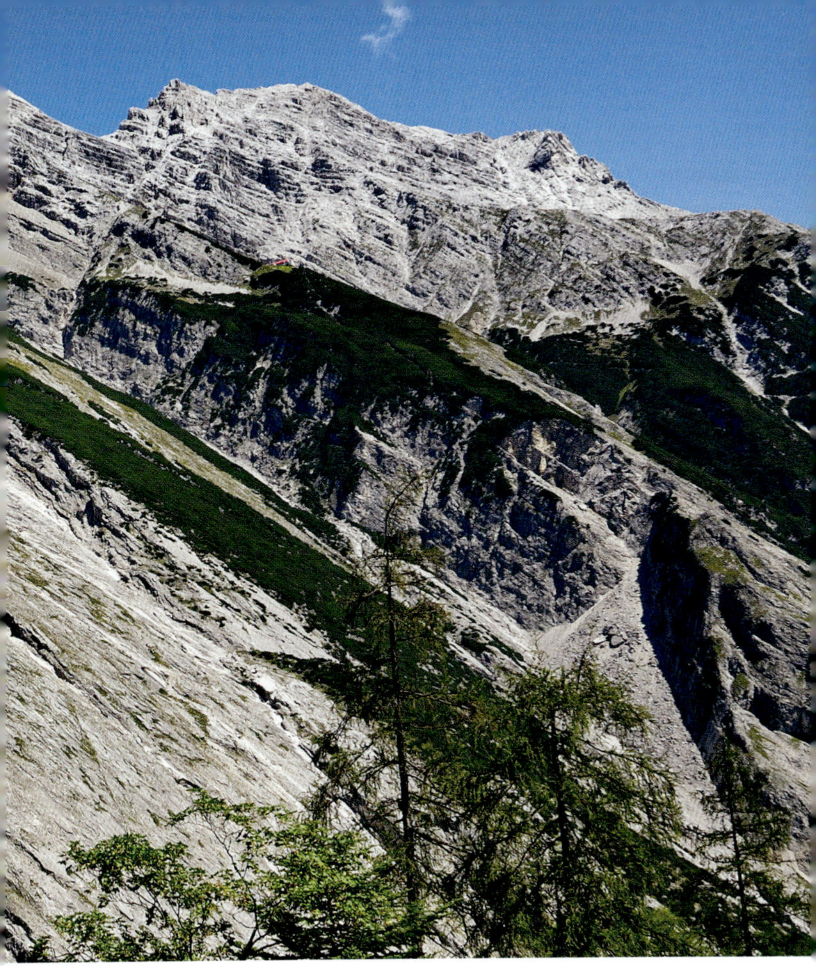

Der Höhenweg führt nahezu waagrecht zur weithin sichtbaren Bettelwurfhütte. In Blidmitte der Kleine, rechts der Große Bettelwurf.

auf den Höhenweg. Dieser führt genussreich und ohne nennenswerte Steigungen zur weithin sichtbaren **Bettelwurfhütte** 4. Der gut markierte Abstieg erfolgt über die Bettelwurfreisen in vielen Kehren hinab ins **Halltal** 5. Dort befindet sich eine Haltestelle für den Shuttlebus.

TOP

↗ 660 m | ↘ 1660 m | 6.9 km

50 Großer Bettelwurf, 2726 m

5.30 h

Leichter Klettersteig entlang des »Eisengattergrates«

Es sei vorausgeschickt, dass der Gipfelanstieg zum Großen Bettelwurf auf seinen letzten 200 Höhenmetern ausschließlich eine Sache für Geübte ist, die den Umgang mit der notwendigen Ausrüstung (Anseilgurt, Klettersteigset, Helm etc.) sicher beherrschen. Dann aber wird dieser Anstieg zu einem ganz besonderen Spaß, insbesondere deshalb, weil die Distanzen kurz und die Höhenmeter wenige sind. Zudem zählt der Große Bettelwurf dank seiner Höhe und vorgeschobenen Lage mit Recht zu den begehrtesten Aussichtsbergen der Nördlichen Kalkalpen.

Talort: Hall, 574 m; östlich von Innsbruck gelegene Kleinstadt mit vielen Sehenswürdigkeiten. Bahnstation, Autobahnanschluss, hervorragende Busverbindungen nach Innsbruck.
Ausgangspunkt: Bettelwurfhütte, 2077 m. Vom Halltal (Bus/Taxi, s. Tour 48, Halt an geeigneter Stelle) ist die Hütte in steilem Anstieg in 3 Std. zu erreichen. Genussvoller ist allerdings die Kombination mit Tour 49 oder Tour 59, dann jeweils mit Übernachtung.

Anforderungen: Der Klettersteig am Eisengattergrat ist nicht besonders schwierig, verlangt aber in jedem Falle entsprechende Ausrüstung; nur für Geübte. Keinesfalls bei Gewittergefahr begehen (Blitzschlaggefahr).
Einkehr und Unterkunft: Bettelwurfhütte, 2077 m, zu der man allerdings beim Abstieg nicht zwangsläufig zurückkehren muss. Alpenvereinshütte, voll bewirtschaftet von Anfang Juni bis Mitte Oktober.

Wir verlassen die **Bettelwurfhütte** ❶ auf zunächst nur wenig ansteigendem Weg in östlicher Richtung, hinüber in die ausgeprägte Mulde unter dem Eisengattergrat. Hier treffen wir auch auf den aus dem Halltal heraufführenden Pfad, in den wir später, beim Abstieg ins Halltal, einbiegen werden. Grundrichtung Ost beibehaltend queren wir zunächst ein Stück

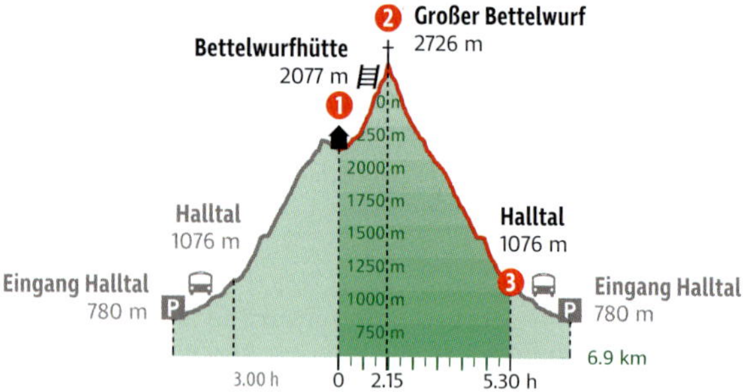

dem Kamm entgegen, um anschließend in einigen kurzen Serpentinen steil auf den noch begrünten, aber größtenteils schrofigen Grat hinauf und damit in die Sonne zu gelangen. In beinahe genau nördlicher Richtung immer ziemlich genau auf der Gratschneide führt der Steig an den Ansatz der Felsen in etwa 2530 m Höhe. Hier wird es nun ernst, heißt es Klettersteigausrüstung anlegen und Helm aufsetzen. Man bleibt immer längs der zuverlässigen Sicherungen, etwas rechts des Kammverlaufs, und steigt über Platten, Rinnen und kurze Wandstufen zum Gipfelgrat an. Mit wenigen Schritten erreichen wir dann den höchsten Punkt des **Großen Bettelwurf** ❷ und staunen jenseits schaudernd in die Tiefe, wo das Auge erst wieder 1200 Meter tiefer im Vomper Loch Ruhe findet. Zum Abstieg ist wenig zu sagen: Erst sorgfältig hinab bis auf Höhe der Hütte und dann steil über die Bettelwurfreisen ins **Halltal** ❸ absteigen.

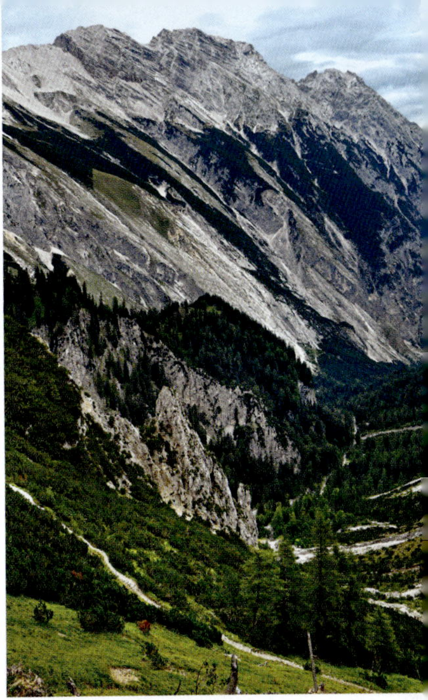

Blick ins Halltal: darüber Kleiner und Großer Bettelwurf, rechts Hohe Fürleg.

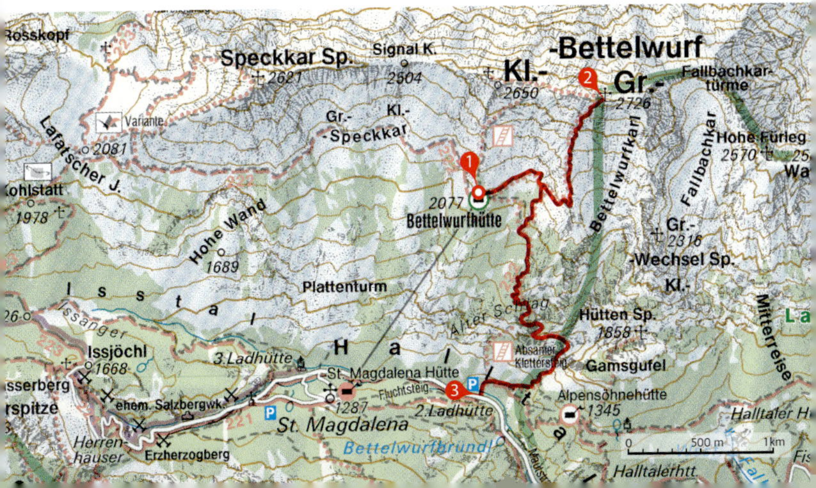

↗ 1330 m | ↘ 1330 m | 18.7 km

51 Halltal – Hallerangerhaus, 1768 m

7.30 h

Zu den »Überlebenskünstlern« am Überschalljoch

Die einzigartige Lage macht das Hallerangerhaus zu einem lohnenden Tagesziel. Darüber hinaus ist es aber auch ein idealer Stützpunkt, um am nächsten Tag einem der umliegenden Gipfel entgegenzustreben. Die Speckkarspitze oder die Sunntigerspitze bieten sich natürlich an.

Talort: Hall, 574 m. Bahnstation, Autobahnanschluss, hervorragende Busverbindungen nach Innsbruck.
Ausgangspunkt: Gasthaus St. Magdalena, 1287 m. Die ehemalige Mautstraße hierher ist wegen der Gefährdung durch Murenabgänge für den öffentlichen Verkehr gesperrt. Während der Wandersaison gibt es (wetterabhängig) einen Taxidienst, samstags und sonntags zusätzlich einen Shuttlebus vom großen Parkplatz am Eingang des Halltal. Info: www.hall-wattens.at/de/halltal-taxi-shuttle-service.html
Anforderungen: Wenig schwierige, aber infolge mehrerer Auf- und Abstiege recht anstrengende Wanderung.
Einkehr und Unterkunft: Hallerangerhaus, 1768 m, Alpenvereinshütte, bewirtschaftet von Juni bis Mitte Oktober. Hallerangeralm, ca. 1740 m, privat, bewirtschaftet von Juni bis Anfang Oktober.

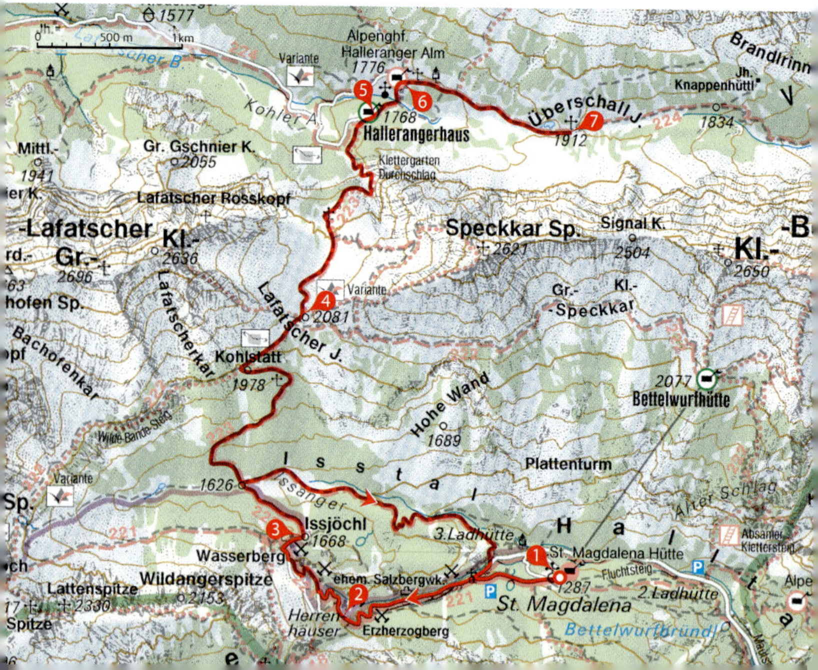

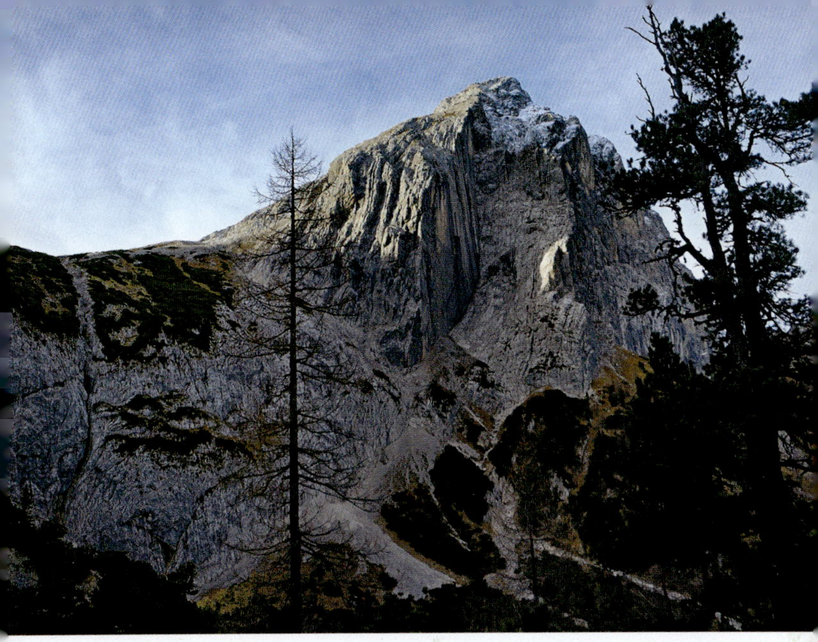

Schaustück vom Halleranger: Der Kleine Lafatscher mit seiner berühmten Verschneidung.

Von **St. Magdalena** ❶ folgen wir zunächst einem Wirtschaftsweg in westlicher Richtung zu den **Herrenhäusern** ❷. Weiter geht es an den Gebäuden vorbei über die wenig ausgeprägte Einschartung des **Issjöchl** ❸ in den weiten Issanger. In mehreren weit ausholenden Kehren mühen wir uns nun zwischen Latschen hindurch am Südhang hinauf zum **Lafatscher Joch** ❹.

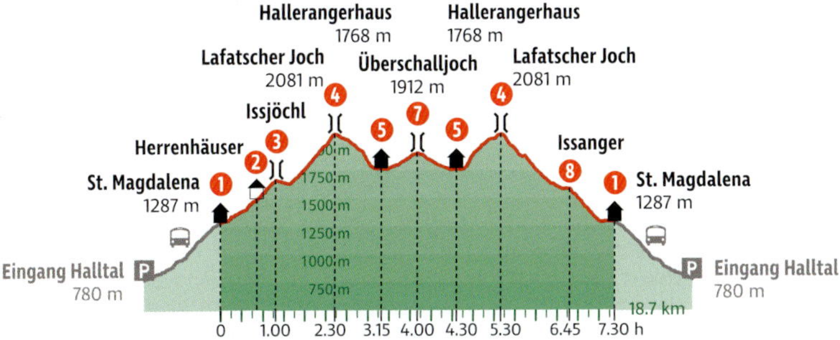

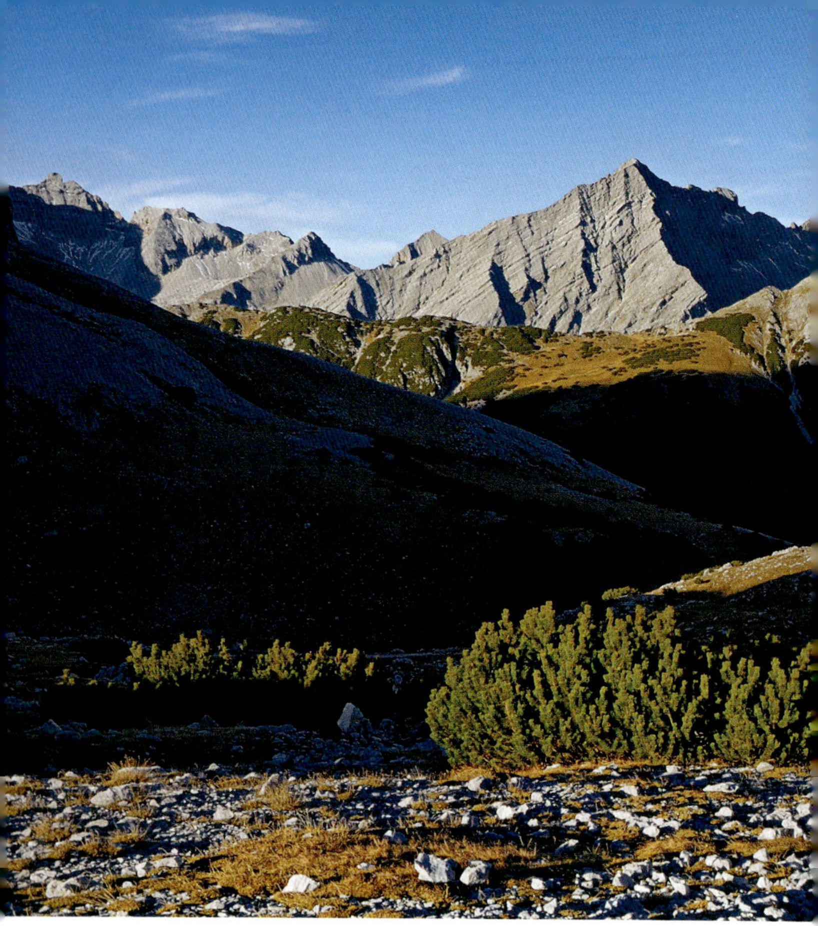

Am Lafatscher Joch: Der Halleranger liegt bereits im Schatten, ganz links die Kaltwasserkarspitze, markant die Südliche und Nördliche Sonnenspitze, knapp rechts der Bildmitte die Sunntigerspitze, gefolgt von Halleranger- und Gamskarspitze.

Durch eine idyllische Mulde und vorbei an geröllbedeckten Abbrüchen leitet uns der Weg nun hinab zum versteckt im Wald gelegenen **Hallerangerhaus** 5. Obwohl hier bereits das Ziel unserer Wanderung erreicht zu sein scheint, sollten wir unbedingt noch einen Abstecher über die **Hallerangeralm** 6 zum **Überschalljoch** 7 unternehmen. Dort sind vor

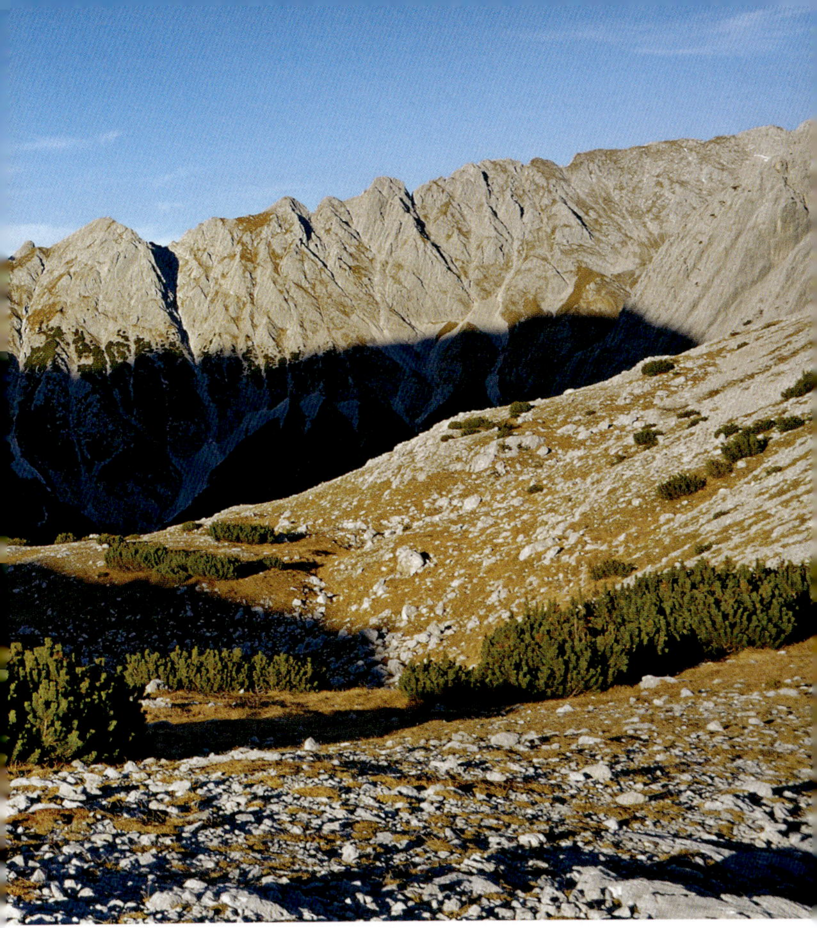

den spiegelglatten Überschallwänden einige herrliche wettergegerbte Zirben zu bewundern, die ihre knorrigen Äste wie mahnende Finger ins Blau des Himmels strecken; obgleich kein Leben mehr in diesen verkrüppelten Baumgestalten zu stecken scheint, entsprießen doch gerade ihnen paradoxerweise die saftigsten Nadelbüschel, die man sich vorstellen kann.
Der Rückweg erfolgt bis fast zum Issjöchl auf derselben Route. Bevor wir jedoch wieder dort hinaufsteigen, biegen wir links ab und kehren über den **Issanger** 8 zurück nach **St. Magdalena** 1. Diesen Weg durch das Isstal sollten wir bei bzw. nach Regenfällen allerdings meiden (vgl. Tour 49).

↗ 880 m | ↘ 1360 m | 10.1 km

52 Speckkarspitze, 2621 m

5.45 h

Markanter Felsgipfel mit abwechslungsreichem Anstieg

Ob man die Speckkarspitze, wie hier vorgeschlagen nach einer Übernachtung vom Hallerangerhaus oder direkt aus dem Halltal angeht, ist zum einen eine Sache der persönlichen Philosophie und zum anderen natürlich eine Konditionsfrage. Eine gewisse Trittsicherheit und Fertigkeiten für leichtes Klettergelände (II) sollte man in jedem Fall mitbringen, um diesen schönen Aussichtsgipfel zu erreichen.

Talort: Hall, 574 m. Bahnstation, Autobahnanschluss, hervorragende Busverbindungen nach Innsbruck.
Ausgangspunkt: Hallerangerhaus, 1768 m. Aus dem Halltal in 3 Std. über das Lafatscher Joch zu erreichen (Tour 51).
Endpunkt: St. Magdalena, Gasthaus, Bushalt, siehe Tour 48.
Anforderungen: Anspruchsvolle Bergtour mit einigen wenigen gesicherten Stellen knapp unterhalb des Gipfels. Beim Gipfelanstieg kurze, ausgesetzte Kletterstellen I bis II.
Einkehr und Unterkunft: Hallerangerhaus, 1768 m, Alpenvereinshütte, bewirtschaftet von Juni bis Mitte Oktober.

Vom **Hallerangerhaus** ❶ kommend, zweigen wir oberhalb der geröllbedeckten Abbrüche in einer Wiesenmulde auf einen markierten und beschilderten Pfad nach links hin in das vom Gipfel westwärts abstreichende Kar ein. Über einen begrünten Rücken wird der Nordwestkamm erreicht, über den wir uns

Blick vom Lafatscher Joch zur Speckkarspitze.

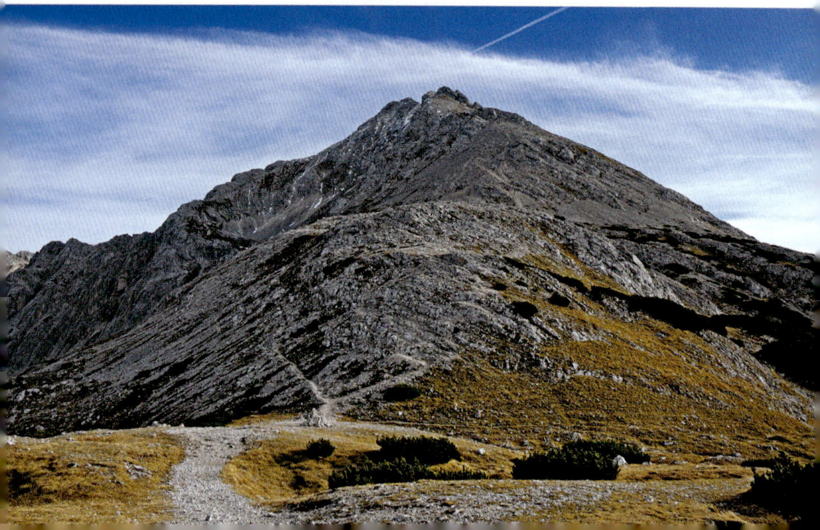

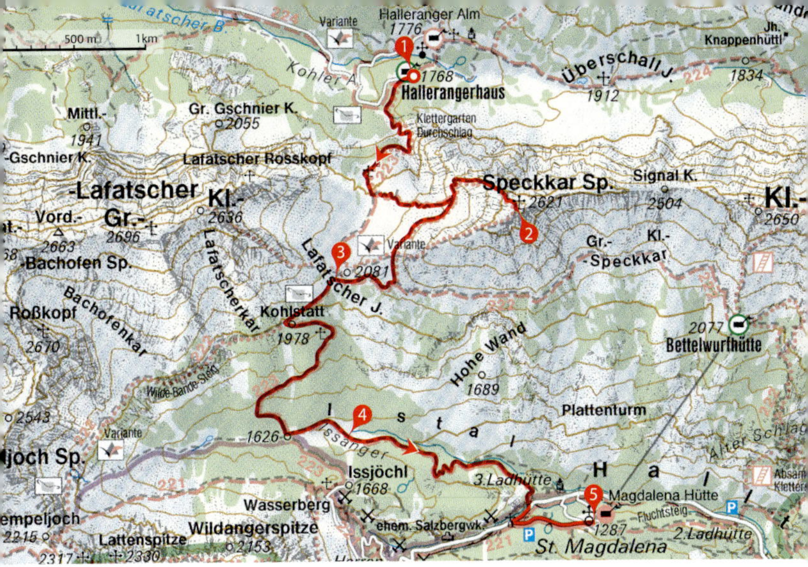

in abwechslungsreichem Gelände dem Gipfel nähern. Das letzte Stück zum höchsten Punkt der **Speckkarspitze** ❷ erfordert leichte Kraxelei (I–II) durch eine kleine Verschneidung und über einen recht luftigen Grat. Beim Abstieg folgen wir zunächst unserem Aufstiegsweg bis zum Kar, dort führt eine schwach markierte, aber gut auszumachende Pfadspur hinüber an den Südwestkamm und hinab ins **Lafatscher Joch** ❸. Von dort gelangen wir hinunter in den **Issanger** ❹ und wenden uns dort nach links, um durch das zauberhafte Isstal größtenteils längs des Issbach nach **St. Magdalena** ❺ abzusteigen.

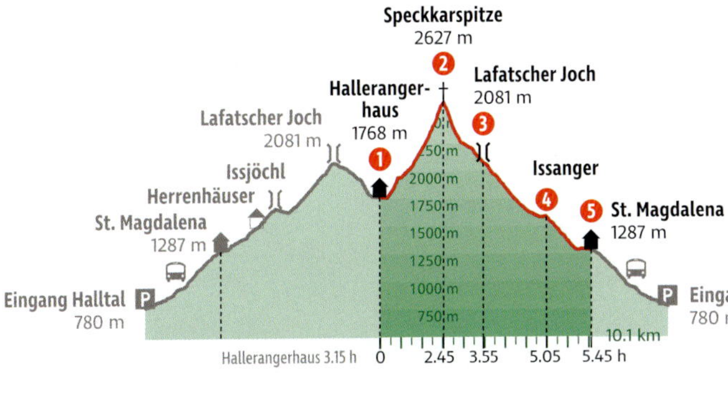

↗ 1370 m | ↘ 1370 m | 15.4 km

53 Stempeljoch, 2246 m – Pfeishütte, 1922 m

7.30 h

Von der Gerölleinöde der Stempelreise in den Blumengarten Pfeis

Ein stetes Auf und Ab über drei Jöcher kennzeichnet diese abwechslungsreiche Runde. Dabei ändert sich die Kulisse im Rhythmus (mit dem man aber nicht zwangsläufig mit muss – Varianten) der Gegenanstiege.

Talort: Hall, 574 m. Bahnstation, Autobahnanschluss, hervorragende Busverbindungen nach Innsbruck.
Ausgangspunkt: St. Magdalena, 1287 m. Shuttlebus siehe Tour 48.
Anforderungen: Technisch wenig schwierige Tour. Das stete Auf und Ab macht die Runde aber zu einem anstrengenden Unternehmen.
Einkehrmöglichkeit: Pfeishütte, 1922 m, Alpenvereinshütte, bewirtschaftet von Mitte Mai bis Mitte Oktober. Thaurer Alm 1464 m, sommerliche Almwirtschaft.
Varianten: Konditionsstarke Wanderer können, am Stempeljoch rechts abzweigend, die Kleine Stempeljochspitze, 2529 m, besteigen (plus 1.30 Std.). Vom Stempeljoch aus kann der Abstieg zur Pfeishütte vermieden werden, indem man vor der ersten Wegkehre unterhalb des Joches links abzweigt und zum Kreuzjöchl quert. Bis Thaurer Alm absteigen (Einkehr) und unterhalb weiter mit kurzem Gegenanstieg zum Törl.

Ab **St. Magdalena** ❶ folgen wir zunächst dem Wirtschaftsweg in westlicher Richtung zu den **Herrenhäusern** ❷. Zwischen den Gebäuden hindurch zieht die Fahrstraße einem Bachlauf folgend weiter zum Issjöchl. Bevor sie an einer Hütte am Waldrand nach rechts biegt, zweigen wir in westlicher Richtung auf den markierten Wanderweg 221 ab. Zunächst noch im Wald ansteigend gelangen wir schon bald in ausgedehnte Latschenfelder und auf die Schuttströme der Stempelreise. Über zunehmend steilere Serpentinen mühen wir uns an einigen wenig vertrauenerweckenden Drahtseilen ins **Stempeljoch** ❸. Hier betreten wir das sanfte Hochtal der Pfeis und bummeln, begeistert von der alpinen Blumenvielfalt, zur **Pfeishütte** ❹ hinab.

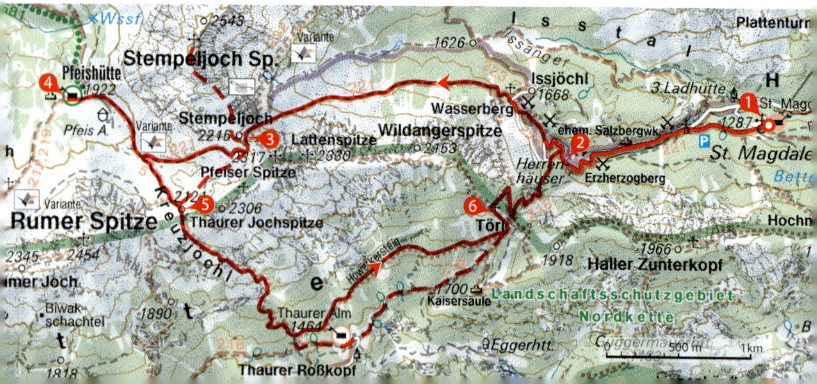

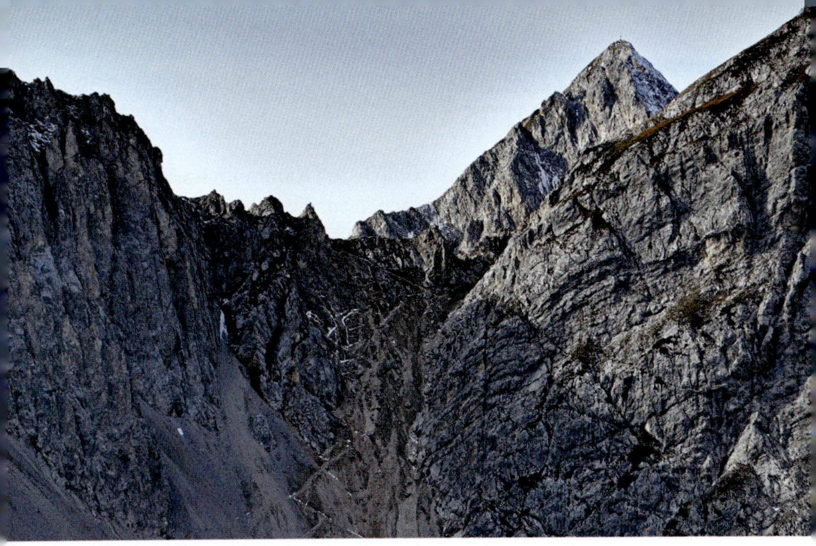

Die steilen Kehren hinauf zum Stempeljoch, rechts der Sockel der Stempeljochspitze.

Für die Fortsetzung unserer Wanderung folgen wir zunächst ein Stück dem bekannten Weg zurück, bleiben dann aber in südöstlicher Richtung, um das **Kreuzjöchl** 5 zu erreichen. In der breiten Einschartung erwartet uns eine prächtige Aussicht über das Inntal hinweg auf die Zentralalpen, ehe wir in steilem Abstieg auf einem abenteuerlichen Pfad zwischen Abbrüchen und durch Latschen bis in den Hochwald absteigen. Auf einer kleinen Wiese zweigen wir links ab, um an der Thaurer Alm vorbei den Anstieg zum **Törl** 6 in Angriff zu nehmen. Links oberhalb der tiefsten Einschartung überschreiten wir den Kamm und gelangen über Kehren hinab zu den **Herrenhäusern** 2 und folgen dem Wirschaftsweg nach **St. Magdalena** 1.

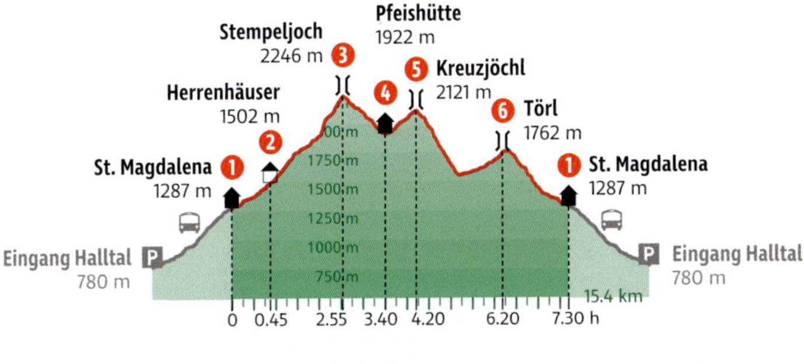

↗ 950 m | ↘ 2300 m | 19.5 km

54 Hafelekar, 2269 m – Solsteinhaus, 1805 m

8.30 h

Entlang der »Nordkette«, dem südlichsten Kamm im Karwendel

Die Länge der Tour kann vielleicht sogar eingefleischte Puristen dazu verleiten, eine Aufstiegshilfe zu benutzen. Und wenn schon, dann auch bis ganz nach oben, denn der Rundblick übers Hafelekar und zu den Zentralalpen ist berauschend. Wer auf diesen durchaus eindrucksvollen Auftakt verzichten will, startet die Tour an der Station Seegrube und spart so rund 50 Minuten Gehzeit, muss aber auf den Blick zur Nordseite der »Nordkette« – so nennen die Innsbrucker diesen südlichsten Karwendelkamm – noch bis zum Frau-Hitt-Sattel warten. Sehr konditionsstarke und erfahrene Berggänger wollen auf das aussichtsreiche Ambiete nach Möglichkeit gar nicht mehr verzichten und nehmen die vermeintliche »Abkürzung« über den Innsbrucker Klettersteig und brauchen gut 2 Std. länger. Aber auch hier gilt: »Der Weg ist das Ziel«. Und wer keine Termine hat, kann ja unterwegs noch entscheiden, ob die Übernachtung im Solsteinhaus fällig wird. Immerhin ergibt sich so noch die Option anderntags den Großen Solstein zu überschreiten.

Korallen: Allerdings sind sie im Verlauf der Jahrmillionen verblasst, zu Stein geworden und mit ihrem Vorkommen am Hafelekar nun deutlich über dem Meeresspiegel angelangt.

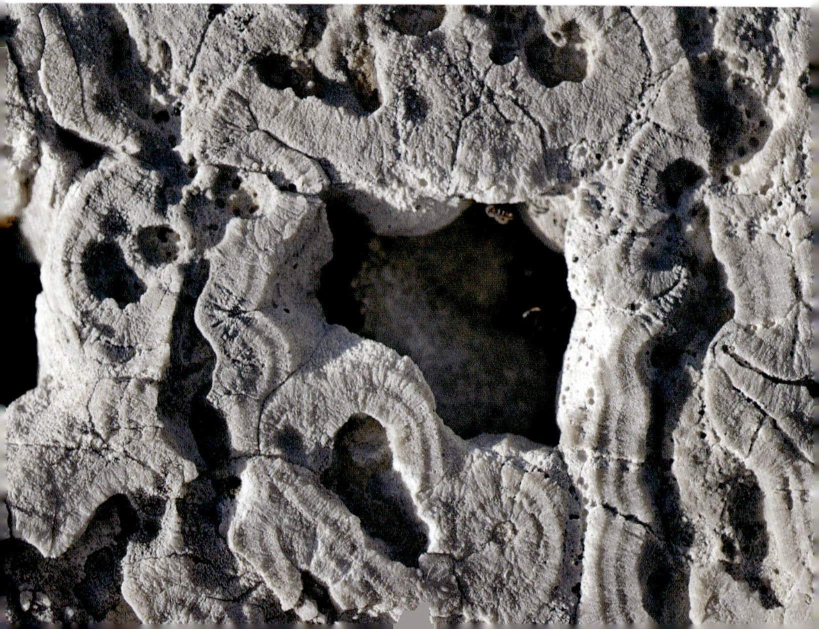

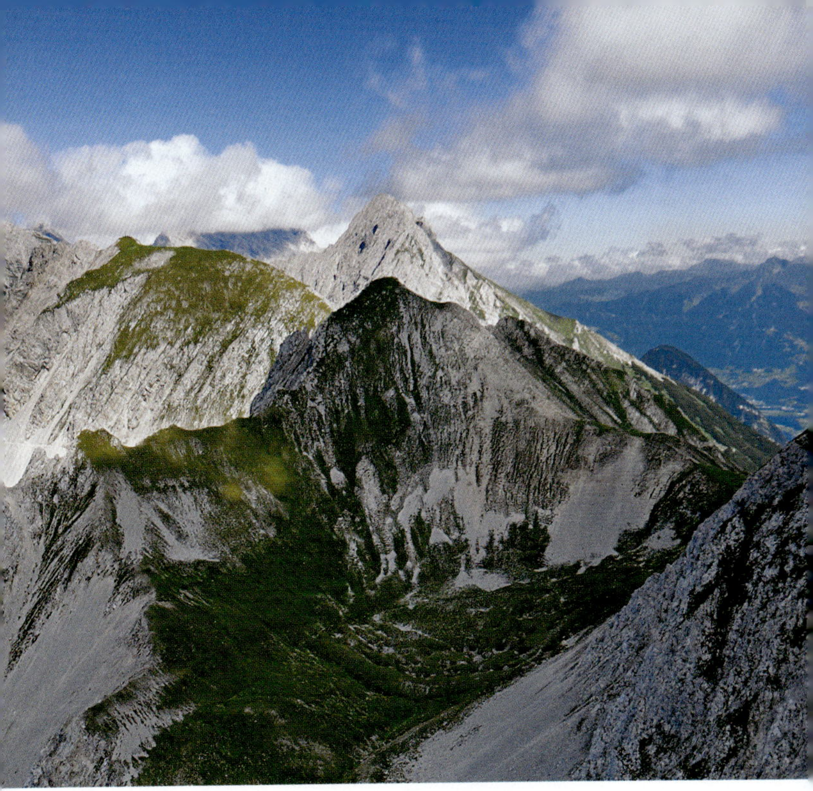

Die Rumerspitze hoch überm Inntal von der Hafelekarspitze.

Talort: Innsbruck, 574 m; Tiroler Landeshauptstadt mit besten Verkehrsverbindungen jeder Art. Parkmöglichkeiten an der Talstation der Nordkettenbahn bei der Hungerburg.
Ausgangspunkt: Bergstation Hafelekarbahn 2269 m.
Endpunkt: Bahnhof Hochzirl, 911 m. Verbindung nach Innsbruck.
Anforderungen: Bis auf den Abstieg aus dem Frau-Hitt-Sattel nordseitig in das gleichnamige Kar (Drahtseile) wenig schwierige, wenngleich durch das häufige Auf und Ab etwas anstrengende Tour.
Einkehr und Unterkunft: Solsteinhaus, 1805 m, Alpenvereinshütte, von Anfang Juni bis Mitte Oktober durchgehend bewirtschaftet. Hotel Seegrube und Hafelekarhaus bei den Seilbahnstationen.
Variante: Versierte Klettersteiggeher werden sich den bestens markierten Innsbrucker Klettersteig vom Hafelekar zum Frau-Hitt-Sattel nicht entgehen lassen wollen (rund 4 bis 5 Std. bis zum Frau-Hitt-Sattel, anspruchsvoll, Klettersteigausrüstung erforderlich). Will man anschließend nicht im Solsteinhaus übernachten, oder zur Seegrube zurückkehren, ergibt sich so allerdings ein sehr langer und anstrengender Tag.

Von der **Bergstation Hafelekar** ❶ geht es zunächst über den bestens ausgeschilderten Weg abwärts zur **Station Seegrube** ❷. Dort wenden wir uns westwärts und steigen zunächst zur Bergstation eines Skiliftes an einer vorspringenden Kuppe auf. In weitem Bogen wandern wir nun nahezu eben in derselben Grundrichtung unter den Schrofenhängen des Kemacher hinüber, bis wir eine Weggabelung erreichen. Hier vermittelt uns der bergwärts mäßig ansteigende »Schmidhubersteig« den Weiterweg. Auf ihm gelangen wir zu einem schrofigen Kamm, der von der Frau Hitt in südlicher Richtung herabzieht. Um ihn geht es herum, dann wieder steil hinauf und zuletzt wieder flach hinüber in den westlich der Frau Hitt eingela-

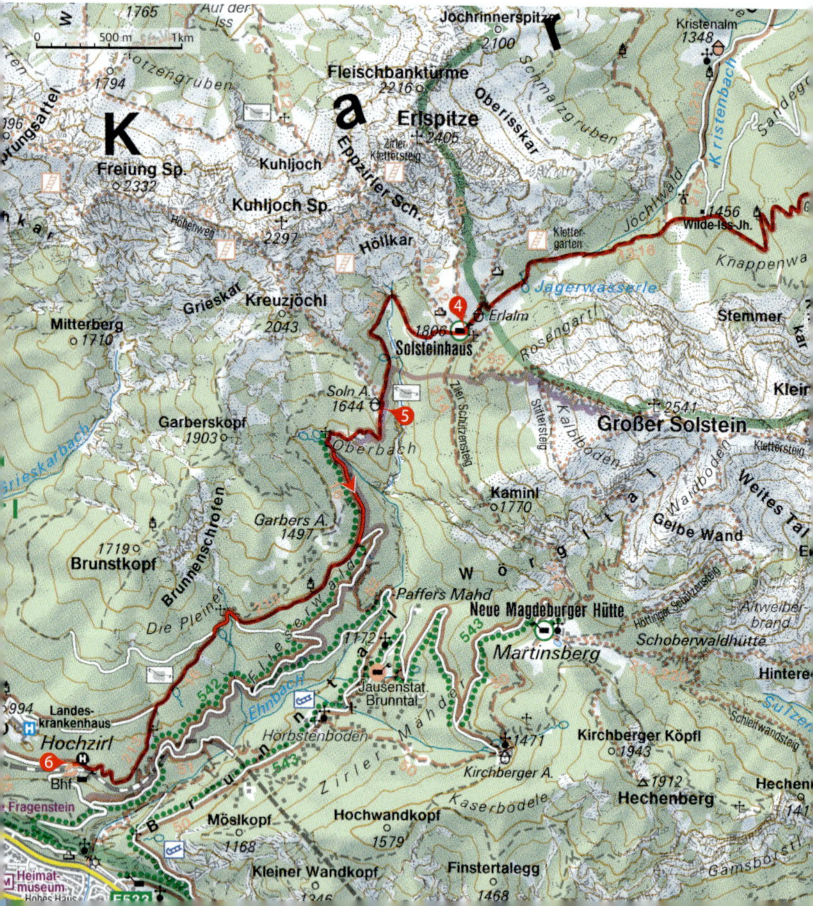

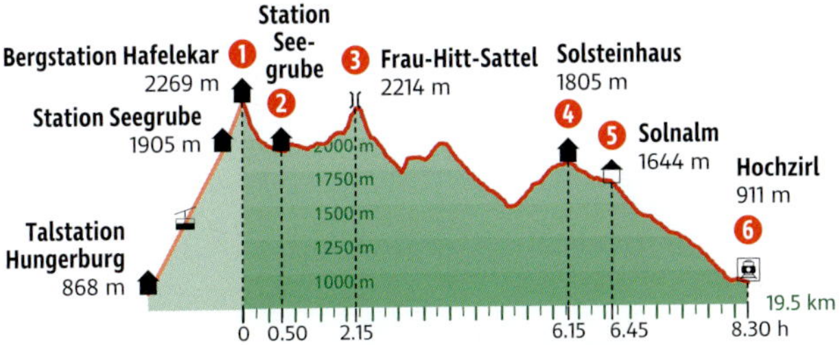
Bergstation Hafelekar
2269 m
1
Station Seegrube
2
Frau-Hitt-Sattel
2214 m
3
Solsteinhaus
1805 m
4
Solnalm
1644 m
5
Hochzirl
911 m
6
Station Seegrube
1905 m
Talstation Hungerburg
868 m
2000 m
1750 m
1500 m
1250 m
1000 m
19.5 km
0
0.50
2.15
6.15
6.45
8.30 h

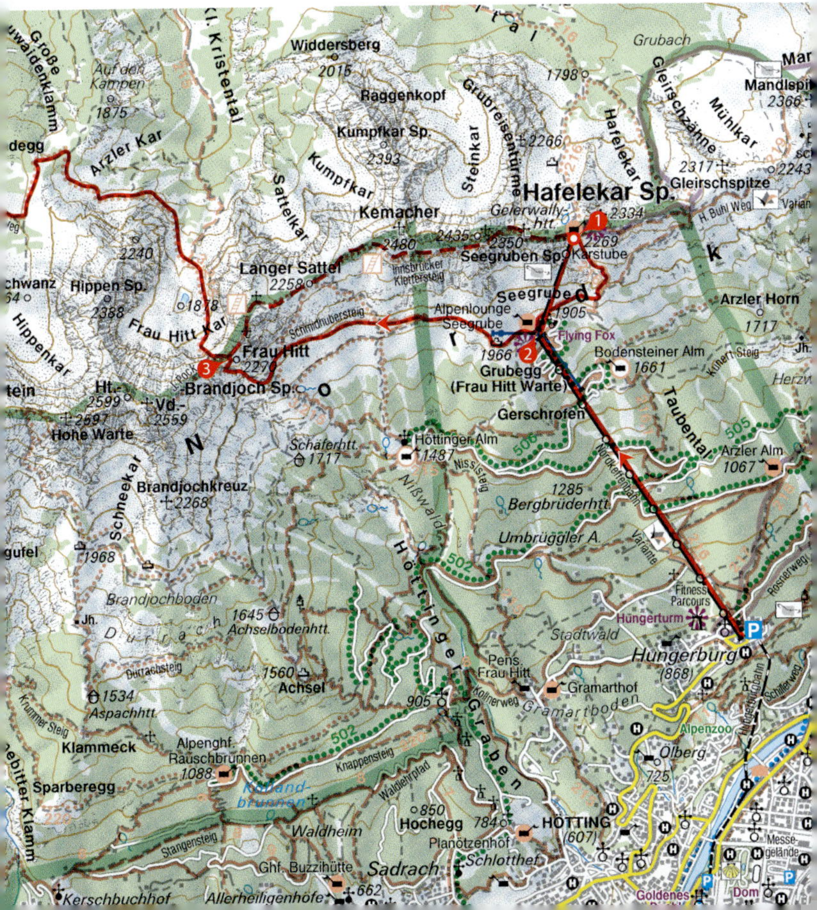
Widdersberg
2015
Raggenkopf
Kumpfkar Sp.
2393
Kumpfkar
Kemacher
Steinkar
Grubreisentürme
2266
1798
Hafelekar
Hafelekar Sp.
2334
Gelerwally-htt.
2269
Karstube
Seegruben Sp.
2435
2350
2480
Innsbrucker Klettersteig
Langer Sattel
2258
Seegrube
1905
Alpenlounge Seegrube
Flying Fox
1966
Grubegg
(Frau Hitt Warte)
Gerschrofen
Schmidhubersteig
Frau Hitt
2270
Brandjoch Sp.
Frau Hitt Kar
1878
Sattelkar
Kl. Kristental
Arzler Kar
Auf den Kampen
1875
Große Ruwaldenklamm
2240
Hippen Sp.
2388
Hippenkar
Ht.-
2599
Vd.-
2559
2597
Hohe Warte
Schneekar
Brandjochkreuz
2268
1968
Brandjochboden
Schäferhtt.
1717
Höttinger Alm
1487
Nißlsteig
Nißwald
Höttinger Graben
Grubach
Gleirschzähne
Mühlkar
Mandlspitze
2366
2317
2243
Gleirschspitze
H. Buhl Weg
Arzler Horn
1717
Bodensteiner Alm
1661
Taubental
Arzler Alm
1067
1285
Bergbrüderhtt.
Umbrüggler A.
Nordkettenbahn
Variante
Fitness Parcours
Hungerturm
Hungerburg
(868)
Stadtwald
Pens. Frau Hitt
Gramarthof
Gramartboden
Alpenzoo
Ölberg
725
Hungerburgbahn
Schillerweg
Rosnerweg
1645
Achselbodenhtt.
1560
Achsel
Durrach
Durrachsteig
1534
Aspachhtt.
Krummer Steig
Klammeck
Alpenghf. Rauschbrunnen
1088
Kolland-brunnen
Sparberegg
Knappensteig
Waldlehrpfad
Kollnerweg
905
850
Hochegg
784
HÖTTING
(607)
Planötzenhof
Schlotthof
Waldheim
Stangensteig
Ghf. Buzzihütte
Sadrach
662
Kerschbuchhof
Allerheiligenhöfe
Messe-gelände
Dom
Goldenes
502
505
506

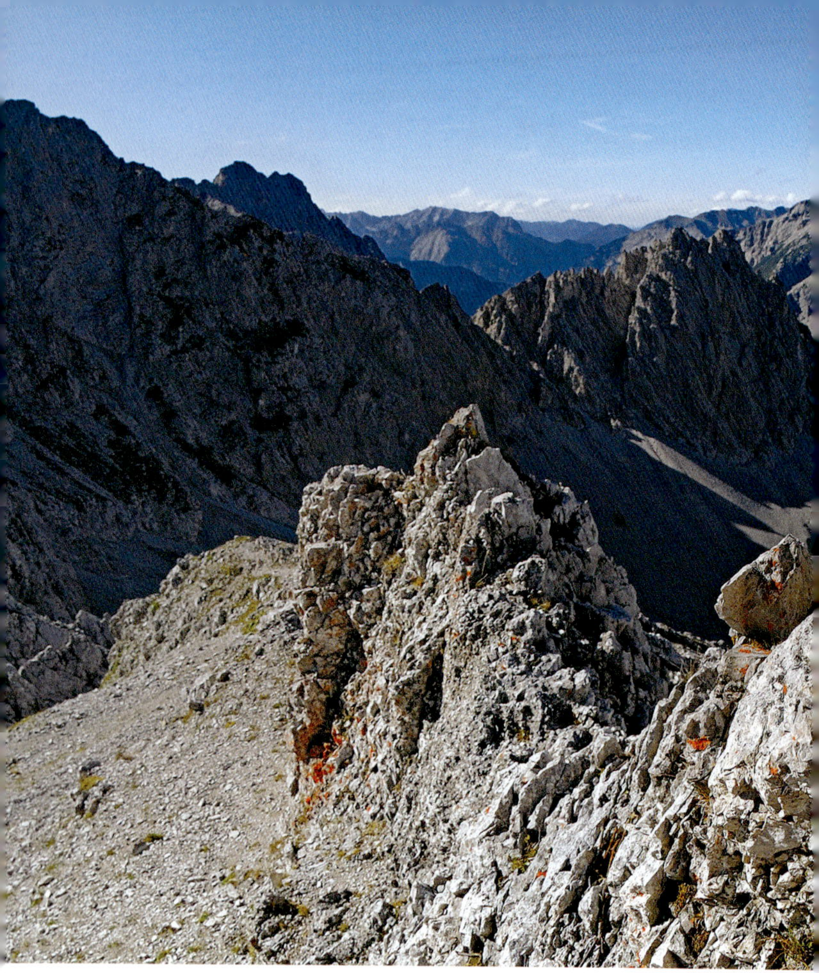

gerten **Frau-Hitt-Sattel** ❸. Mit etwas Courage wird uns der jenseitige, mit Drahtseilen gesicherte, jedoch sehr steile Abstieg ins Frau-Hitt-Kar nicht sonderlich schwerfallen, können wir doch bald wieder unbeschwert dahinwandern, um am linksseitig abzweigenden »Gipfelstürmerweg« die nördlichen Ausläufer der Hippenspitze nach Westen zu umrunden. Mit einem längeren Abstieg durch Latschenfelder gelangen wir an der Jagdhütte in der Wilden Iss vorbei ins Großkristental, wo wir auf dem aus dem Gleirschtal he-

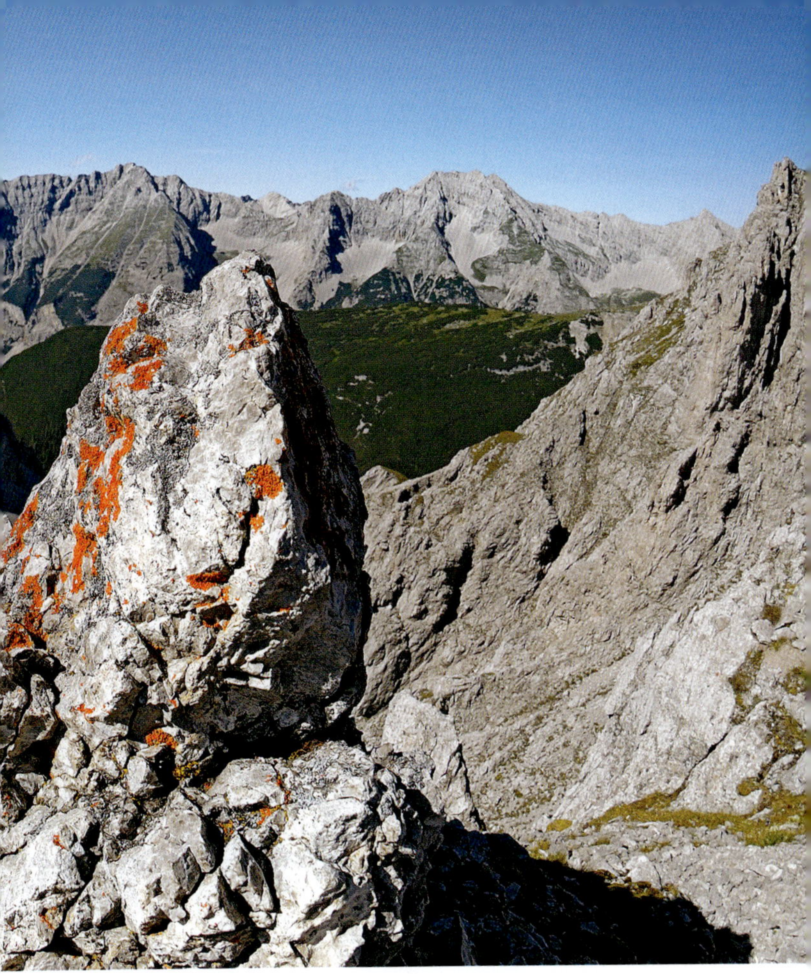

Blick vom Hafelekar: Links im Hintergrund erkennen wir bereits die Berge des Werdenfelser Landes, rechts der Bildmitte Katzenkopf und Jägerkarspitze, weiter rechts markant die Westliche und Östliche Praxmarerkarspitze, hinten rechts noch die Kaskarspitze.

raufziehenden Weg unseren letzten Aufstieg zum **Solsteinhaus** 4 antreten. Dort angelangt, können wir über die **Solnalm** 5 nach **Hochzirl** 6 absteigen und mit der Bahn nach Innsbruck (oder wohin auch immer) zurückkehren.

↗ 1710 m | ↘ 1710 m | 21.1 km

55 Großer Solstein, 2541 m

8.45 h

Überschreitung eines hervorragenden Aussichtsberges

Als Tagestour von Hochzirl ist der Solstein eine stramme Tour. Eine Nächtigung auf dem Solsteinhaus bietet sich daher an. Auch die Kombination mit Tour »Halltal – Hallerangerhaus« oder Tour »Scharnitzer Zunterkopf«, wo man die Hütte jeweils über einen Höhenweg erreicht, ergibt ein schönes Wochenendprogramm.

Talort: Zirl, 622 m.
Ausgangspunkt: Bahnhof Hochzirl, 911 m; Parkmöglichkeiten.
Anforderungen: Lange und anspruchsvolle Bergtour.
Einkehr und Unterkunft: Solsteinhaus, 1805 m, von Anfang Juni bis Mitte Oktober durchgehend bewirtschaftet. Neue Magdeburger Hütte, 1637 m, bewirtschaftet von Mitte Mai bis Mitte Oktober. Gasthaus Brunntal, 1137 m.
Variante: Übergang vom Solsteinhaus über den gesicherten »Zirler Schützensteig« zur Neuen Magdeburger Hütte.

Von **Hochzirl** ❶ aus führt ein bestens ausgeschilderter Weg über die **Solnalm** ❷ zum **Solsteinhaus** ❸. Ab der Hütte halten wir uns auf gut markiertem Bergweg südöstlich hinüber zu den Latschenfeldern am vom Solstein nach Westen hin abstreichenden Rücken. Durch Latschengassen, über Geröll und begraste Abschnitte gewinnen wir rasch an Höhe. Dabei bleiben wir immer knapp südlich der steilen Abbrüche und erreichen so

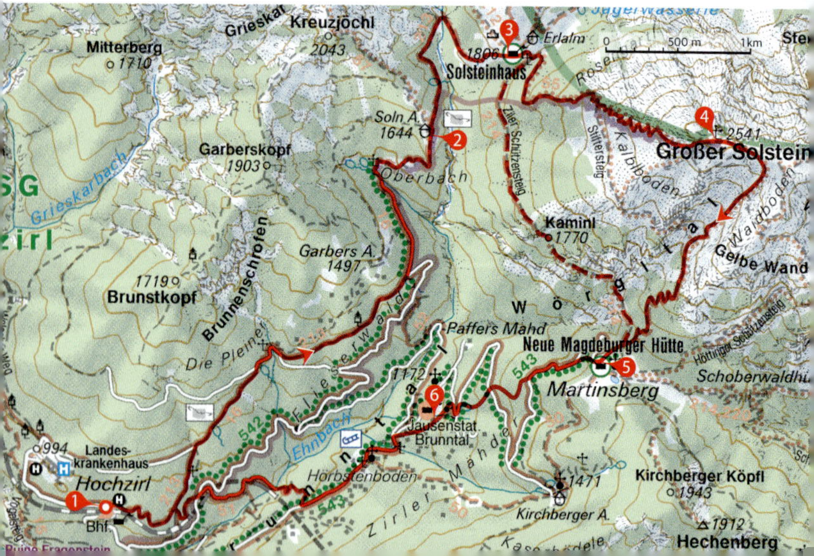

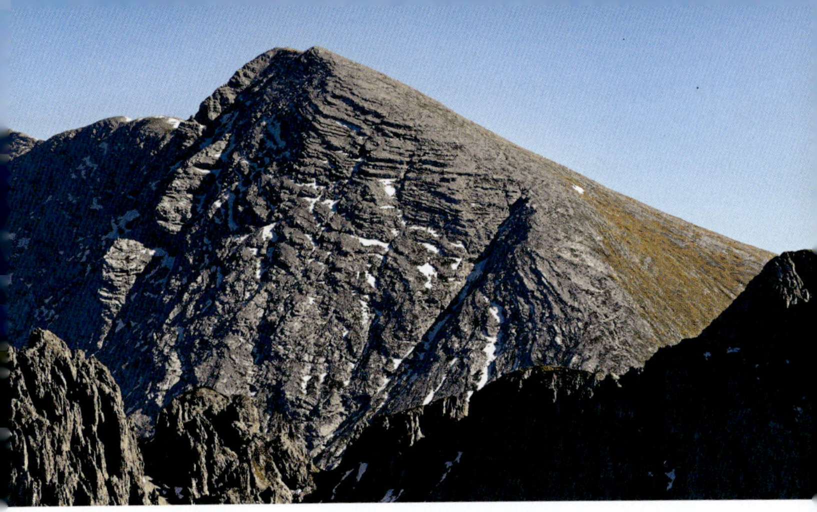

Der Große Solstein von Nordwesten. Im Profil die Flanke, über die der Aufstieg erfolgt.

den Gipfel des **Großen Solstein** 4. Über den Verbindungsgrat zum Kleinen Solstein gelangen wir in die Einsattelung zwischen beiden Gipfeln. Ehe der Weg wieder anzusteigen beginnt, zweigen wir nach Südosten auf eine grasige Hochfläche ab, von der wir – nunmehr südwestlich – in den steilen Trog des Wörgltales einbiegen. In zahlreichen Kehren steigen wir nun zur **Neuen Magdeburger Hütte** 5 ab. Auf einem die Kehren der Fahrstraße abschneidenden Wanderweg geht es nun hinunter zum **Gasthaus Brunntal** 6. Längs der Fahrstraße nach Zirl bis zu einer Abzweigung, die rechts ins Brunntal hineinführt. Nach der Überquerung des Baches treffen wir jenseits eine Fahrstraße, die wieder leicht ansteigt. Nach einigen Kurven verlassen wir sie nach rechts auf einem beschilderten Wanderweg nach **Hochzirl** 1.

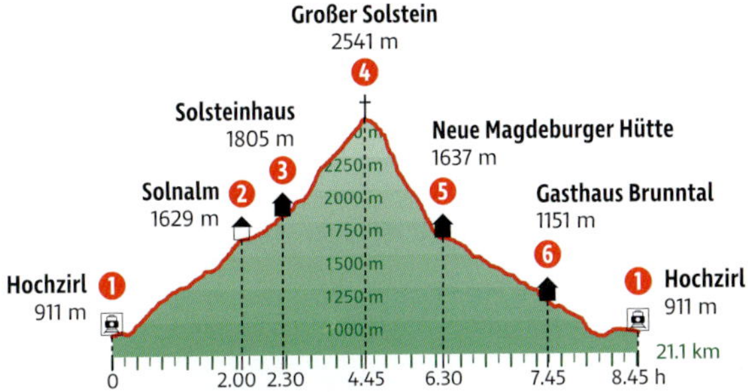

↗ 2620 m | ↘ 3630 m | 55.0 km

56 Durchquerung West – Ost

4 Tage

Der viel begehrte Klassiker

Zur Saison wird man an diesem Weg kaum alleine unterwegs sein. Das hat natürlich auch seinen Grund, denn viele der Hauptattraktionen des Karwendel liegen hier am Weg. Wer gegen den Strom schwimmen will, geht von Ost nach West.

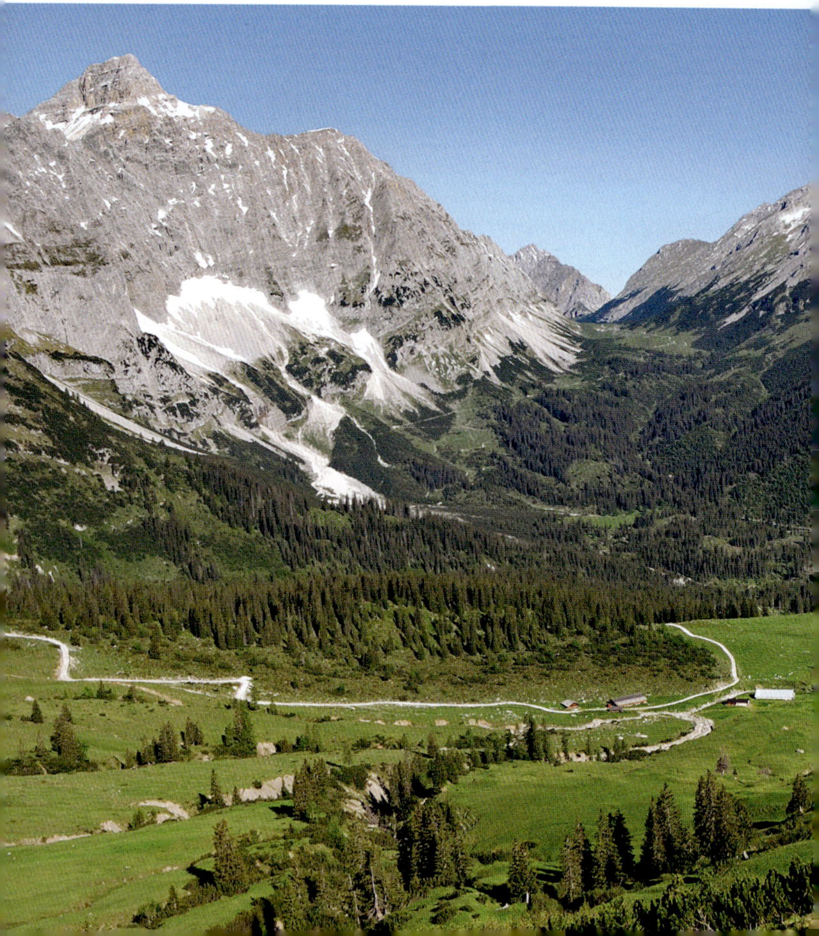

Ausgangspunkt: Scharnitz, 964 m, Parkplatz am Eingang des Hinterautales
Endpunkt: Pertisau, 952 m.
Anforderungen: Ohne Gipfel unproblematische Streckenwanderung auf gut markierten Wegen.
Einkehr und Unterkunft: Karwendelhaus, 1765 m; Falkenhütte, 1848 m; Lamsenjochhütte, 1953 m; allesamt Alpenvereinshütten, bewirtschaftet während der Wandersaison, meist ab Anfang Juli bis Ende Oktober. Zusätzliche Einkehrmöglichkeiten am Weg: Engalm, Binsalm, Gramaialm und Falzthurnalm.

Blick aus der Nähe der Falkenhütte zum Kleinen Ahornboden. Links die Birkkarspitze. Links der Bildmitte der Hochalmsattel in dessen Nähe sich das Karwendelhaus befindet. Rechts vom Sattel die Nördliche Karwendelkette.

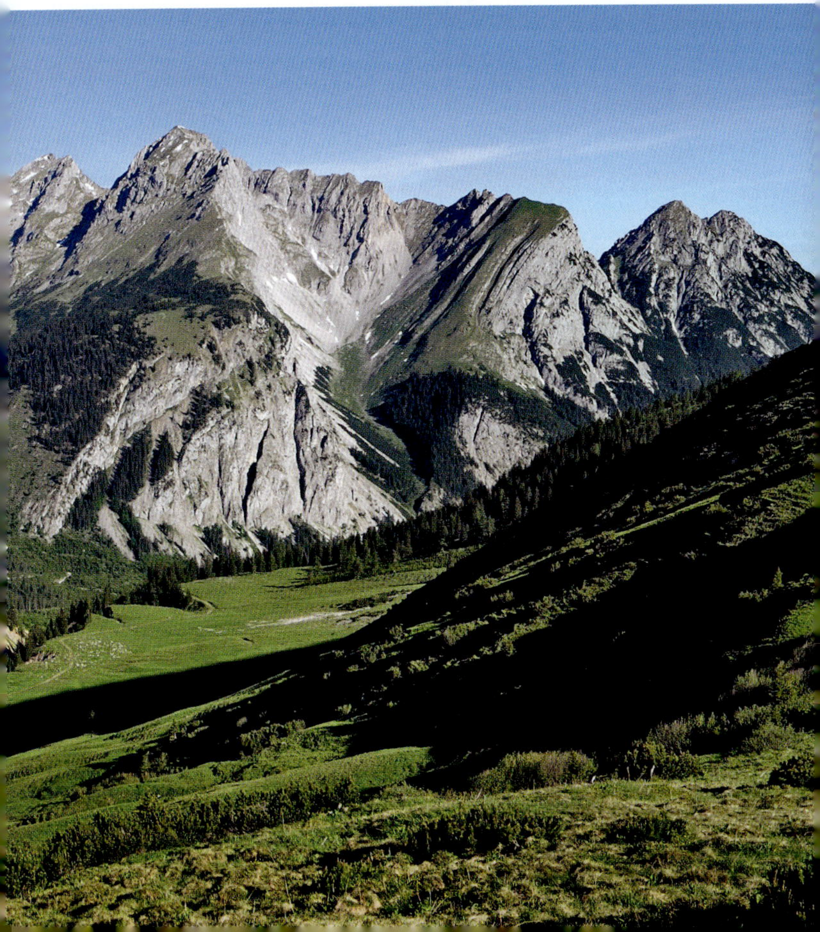

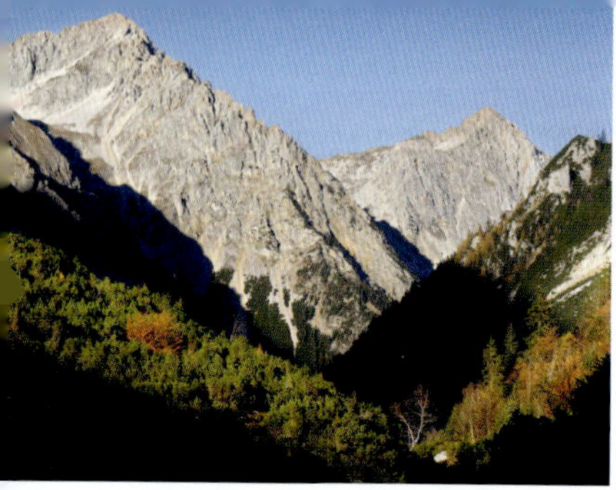

Auftakt im Karwendeltal (Karwendelblick).

1. Tag: Von **Scharnitz 1** zum Aussichtspunkt **Karwendelblick 2** und weiter durchs Karwendeltal über die **Larchetalm 3** zum **Karwendelhaus 4**.

2. Tag: Vom **Karwendelhaus 4** bietet sich der Gipfel der Birkkarspitze an (Tour 32). Hernach über das **Hermann-von-Barth-Denkmal 5** bzw. den Kleinen Ahornboden zur **Falkenhütte 6**, siehe auch Tour 32.

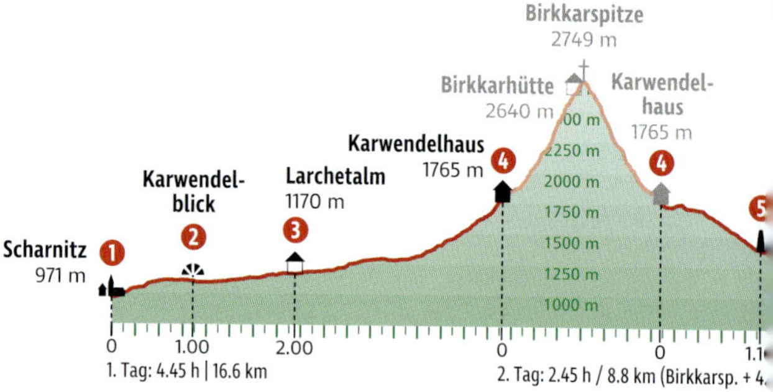

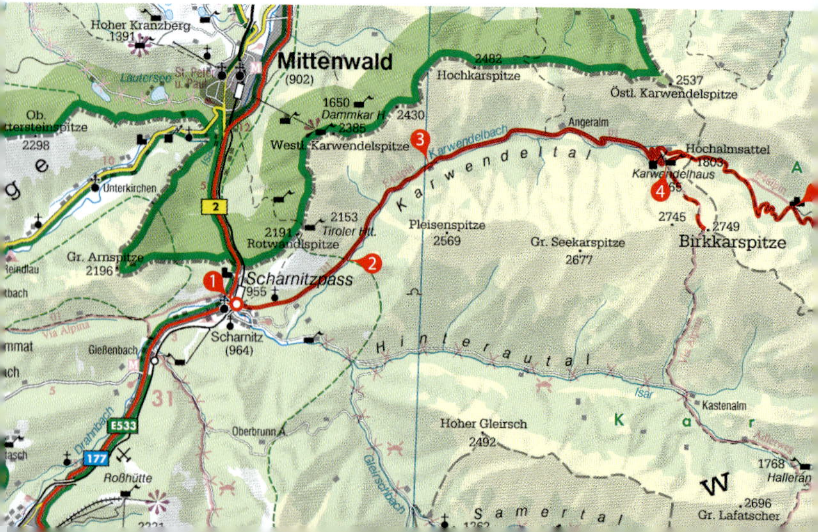

3. Tag: Von der **Falkenhütte** 6 sollte man nicht auf die Besteigung des nicht schwierigen **Mahnkopf** 7 verzichten (Tour 30). Danach queren wir unter den Laliderer Wänden hindurch zum **Hohljoch** 8 und steigen von dort zur **Engalm** 9 ab. Weiter über **Binsalm** 10 und **Westliches Lamsenjoch** 11 zur **Lamsenjochhütte** 12. Siehe auch Tour 29 und 26.
4. Tag: Auch die Lamsenjochhütte hat bei Bedarf noch Gipfel zu bieten (siehe Tour 39). Der Abstieg von der Hütte erfolgt zunächst zum Gasthof **Gramaialm** 13, ab hier Busfahrt möglich, oder zu Fuß weiter über die **Falzthurnalm** 14 nach **Pertisau** 15.
Eine Alternative ist auch der Abstieg von der Lamsenjochhütte über die Stallenalm ins Inntal, siehe Tour 44.

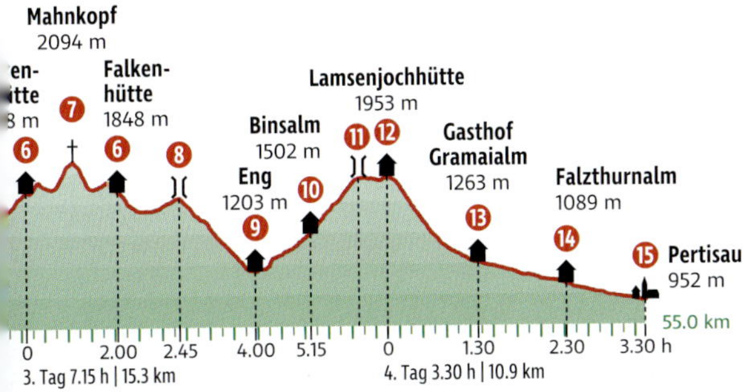

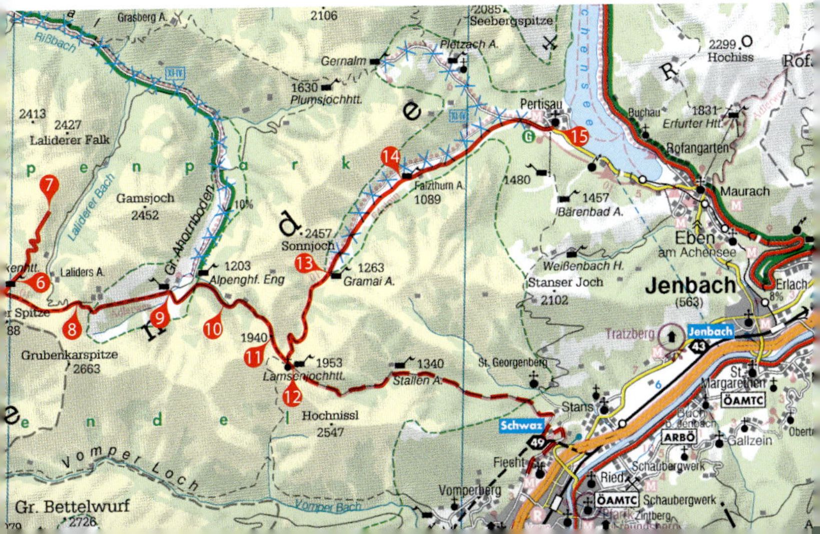

↗ 6900 m | ↘ 6760 m | 89.3 km

57 Große Karwendelrunde

7 Tage

Die große Herausforderung

Sieben Tage im Karwendel, das gibt schon einen guten Eindruck und reicht auch durchaus, um sich in das Gebirge zu verlieben. Das richtige Kennenlernen – mit allen Höhen und Tiefen – dauert aber doch meist etwas länger. Auch können einige kürzere »Karwendel-Dates« vorab – zum Üben – in keinem Fall schaden, sonst wird die Große Runde richtig anstrengend und für manchen »Ungeübten« mitunter vielleicht sogar zum Fürchten.

Ausgangspunkt: Krün, 875 m, Busverbindung zur Bahnstation Klais an der Linie München – Innsbruck. Parkmöglichkeit bei einem Sägewerk nahe dem Isarkanal.
Endpunkt: Gießenbach, 1026 m, Bahnstation, Verbindungen Richtung Innsbruck und Garmisch.
Anforderungen: Lange anstrengende Durchquerung, die über längere Abschnitte (besonders am Gjaidsteig und am Wilde-Bande-Steig) absolute Schwindelfreiheit und Trittsicherheit verlangt. Nicht alle Stellen sind drahtseilgesichert.
Unterkunft: Soiernhaus, Fereinalm, Hochlandhütte, Karwendelhaus, Hallerangerhaus, Pfeishütte, Solsteinhaus, allesamt in der Saison bew. (siehe Seite 26).
Varianten: 5. Tag: Der Wilde-Bande-Steig lässt sich über das Issjöchl umgehen. Wer die Tour erst am Karwendelhaus startet (damit den Gjaidsteig vermeidet) und den Wilde-Bande-Steig umgeht, hat die »wildesten Abschnitte« ausgespart, aber auch in abgespeckter Form bleibt die Route anspruchsvoll.

1. Tag: Von **Krün** ❶ wandern wir über die **Fischbachalm** ❷ zum idyllisch an den gleichnamigen Seen gelegenen **Soiernhaus** ❸, siehe Tour 11.
2. Tag: Vom **Soiernhaus** ❸ steigen wir in die tiefe Einsattelung zwischen Soiern- und Krapfenkarspitze auf (siehe Bild rechts), umrunden das Massiv nach Süden hin und steigen über das **Jöchel** ❹ zur **Fereinalm** ❺ ab. Über

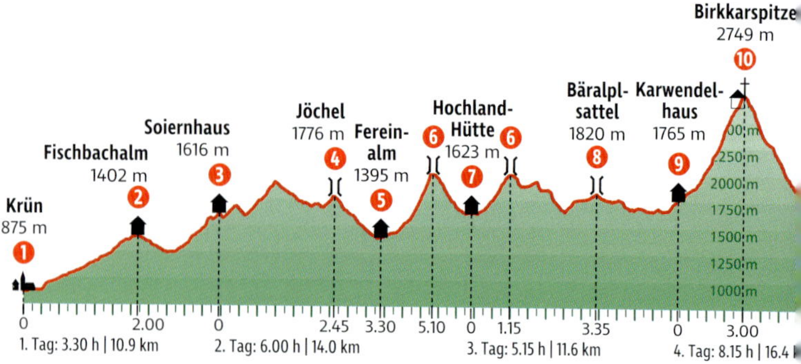

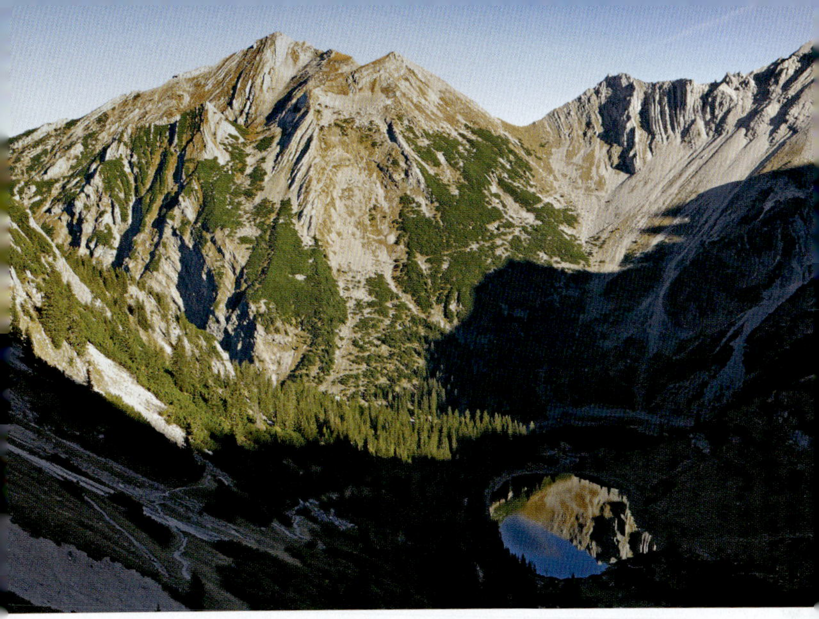

Die Krapfenkarspitze, rechts unterhalb die Einsattelung, über die unser Weg verläuft.

den **Wörnersattel** 6 erreichen wir anschließend die **Hochlandhütte** 7, vgl. auch Tour 9.

3. Tag: Von der **Hochlandhütte** 7 geht es zurück zum **Wörnersattel** 6 und anschließend über den markierten Gjaidsteig (absolute Trittsicherheit und Schwindelfreiheit nötig) hinüber zum **Bäralplsattel** 8. Aus dem brei-

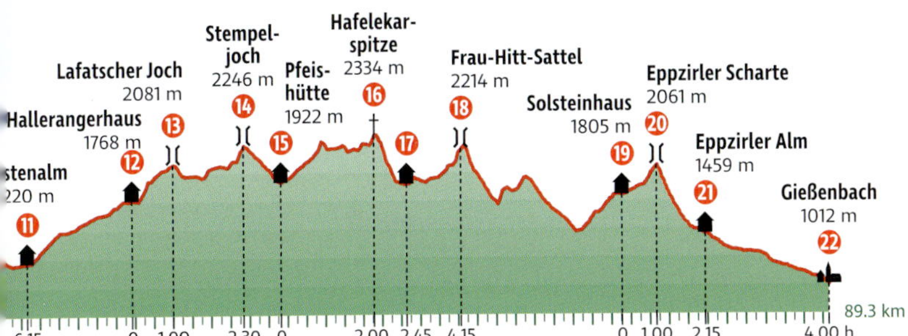

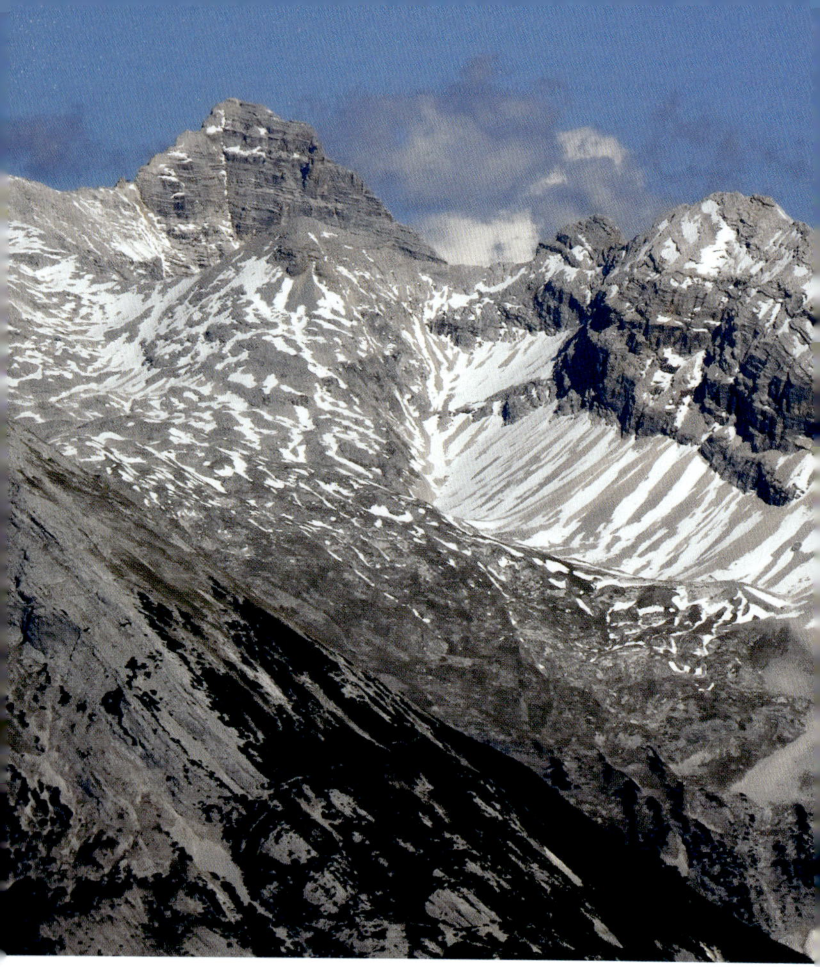

ten Sattel über die weiten Südhänge unter Vogelkar- und Östlicher Karwendelspitze hindurch zum **Karwendelhaus** 9.
4. Tag: Vom **Karwendelhaus** 9 mühen wir uns auf den höchsten Karwendelgipfel, die **Birkkarspitze** 10; beinahe mühelos sausen wir aus dem Schlauchkarsattel südseitig hinunter durch das Birkkar zur **Kastenalm** 11 im Hinterautal. Ein weiterer Anstieg hinauf zum **Hallerangerhaus** 12 steht uns nun bevor, siehe auch Tour 32 und Tour 6.

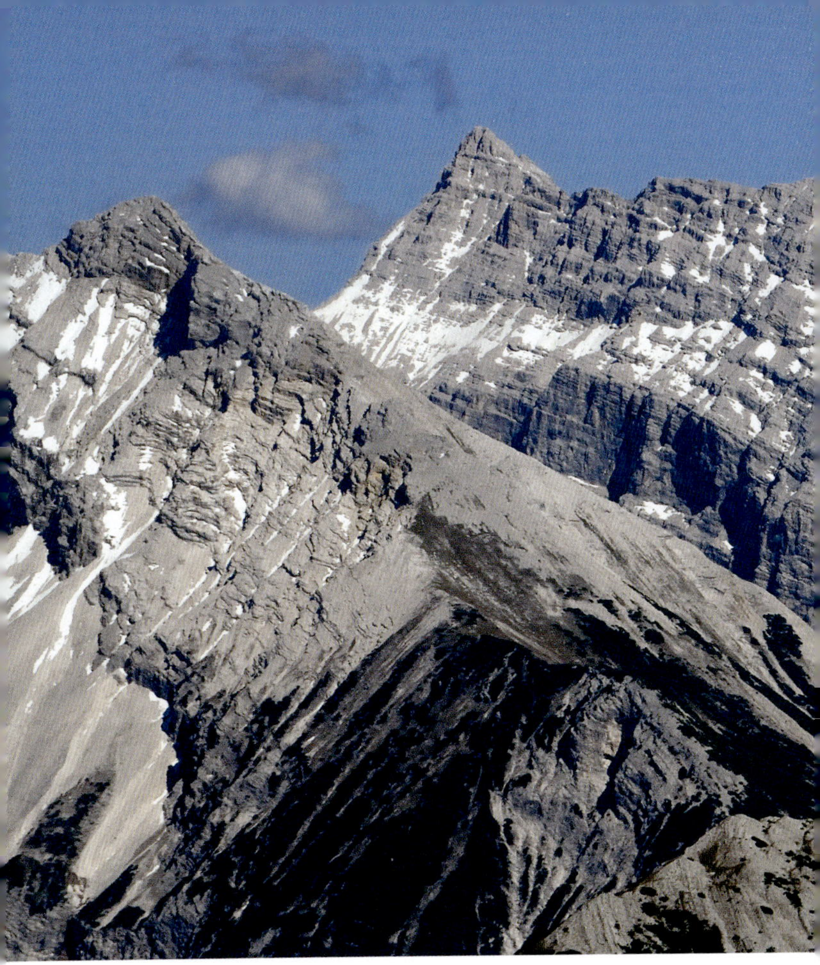

Blick von Südwesten auf die Hinterautal-Vomper-Kette, links die Birkkarspitze, rechts die Kaltwasserkarspitze, dazwischen die Birkköpfe.

5. Tag: Vom **Hallerangerhaus** ⓬ wandern wir unter den Felswänden der Speckkarspitze hinauf zum **Lafatscher Joch** ⓭. Über den Wilde-Bande-Steig (der Name kommt nicht von ungefähr, absolute Trittsicherheit und Schwindelfreiheit nötig) direkt zum **Stempeljoch** ⓮ und Abstieg zur **Pfeishütte** ⓯, siehe Tour 51 und 53.

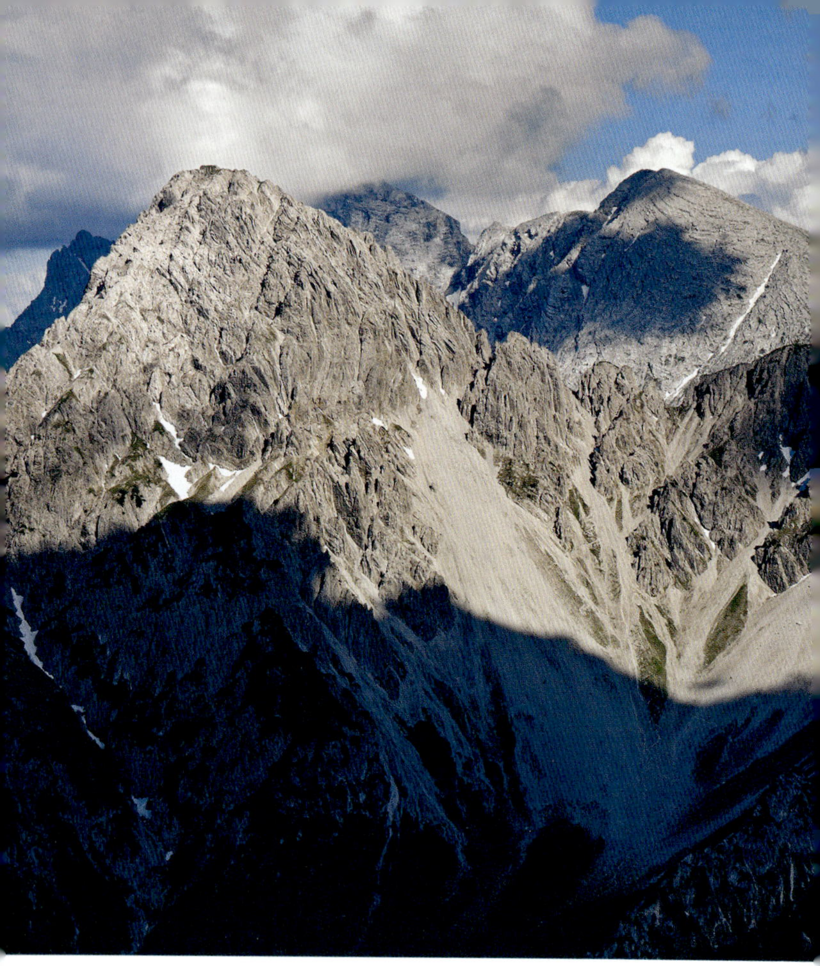

Links die Erlspitze, rechts unterhalb die Eppzirler Scharte, dahinter der Große Solstein.

6. Tag: Über den Goetheweg gewinnen wir die **Hafelekarspitze** ⑯, steigen hinab zur **Seegrube** ⑰ und wandern dann am Gipfelstürmerweg mit herrlichen Ausblicken zu den Stubaier Alpen über den **Frau-Hitt-Sattel** ⑱ hinüber zum **Solsteinhaus** ⑲, siehe Tour 54 und 60.
7. Tag: Ausklang über die **Eppzirler Scharte** ⑳ zur **Eppzirler Alm** ㉑ und durch das Eppzirler Tal hinaus nach **Gießenbach** ㉒.

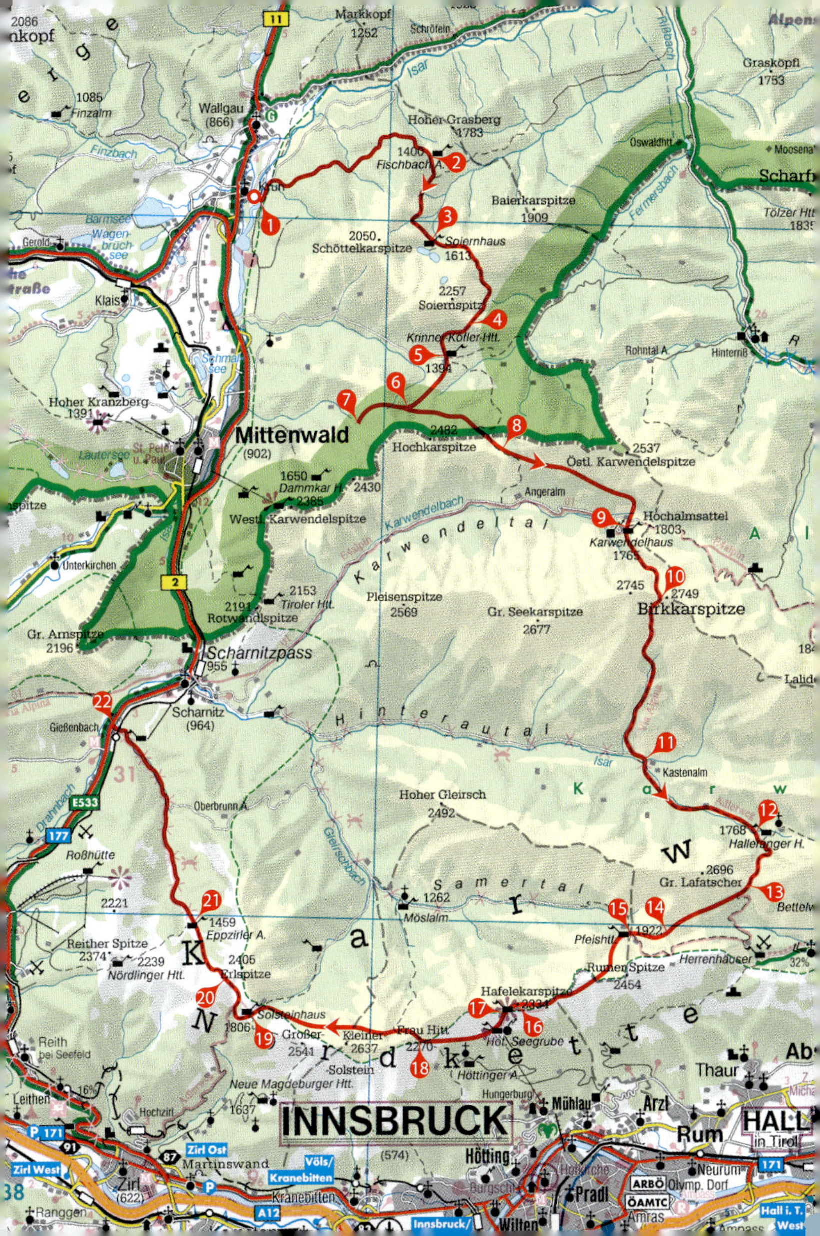

Markkopf
1252
Schröfeln
Isar
GraskÖpfl
1753
Wallgau
(866)
Hoher Grasberg
1783
Finzalm
Finzbach
1400
Fischbach A.
Oswaldhtt.
Moosenalm
Scharfr
Krün
Baierkarspitze
1909
Fermersbach
Tölzer Htt.
1835
Barmsee
Wagenbrüchsee
Gerold
2050
Schöttelkarspitze
Soiernhaus
1613
Klais
2257
Soiernspitze
Krinner-Kofler-Htt.
1394
Rohntal A.
Hinterriß
Schmalsee
Hoher Kranzberg
1391
Mittenwald
(902)
2482
Hochkarspitze
2537
Östl. Karwendelspitze
Lautersee
St. Peter u. Paul
1650
Dammkar H.
2430
2385
Westl. Karwendelspitze
Angeralm
Karwendelbach
Karwendeltal
Hochalmsattel
1803
Karwendelhaus
1765
Unterkirchen
2745
2749
Birkkarspitze
2153
Tiroler Htt.
2191
Rotwandlspitze
Pleisenspitze
2569
Gr. Seekarspitze
2677
Gr. Arnspitze
2196
Scharnitzpass
955
Scharnitz
(964)
Gießenbach
Hinterautal
Isar
Kastenalm
Oberbrunn A.
Hoher Gleirsch
2492
1768
Halleranger H.
Roßhütte
Gleirschbach
2696
Gr. Lafatscher
2221
Samertal
1262
Möslalm
Bettelw
1459
Eppzirler A.
Pfeishtt.
1922
Reither Spitze
2374
2239
Nördlinger Htt.
2405
Erlspitze
Rumer Spitze
2454
Herrenhäuser
Hafelekarspitze
2334
Solsteinhaus
1806
Großer
2541
Kleiner
2637
Frau Hitt
2270
Hot. Seegrube
Solstein
Höttinger A.
Reith bei Seefeld
Thaur
Neue Magdeburger Htt.
Hungerburg
Mühlau
Arzl
1637
INNSBRUCK
HALL in Tirol
Rum
Hochzirl
Zirl Ost
Zirl West
Martinswand
(574)
Hötting
Neurum
Zirl
(622)
Völs/Kranebitten
Kranebitten
Pradl
Olymp. Dorf
Amras
Ranggen
Innsbruck/
Wilten
Hall i. T. West
Leithen
K a r w e n d e l
N o r d k e t t e
1
2
3
4
5
6
7
8
9
10
11
12
13
14
15
16
17
18
19
20
21
22

↗ 3600 m | ↘ 3500 m | 54.9 km

58 Rund um Gamsjoch und Falken

4 Tage

Erst als Panorama und dann zum Greifen nahe, das Herz des Karwendel

Den eher selten begangenen Karwendel-Panoramaweg von der Tölzer Hütte zur Plumsjochhütte können konditionsstarke Bergwanderer samt Hüttenzugängen auch noch gut an einem Tag schaffen. Erweitert man diese Prachtetappe um den berühmten Aussichtsgipfel Schafreuter und um die Wanderung unter den Laliderer Wänden hindurch zur Falkenhütte, wird daraus eine schöne Mehrtagestour, die einige der besonderen Highlights im Karwendel miteinander verbindet. Weitere Vorteile: Man kann die Tour bei Schlechtwetter jederzeit zum Rißtal hin abbrechen und mit dem Karwen-

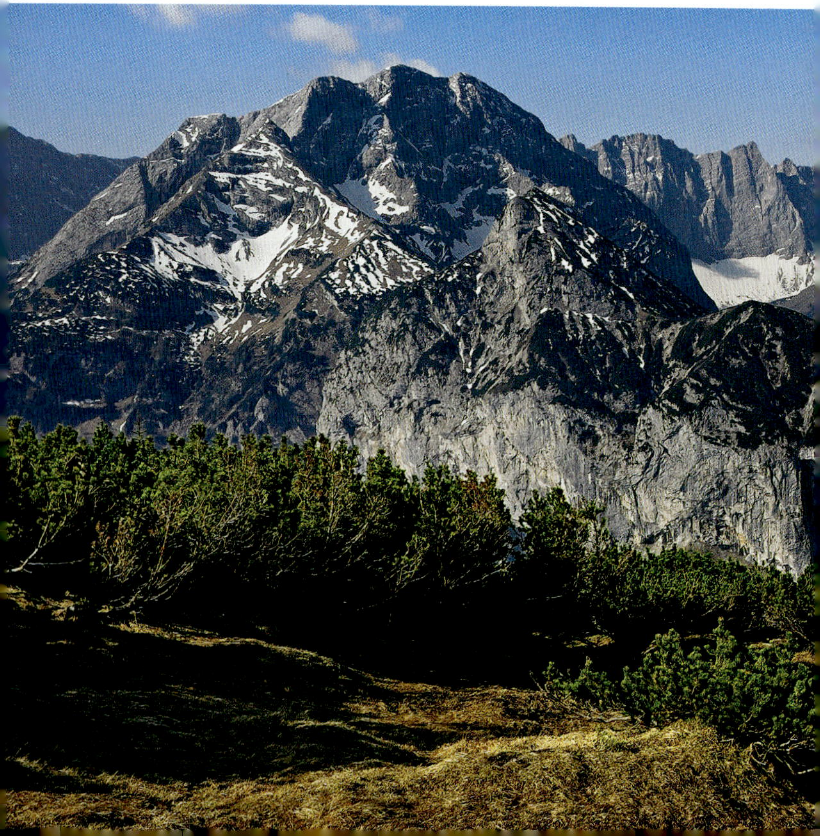

delbus zum Ausgangspunkt zurückkehren. Da Ausgangs- und Endpunkt sehr nahe beieinanderliegen, erspart dies zumindest den Autofahrern umständliche Reiseaktivitäten um ihren fahrbaren Untersatz zu erreichen. Aber auch »öffentlich« Angereiste müssen auf dem Heimweg nicht gleich das ganze Gebirge umrunden.

Und wem es nach vier Tagen noch nicht reicht, der macht noch einen Abstecher zum Karwendelhaus und zur Birkkarspitze, auch von dort erreicht man – ebenfalls durch das Johannestal – den Endpunkt beim Herzoglichen Alpenhof.

Am Weg vom Grasbergsattel zum Kompar: Links die Nordwand des Gamsjoch, rechts die Falkengruppe, dazwischen das Laliderer Tal, im Hintergrund Laliderer Wand, Laliderer Spitze, Kaltwasserkarspitze und Birkkarspitze.

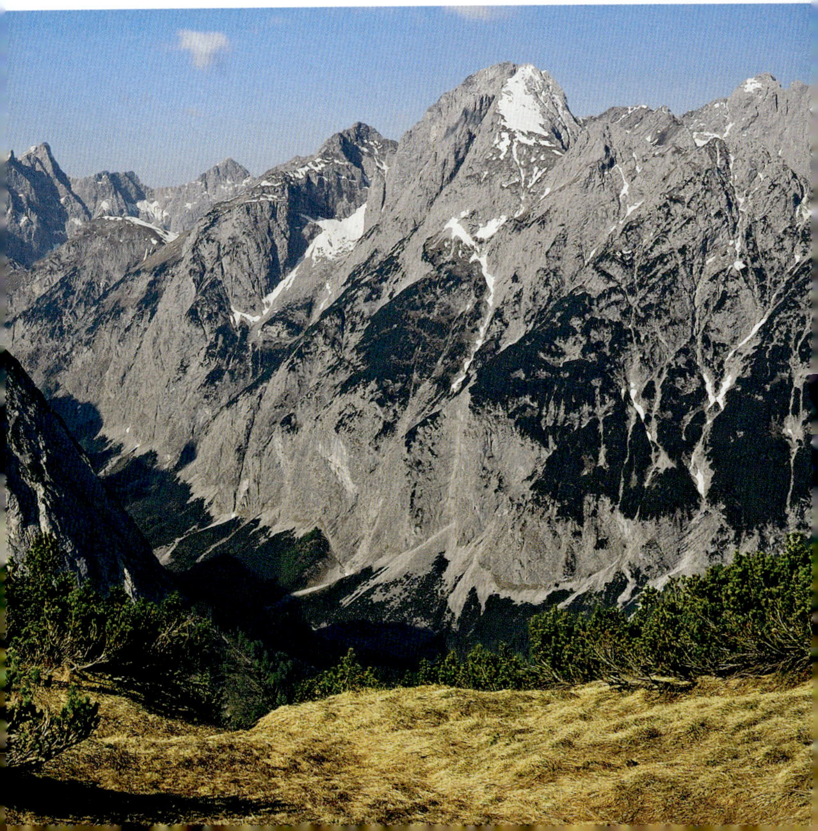

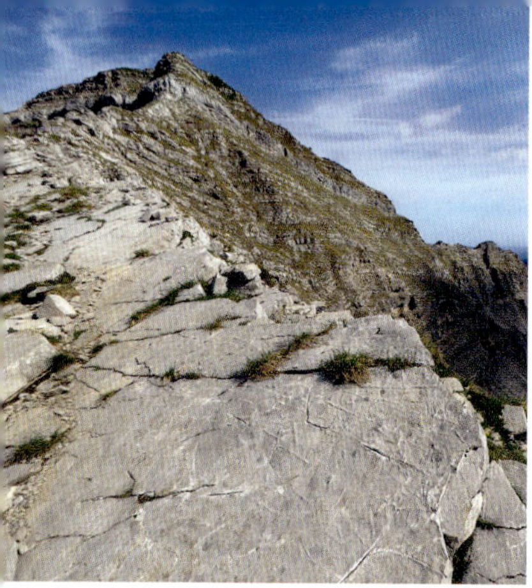

Beim Abstieg vom Schafreuter.

Ausgangspunkt: Oswaldhütte, 844 m, ca. 7 km vor Hinterriß. Parkmöglichkeiten und Bushalt.
Endpunkt: Herzoglicher Alpenhof, Parkplatz und Bushalt.
Anforderungen: Am Schafreuter eine mit Drahtseil gesicherte Stelle, sowie einige schmale, ausgesetzte Wegabschnitte am Karwendel-Panoramaweg.
Einkehr und Unterkunft: Tölzer Hütte, 1835 m. Plumsjochhütte, 1630 m, privates Almgasthaus (unbedingt reservieren). Falkenhütte, 1848 m. Allesamt in der Saison bewirtschaftet (siehe Seite 26). Weitere Einkehrmöglichkeiten in der Eng.
Variante: Eine Fortsetzung bis zum Karwendelhaus mit Besteigung der Birkkarspitze bietet sich an.

1. Tag: Von der **Oswaldhütte** 1 geht es über die **Moosenalm** 2 und den **Schafreuter** 3 zur **Tölzer Hütte** 4, siehe Tour 15.
2. Tag: Ab der **Tölzer Hütte** 4 gelangen wir über die Hochleger der **Baumgartenalm** 5 und **Ochsentalalm** 6 nordöstlich unterhalb der Fleischbank vorbei auf den Höhenweg Richtung **Grasbergalm** 7, siehe Tour 22. Weiter über den **Kompar** 8 zur **Plumsjochhütte** 9, siehe Tour 23 und 24.
3. Tag: Von der **Plumsjochhütte** 9 wie bei Tour 23 hinab, allerdings nicht ganz dem Weg zu den Hagelhütten folgen, sondern nach dem Sulzgraben links abzweigen und auf einem Forstweg hinab zum Großen Ahornboden mit der **Mautstraße** 10. Nun stehen uns etwa 1,5 km entlang der Mautstraße bevor, bis rechts ein Weg abzweigt der den Rißbach überquert und direkt weiter zur **Engalm** 11 führt. Weiter über das **Hohljoch** 12 zur **Falkenhütte** 13, siehe Tour 29.
4. Tag: Ab der **Falkenhütte** 13 sollten wir uns den Aufstieg zum **Mahnkopf** 14

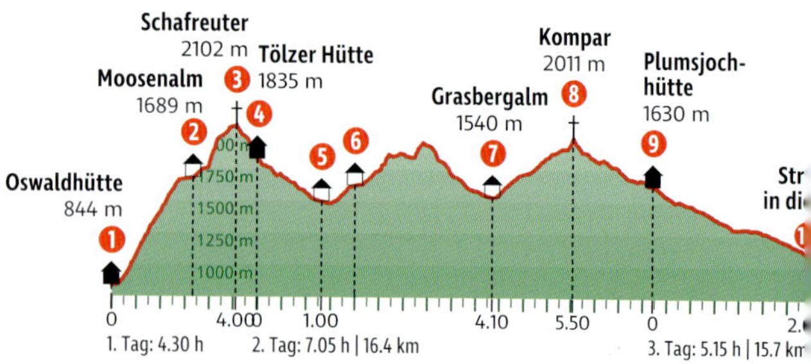

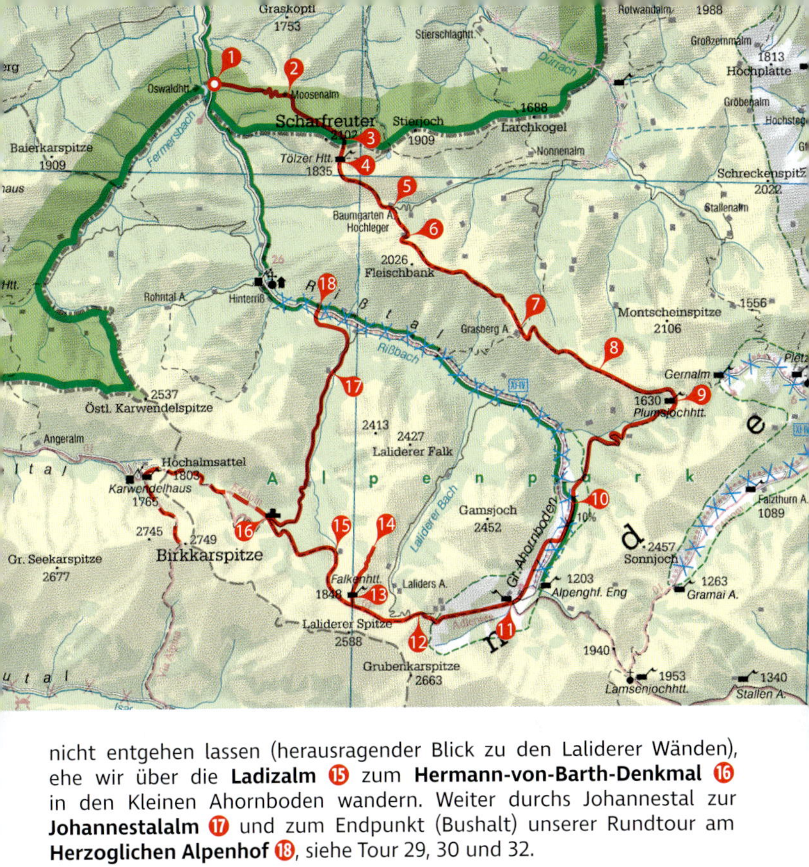

nicht entgehen lassen (herausragender Blick zu den Laliderer Wänden), ehe wir über die **Ladizalm** ⓯ zum **Hermann-von-Barth-Denkmal** ⓰ in den Kleinen Ahornboden wandern. Weiter durchs Johannestal zur **Johannestalalm** ⓱ und zum Endpunkt (Bushalt) unserer Rundtour am **Herzoglichen Alpenhof** ⓲, siehe Tour 29, 30 und 32.

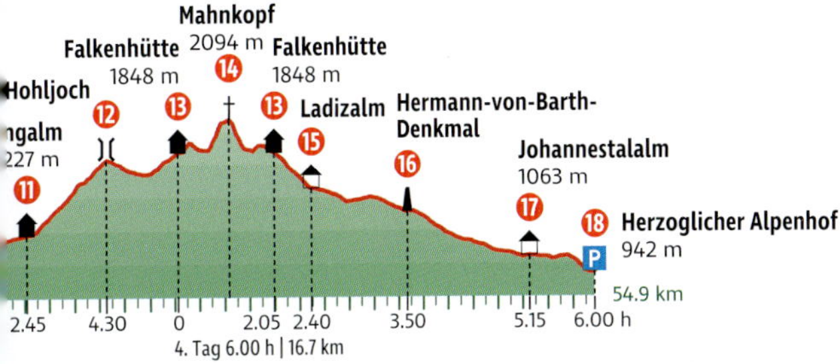

↗ 1550 m | ↘ 2290 m | 25.0 km

59 Bettelwurfumrundung

2 Tage

Richtungsentscheidung

Wenn eine Richtung einen klaren Vorteil bringt, fällt die Entscheidung meist nicht schwer. In unserem Falle gibt es ein Für und Wider: Will man den luftig ausgesetzten Knappensteig lieber im Aufstieg überwinden, oder will man sich für den zweiten Tag noch eine Gipfelmöglichkeit offenhalten – Sunntiger, Speckkarspitze und natürlich der Bettelwurf selbst liegen am Weg. Bei der hier getroffenen Wahl – entgegen dem Uhrzeigersinn – kam aber noch eine weitere Überlegung hinzu. Nämlich: lieber aus einer eher urban geprägten Landschaft hinein ins »Urweltliche«, das schafft die richtige Dramaturgie. Dabei ist der urbane Teil alles andere als hässlich und bietet weitreichende Ausblicke über das Inntal hinweg in Richtung Zentralalpen. Nach der Walderalm betreten wir dann mit dem Abstieg über den Knappensteig ins Vomper Loch hinunter eine andere Welt. Eine Welt, die für uns in ihren Höhen und Tiefen erst wieder am Ausgang des Halltal endet.

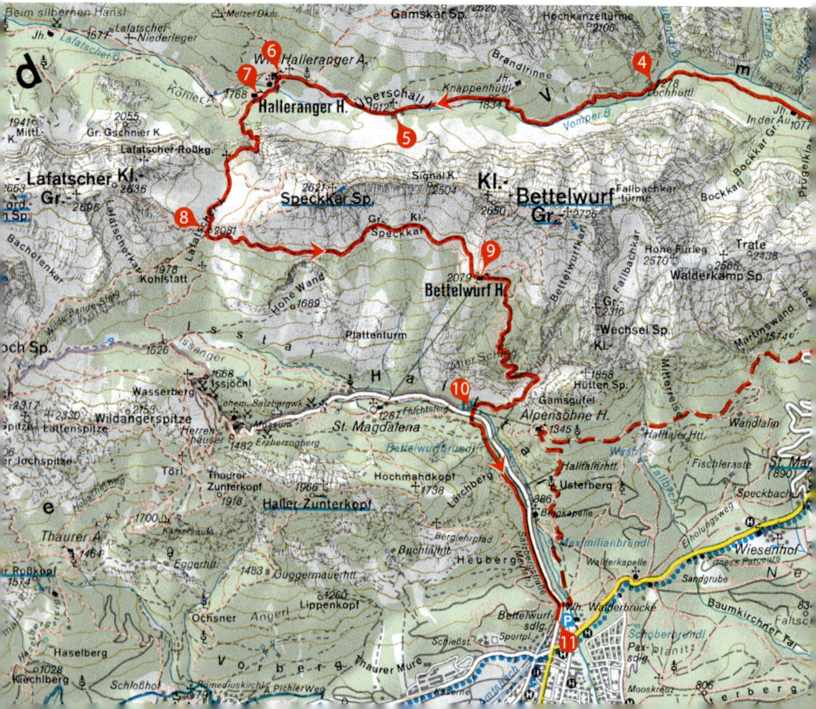

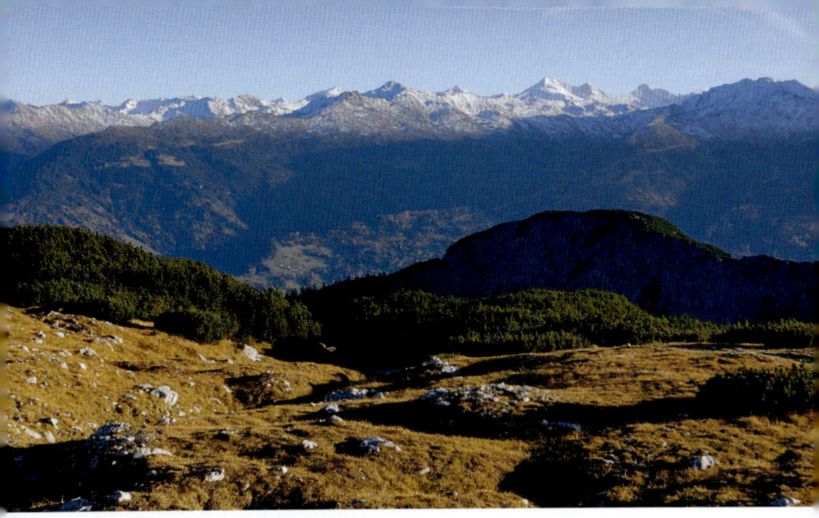

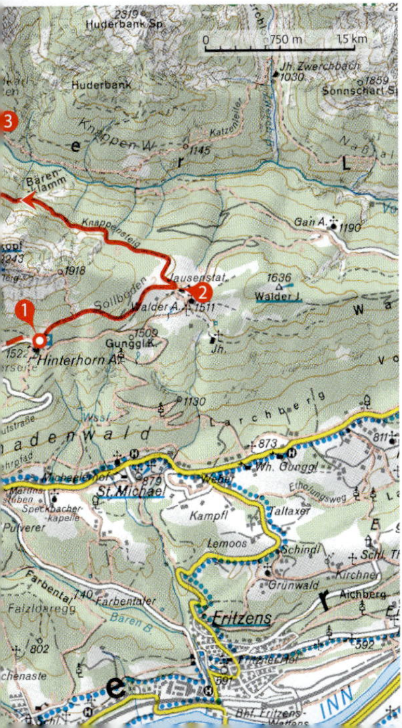

Blick vom Lafatscher Joch über das Inntal hinweg zu den Zillertaler Alpen.

Talort: Hall, 574 m; Bahnstation, Autobahnanschluss, hervorragende Busverbindungen nach Innsbruck.
Ausgangspunkt: Hinterhornalm, 1522 m, über Mautstraße mit eigenem Pkw zu erreichen. Ggf. stellt man sein Fahrzeug bereits am Eingang des Halltal ab und bemüht ein Taxi hierher.
Eine Alternative hierzu ist die Wanderung über die Alpensöhnehütte und den aussichtsreichen Höhenweg.
Endpunkt: Großer Parkplatz am Eingang des Halltal, 780 m.
Anforderungen: Am Knappensteig sehr ausgesetzt (teilweise gesichert), Schwindelfreiheit ist Vorraussetzung.
Einkehr und Unterkunft: Hallerangerhaus, 1768 m, Bettelwurfhütte, 2079 m; Hallerangeralm, 1740 m, privat. Allesamt in der Saison bewirtschaftet (siehe Seite 26). Gleich zu Beginn Hinterhornalm und Walderalm (nur Einkehr).
Variante: Vom Eingang des Halltals über die Alpensöhnehütte und den Höhenweg zur Hinterhornalm, ca. 2.30 Std.

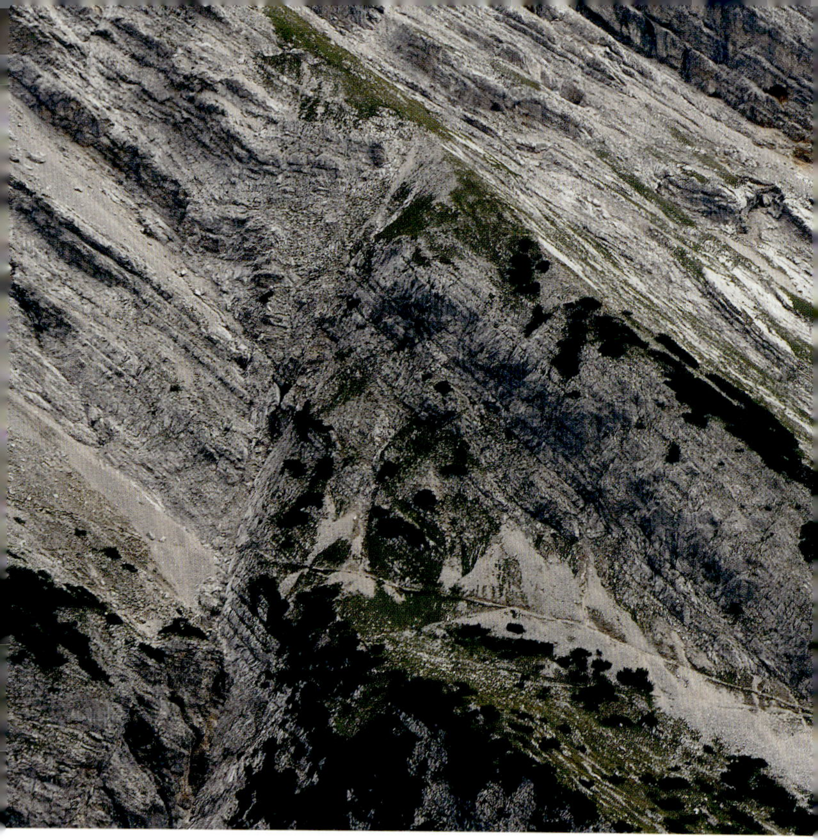

Die Bettelwurfhütte, 2079 m, liegt in aussichtsreicher Lage unterhalb von Großem und Kleinem Bettelwurf, den beiden Kulminationspunkten dieser markant diagonal geschichteten Burg aus Wettersteinkalk.

1. Tag: Von der **Hinterhornalm** ❶ wie bei Tour 46 zur **Walderalm** ❷. Den Bezeichnungen folgend über den Knappensteig hinab ins **Vomper Loch** ❸. Das Tal aufwärts am **Lochhüttl** ❹ vorbei zum **Überschalljoch** ❺. Jenseits hinab zu **Hallerangeralm** ❻ und **Hallerangerhaus** ❼.
2. Tag: Von der Hütte auf dem bezeichneten Weg zum **Lafatscher Joch** ❽ und über den Höhenweg zur **Bettelwurfhütte** ❾. Nun steil hinab ins **Halltal** ❿. Ggf. mit dem Bus oder zu Fuß zum Parkplatz am **Eingang des Halltal** ⓫. Siehe auch Tour 47, 49, 50 und 51.

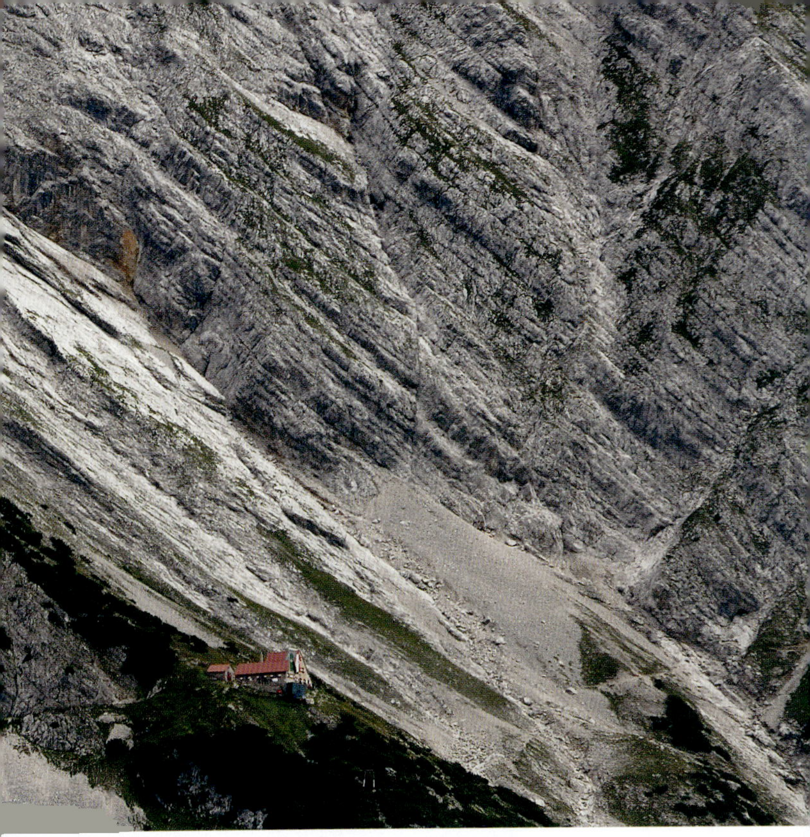

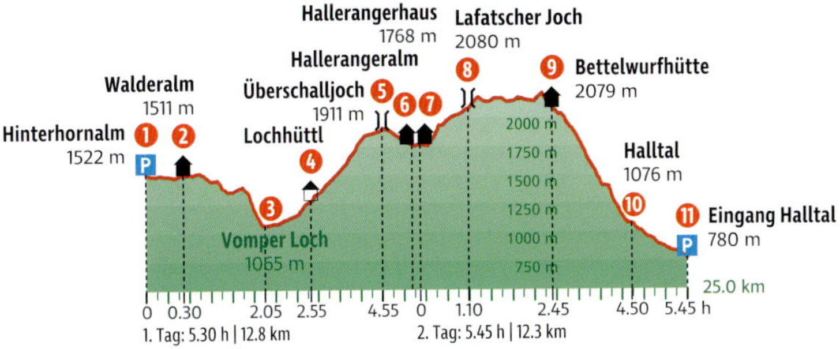

Hallerangerhaus
1768 m
Lafatscher Joch
2080 m
Hallerangeralm
Walderalm
1511 m
Überschalljoch
1911 m
Bettelwurfhütte
2079 m
Hinterhornalm
1522 m
Lochhüttl
Halltal
1076 m
Eingang Halltal
780 m
Vomper Loch
1065 m
1
2
3
4
5
6
7
8
9
10
11
2000 m
1750 m
1500 m
1250 m
1000 m
750 m
25.0 km
0
0.30
2.05
2.55
4.55
0
1.10
2.45
4.50
5.45 h
1. Tag: 5.30 h | 12.8 km
2. Tag: 5.45 h | 12.3 km

TOP

60

↗ 430 m | ↘ 1730 m | 22.8 km

Goetheweg – Möslalm – Scharnitz

2 Tage

Hermann Buhl und sein Gespür für Goethe

Der Weg zwischen Hafelekar und Pfeishütte wurde zunächst nach dem Dichter Johann Wolfgang von Goethe benannt. Im Jahre 1977 wurde der Steig dann zu Ehren des berühmten Nanga-Parbat-Erstbesteigers in Hermann-Buhl-Weg umbenannt. Dies wurde jedoch im Jahr 2002 wieder rückgängig gemacht und das Andenken an den posthum des Dopings bezichtigten Höhenbergsteiger quasi tiefergelegt. An ihn erinnert nun eine Gedenktafel unten an der Seilbahnstation Seegrube. Beide waren aber Ikonen auf ihrem jeweiligen Gebiet und haben sich allein durch ihr Wirken ein Denkmal geschaffen, würden sie noch leben, ihnen wäre solch kleingeistiges Getue bestimmt einerlei – bestenfalls würde wohl der Jüngere aus des Älteren Werk zitieren …

Unterwegs auf dem Goetheweg.

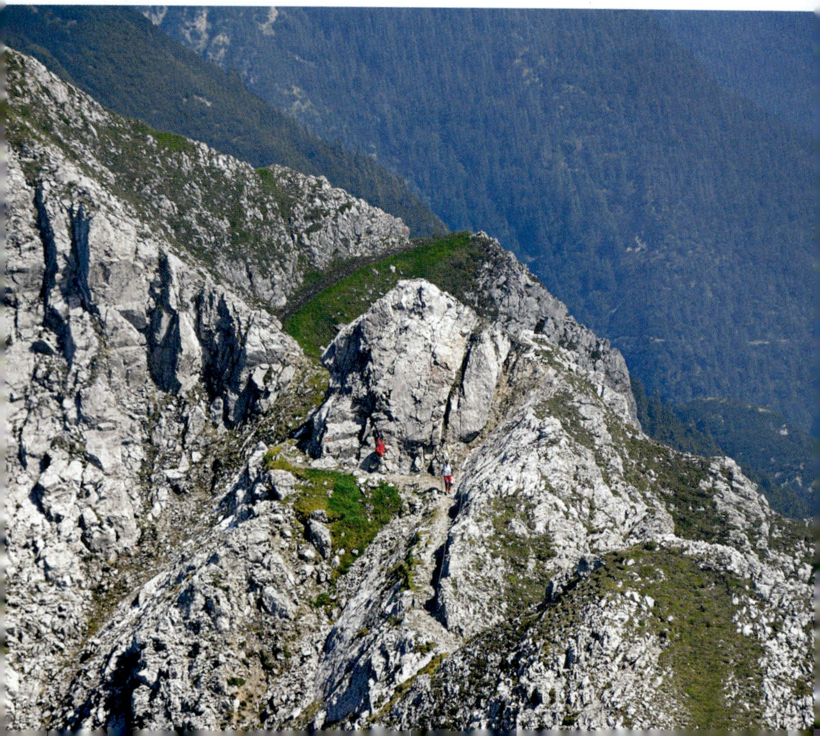

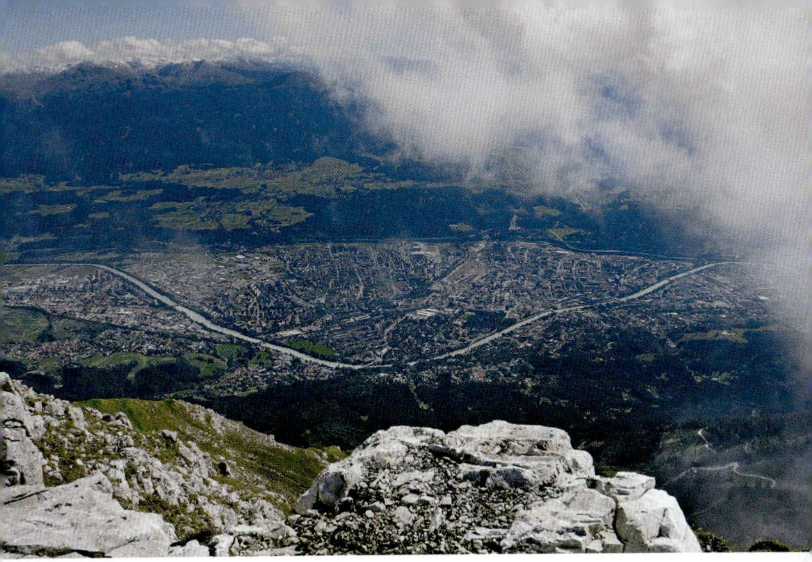

Tiefblick hinab nach Innsbruck. Jenseits des Inntal die Tuxer Alpen.

Dem aktuell nach Goethe benannten Weg an sich tut das Ganze aber keinen Abbruch. In Verbindung mit der Fortsetzung über die Möslalm nach Scharnitz wird daraus eine wenig anstrengende Minidurchquerung, die sich bestens für wandererprobte Familien eignet. Natürlich kann man den Goetheweg zur Pfeishütte und zurück als gemütliche Tagestour machen. Auch der komplette Weg bis nach Scharnitz wäre gut an einem Tag zu schaffen. Als Familienunternehmung, einschließlich der nötigen Reiseaktivitäten, sollte man die Tour aber nicht zu straff planen. Benutzt man einen eigenen Pkw, parkt man diesen idealerweise am Parkplatz in Scharnitz und fährt dann mit dem Zug nach Innsbruck. Dort kann man den Weg zum Zubringer der Nordkettenbahn dann mit einem kleinen Stadtbummel kombinieren. Ab der Station Hafelekar vergeht die Zeit dann wie im Fluge, und so fühlt man sich dann auch, auf diesem aussichtsreichen Weg hoch über den unten in Innsbruck startenden Flugzeugen.

Die Möslalm im Gleirschtal.

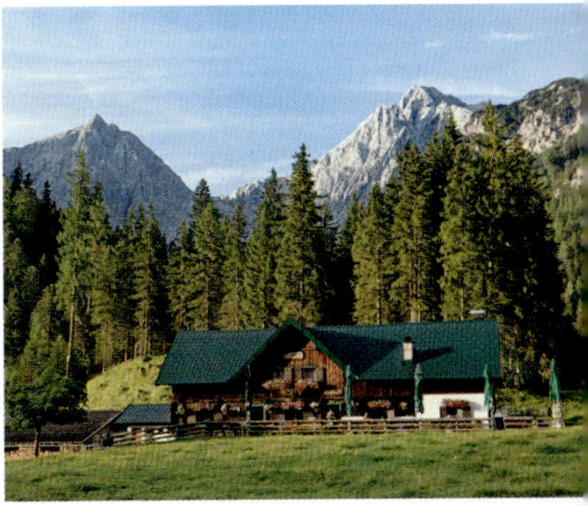

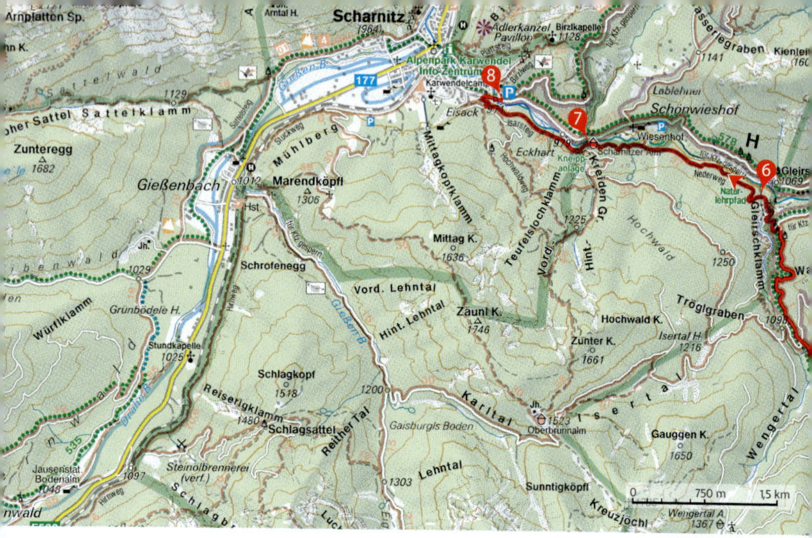

Talort: Innsbruck, 574 m; Tiroler Landeshauptstadt mit besten Verkehrsverbindungen jeder Art. Parkmöglichkeiten an der Talstation der Nordkettenbahn bei der Hungerburg.
Ausgangspunkt: Bergstation Hafelekarbahn, 2269 m.
Endpunkt: Scharnitz, 964 m, Bahnverbindung nach Innsbruck.
Anforderungen: Bis zur Pfeishütte gut abgesicherter Bergweg ohne wirkliche Problemstellen. Im Frühsommer können Firnreste den Weg jedoch deutlich erschweren. Über die Möslalm nach Scharnitz unschwierige Wanderung.
Einkehr und Unterkunft: Pfeishütte, 1922 m, Alpenvereinshütte, bewirtschaftet von Pfingsten bis Anfang Oktober. Möslalm, 1262 m, bewirtschaftet von Mitte Mai bis Anfang Oktober. Nächtigung in Karwendelsuite, Lager oder Holzschuppen. Weitere Einkehrmöglichkeiten an der Bergstation am Hafelekar und bei der Scharnitzer Alm.

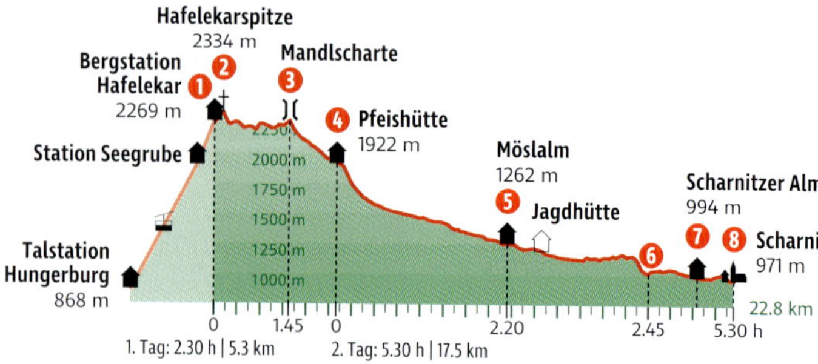

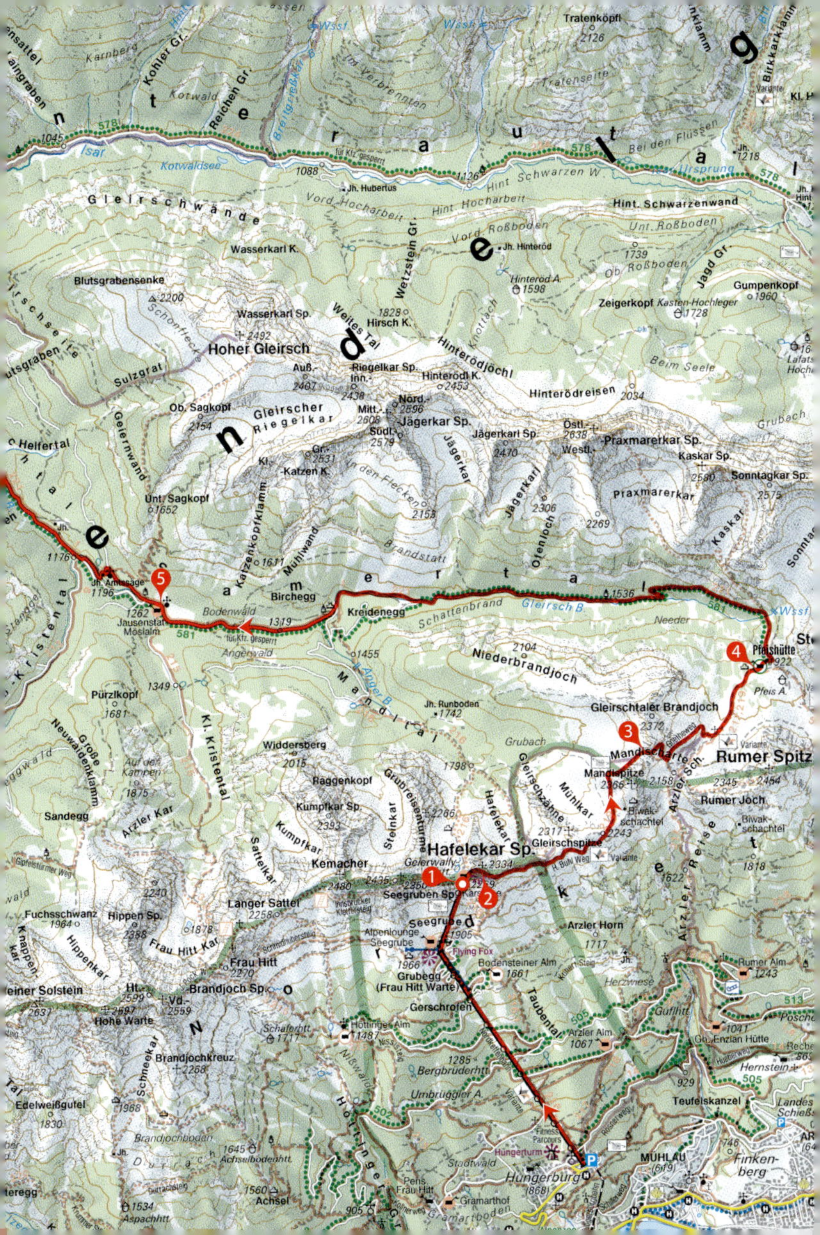

Tratenköpfl
2126
Karnberg
Kohler Gr.
Kotwald
Reichen Gr.
Breitgrießkar B.
Im Verbrennten
Tratenseite
Birkkarklamm
Isar
1045
578
Kotwaldsee
1088
für Kfz. gesperrt
1126
Hint. Schwarzen W.
Bei den Flüssen
Jh. 1218
Ursprung
Jh. Hubertus
Vord. Hocharbeit
Hint. Hocharbeit
Gleirschwände
Hint. Schwarzenwand
Vord. Roßboden
Unt. Roßboden
Wasserkarl K.
Jh. Hinteröd
1739
Ob. Roßboden
Jagd Gr.
Blutsgrabensenke
Hinterod A.
1598
Gumpenkopf
1960
2200
Wetzstein Gr.
Zeigerkopf
Kasten-Hochleger
1728
Wasserkarl Sp.
1828
Hirsch K.
Weites Tal
Knottach
2492
Hoher Gleirsch
Hinterödjöchl
Beim Seele
Sulzgrat
Auß.
Riegelkar Sp.
Inn.
Hinterödl K.
2453
2407
2438
Hinterödreisen
2034
Ob. Sagkopf
2154
Gleirscher Riegelkar
Nörd.
2596
Mitt.
2605
Jägerkar Sp.
Südl.
2579
Jägerkarl Sp.
2470
Östl.
2638
Westl.
Praxmarerkar Sp.
Kaskar Sp.
2580
Sonntagkar Sp.
2575
Helfertal
Geiernwand
Gr.
2531
Kl.
Katzen K.
In den Flecken
Jägerkar
Jägerkarl
Praxmarerkar
Unt. Sagkopf
1652
2153
2306
Ostenloch
2269
Kaskar
Katzenkopfklamm
Mühlwand
Brandstatt
1176
Jh. Amtssage
1196
1611
Birchegg
1536
Gleirsch B.
581
Wssf
5
Jausenstat. Möslalm
1262
Bodenwald
1319
für Kfz. gesperrt
Kreidenegg
Schattenbrand
Needer
Angerwald
1455
2104
Niederbrandjoch
4
Pfeishütte
1922
Pfeis A.
Kristental
1349
Anger B.
Manndltal
Jh. Runboden
1742
Gleirschtaler Brandjoch
2372
Pürzlkopf
1681
Große Neuwaldenklamm
Kl. Kristental
Widdersberg
2015
Grubach
3
Mandlscharte
Rumer Spitze
Auf der Kampen
1875
Raggenkopf
1798
Mandlspitze
2366
2158
2345
2454
Rumer Joch
Kumpfkar Sp.
2393
Gleirschzähne
Mühlkar
Biwak-schachtel
Sandegg
Arzler Kar
Grubreisentürme
2266
Hafelekar
2243
Arzler Sch.
Biwak-schachtel
Kumpfkar
Steinkar
2317
Gleirschspitze
Hafelekar Sp.
Sattelkar
Kemacher
Gipfelstürmer Weg
Gelerwally
2334
H. Buhl Weg
Variante
1818
2480
2435
2350
1
2269
1622
Seegruben Sp.
Karstrasse
2
2240
Langer Sattel
2258
Innsbrucker Klettersteig
Fuchsschwanz
1964
Hippen Sp.
2258
1878
Seegrube
Alpenlounge Seegrube
1905
Arzler Horn
1717
Arzler Reise
Frau Hitt Kar
Frau Hitt
2270
Flying Fox
1966
Grubegg (Frau Hitt Warte)
Bodensteiner Alm
1661
Rumer Alm
1243
Hippenkar
Knappenkar
Kleiner Solstein
2637
Ht.
2599
Vd.
2559
Brandjoch Sp.
Herzwiese
Gufltt
513
Hohe Warte
2597
Gerschrofen
Taubental
Arzler Alm
1067
1041
Gh. Enzian Hütte
Schneekar
Schaferhtt
1717
Höttinger Alm
1487
506
505
Brandjochkreuz
2268
1285
Bergbrüderhtt
Hernstein
Umbrüggler A.
929
505
Edelweißgufel
1830
1968
Teufelskanzel
Variante
Fitness Parcours
Brandjochboden
1645
Achselbodenhtt.
Hungerturm
P
Stadtwald
Mühlau
(619)
746
Finkenberg
1560
Achsel
Pens. Frau Hitt
Hungerburg
(868)
Gramarthof
1534
Aspachhtt
905
Gramartboden
Höttinger Gr.
Nißlwald

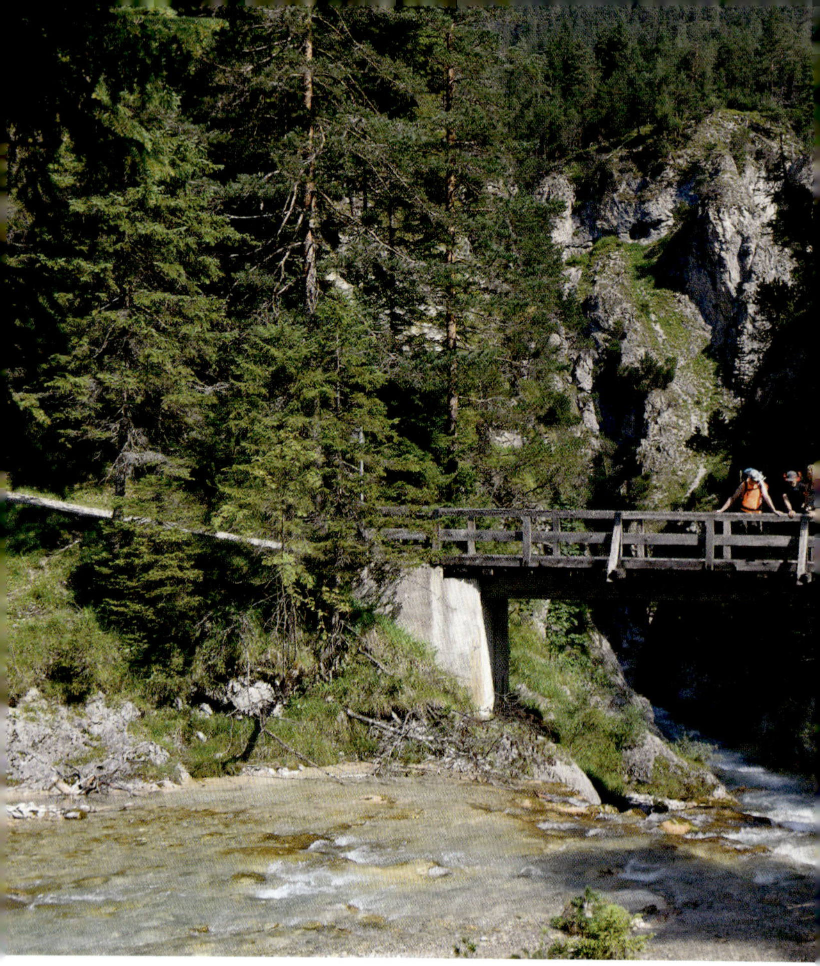

1. Tag: Von der Bergstation der **Hafelekarbahn** ❶ folgen wir nicht unmittelbar dem Goetheweg, sondern besteigen zunächst in wenigen Minuten auf gutem Weg (fast eine Art Römerstraße) die **Hafelekarspitze** ❷. Jenseits hinab zum bestens bezeichneten Goetheweg, dem wir in östlicher Richtung folgen. Unterhalb der Gleirschspitze vorbei führt der aussichtsreiche Weg zur **Mandlscharte** ❸. Nun in Serpentinen hinab zur wunderbar gelegenen **Pfeishütte** ❹.

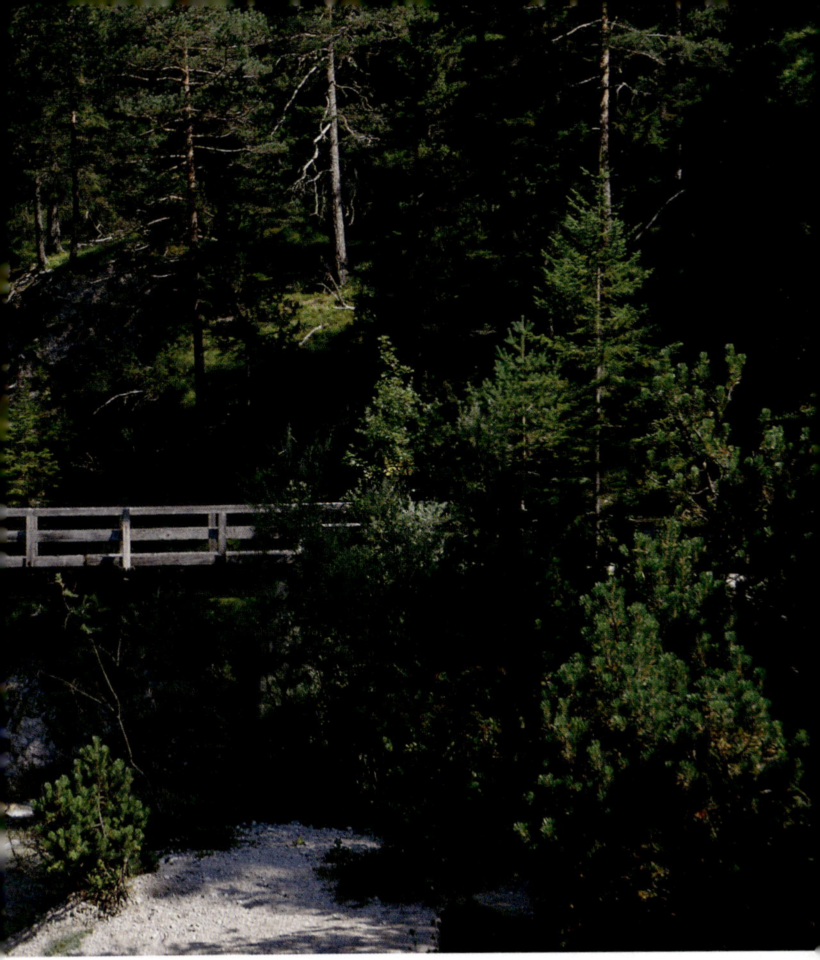

Auf der Brücke über den Gleirschbach.

2. Tag: Von der Hütte folgen wir dem ausgeschilderten Weg – immer rechts des Gleirschbach – hinab zur **Möslalm** ❺. Weiter wie bei Tour 3 im Aufstieg beschrieben den Gleirschbach entlang, dessen tosende Klamm wir nach kurzem steilen Abstieg auf einem **Steg** ❻ überqueren. Weiter entlang der Isar über die **Scharnitzer Alm** ❼ zum Parkplatz in **Scharnitz** ❽.

STICHWORTVERZEICHNIS

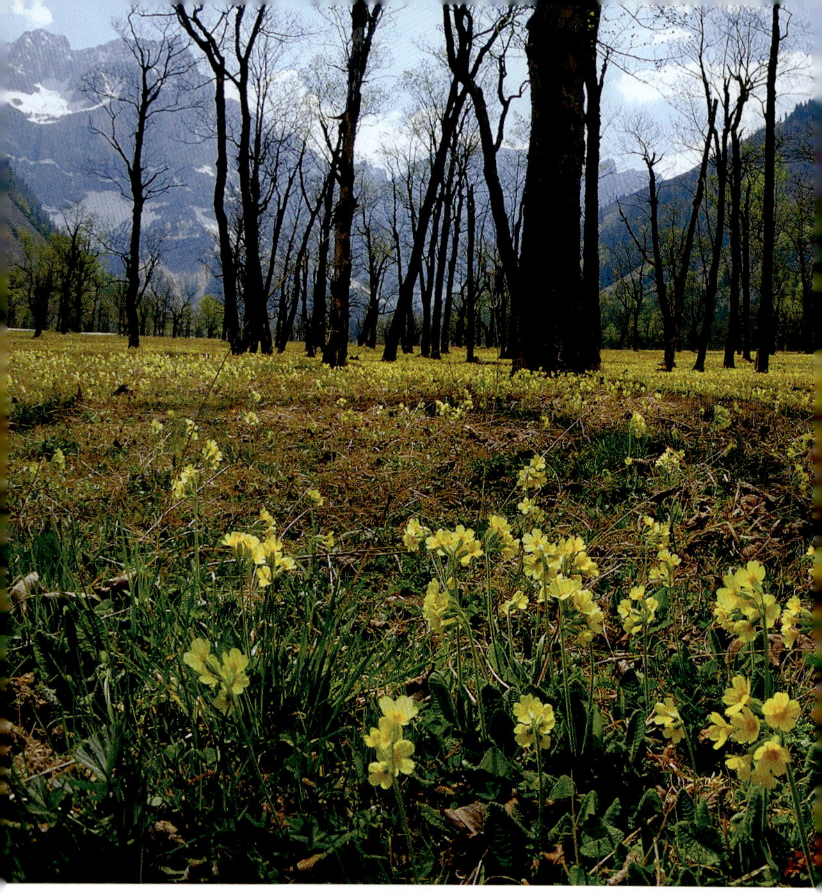

Schlüsselblumen im Großen Ahornboden (Ende Mai).

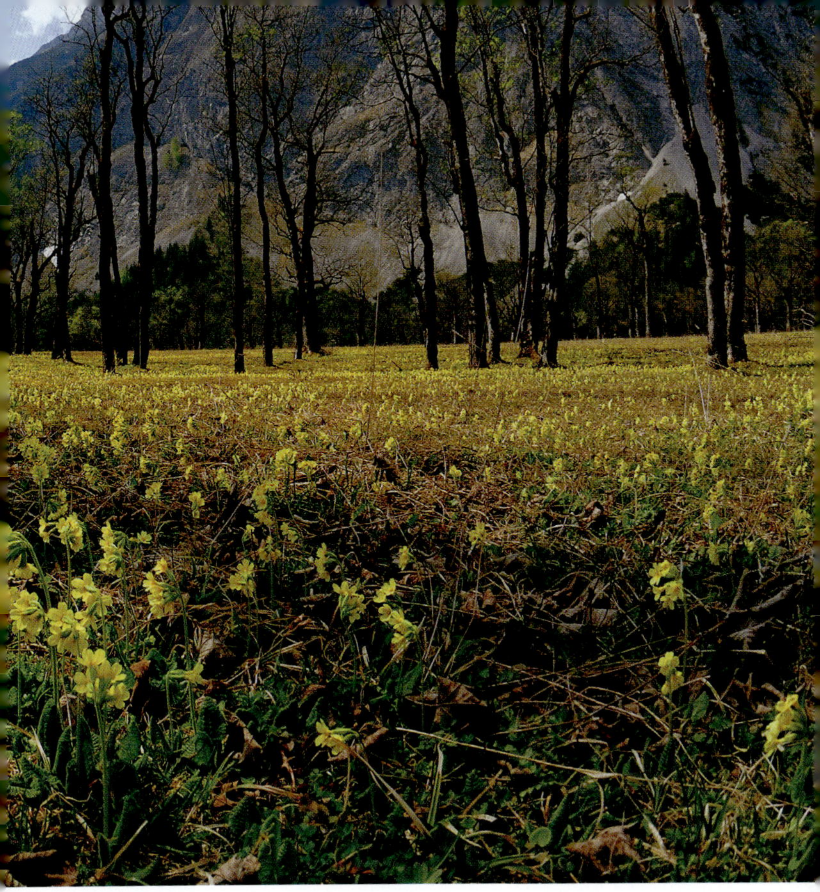

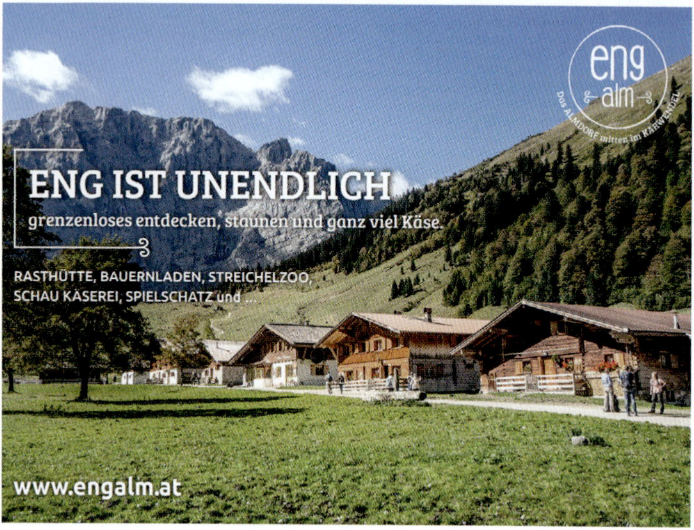
eng
alm
Das ALMDORF mitten im KARWENDEL
ENG IST UNENDLICH
grenzenloses entdecken, staunen und ganz viel Käse.
RASTHÜTTE, BAUERNLADEN, STREICHELZOO,
SCHAU KÄSEREI, SPIELSCHATZ und ...
www.engalm.at

Umschlagbild: Die Spritzkarspitze vom Großen Ahornboden.

Bild im Innentitel: Auf dem Weg zum Mahnkopf: die Laliderer Spitze mit der berühmten Herzogkante, davor das begrünte Ladizköpfel.

Alle Fotos stammen vom Autor, mit folgenden Ausnahmen:
Seite 27, 73, 81, 130, 131 und Seite 132/133 oben, Christopher Dietz

Kartografie:
60 Wanderkärtchen im Maßstab 1:50.000 / 1.75.000 / 1:200.000
zwei Übersichtskärtchen im Maßstab 1:200.000 und 1:500.000
und eine Tourenkarte im Maßstab 1:60.000 (als Beilage)

14., aktualisierte Auflage 2024

ISBN 978-3-7633-4884-8

MIX
Papier | Fördert gute Waldnutzung
FSC® C147178
www.fsc.org

Wir freuen uns über jeden Korrekturhinweis zu diesem Wanderführer!
Bitte per E-Mail an: leserzuschrift@rother.de

ROTHER BERGVERLAG · Keltenring 17 · D-82041 Oberhaching
Tel. +49 89 608669-0 · www.rother.de